시련은 있어도 실패는 없다

시련은 있어도 실패는 없다

정주영 지음

제삼기획

＊ 머리말
진취적인 기상과 신념이 '기적의 열쇠'

　나는 확고한 신념과 불굴의 노력으로 열심히 살아가는 사람이지 특별한 사람은 아니다.
　인류 역사나 세계 각국의 발전사를 보면 이 지구상의 많은 국가, 기업들이 흥망성쇠를 거듭해 오고 있다.
　어제의 선진국이 오늘은 한없이 영락(零落)한 세계의 환자가 되어 있는가 하면, 어제는 대수롭지 않았던 기업이 오늘 대단한 기업으로 변신해 있는 경우도 볼 수 있다.
　나는 그 근본적인 이유를 국가면 국가, 기업이면 기업의 중추를 이루는 사람들이 얼마나 진취적으로 사고하고 행동하는가에 있다고 생각한다.
　우리나라 5천 년 역사를 표본으로 보아도 그 긴 역사를 통해 진취적인 기상이 살아 있을 때는 대륙으로 한없이 발전해 나갔었지만 그 기상이 꺾인 후로는 이렇다 할 발전이 없었다.
　진취적인 기상을 상실했기 때문에 육지로도 바다로도 뻗어나갈 생각은 않고, 이 좁디좁은 땅덩어리 안에서 집안끼리 형제끼리 서로 다투는 데만 긴 세월을 허비한 것이다.
　세계사를 보아도 고대에는 그리스와 로마, 근대에는 스페인 포르투갈이 모두 선진국으로 세계를 제패했었다.
　중남미에서 브라질은 포르투갈어, 그밖의 여러 나라는 스페인어를 자기 나라 말로 쓰고 있다.
　그 한 가지 사실만으로도 그 나라 조상들이 과거 얼마나 진취적이고 적극적인 기상으로 세계를 무대로 누볐는가 알 수가 있다.
　그들은 배를 만들어 타고 바다로 나가 풍랑을 헤치며 전쟁을 하면서 미지를 개척해 자기 나라의 부와 번영을 이루었었다.
　그러나 오늘날 그리스, 스페인, 포르투갈, 어느 나라도 선진국 대열에 그대로 남아 있지 않다.
　진취적인 기상이 한번 꺾이자 그 상태로 오랜 세월을 주저앉은 채 더 이상의 발전이 없었기 때문이다.
　그 강대했던 로마제국 역시 흥청망청 사치와 부패와 게으름이 극에 달해 급기야는 국방조차 용병(傭兵)에 맡겼다가 결국은 패망했고, 과거의 대영제국도 오늘에는 그저 지난날의 영화에 지나지 않게 되어 버렸다.
　그 반면에 진취적인 기상을 잃지 않은 나라들은 어떤 역경도 극복, 계속 발전하고 있다.
　독일은 1차대전에 패하고도 다시 일어나 2차대전을 일으킬 만큼 힘을 모았었고, 그 전쟁에 또 패하고도 다시 일어나 오늘날 경제대국이 되어 있을 뿐만 아니라 그 경제력을 바탕으로 숙원의 민족 통일까지 해냈다.
　일본도 마찬가지이다.
　2차대전으로 인류 사상 최초의 원자폭탄을 맞고 완전 폐허가 되었지만 상상할 수 없는 궁핍 가운데도 굳세게 일어나 공신력이나 자본 동원 능력이 훨씬 앞서 있던 선진국들과의 경쟁에서 이겨 오늘날 세계 첫째 가는 경제대국이 되어 있다.
　과거의 실적이 아무리 대단하고 축적한 기술이 아무리 많고 제반 여건이 아무리 좋다 해도, 현재의 우리한테 불굴의 개척정신, 창의적인 노력, 진취적인 기상이 없다면 오늘의 영광이 옛일이 되는 건 한순간이다.
　우리나라는 길고 긴 잠에서 겨우 깨어나 '60년 이후 비약적인 발전을 이루어 이제는 세계의 주목을 받는 위치에까지 이르렀다.

이 비약적인 발전에 우리 현대가 선도적인 역할을 했다고 나는 자부한다. 현대가 한국 경제를 선도하고 오늘날 놀랄 만큼 성장해서 세계적인 기업의 일원이 될 수 있었던 원동력이 무엇이냐고 묻는다면, 나는 주저없이 우리 현대야말로 바로 진취적인 기상과 불굴의 개척정신을 가진 사람들이 모인 집단이기 때문이라고 대답하겠다.
　우리는 황무지나 다름없던 한국의 공업사회에서 새로운 분야를 하나하나 개척해 왔다.
　현대는 건설 분야를 개척했고 조선공업을 일으켰으며, 자동차 공업의 활로를 개척했다.
　사정상 어쩔 수 없었던 인천제철 하나만 예외로 하고 우리는 모든 산하 기업을 우리 손으로 하나하나 기초공사에서부터 일일이 공장을 지어 일으켰다.
　인천제철도 완전 공개경쟁입찰로 인수한 것이며, 그 외 중소기업을 사들였거나 정치적인 힘의 도움으로, 수의계약으로 불하받았다거나 한 기업은 단 하나도 없다.
　우리는 미국인들의 서부 개척처럼 우리 힘만으로 하나하나 개척해 왔고, 시장 확대 역시 치열한 경쟁을 통해서 정정당당하게 해왔다.
　처음부터 장사가 아닌 생산업체로 성장하겠다는 나의 의지와, 국내보다는 해외 시장에 주력하겠다는 뜻의 성과가 현실로 이루어진 것은 우리 현대 사람들의 개척자 정신에 힘입은 바 크다.
　한국 경제는 원칙론적으로 보면 전부 안 될 일 뿐이지 될 일은 하나도 없었다. 자본도, 자원도, 경제전쟁에서 이길 만한 기술 축적도 없다.
　이것이 우리의 현실이었다.
　그럼에도 오늘날 우리 산업을 이만큼 끌어올린 것은 오로지 우리에게 부족한 모든 부분을 창의성과 진취적인 모험심으로 메우려는 남다른 사명감과 노력의 결과라고 나는 생각한다.
　그동안 우리나라 공업을 중추적으로 끌어온 것은 제철공업이다.
　그 당시 통치권자의 진취적인 사고와 확고한 신념의 소산인 포항제철이 있었기 때문에 싼 값으로 철을 공급받아 조선도 자동차도 세계적인 경쟁력을 갖게 된 것이다.
 포항제철을 시작할 때 다른 선진국들은 세계의 철 생산량이 과잉이라며 반대하였다.
 그러나 포항제철은 갖가지 난관을 극복하고 통치권자의 신념으로 훌륭하게 성공하여 세계에서 제철공업 성공의 표본이 되었다.
 그들은 우리가 조선소를 만들 때도, 그 후 조선소를 확장할 때에도, 세계 조선 용량이 엄청나게 남아 돌아가고 있는 나쁜 상황에 빛내어 조선소를 지어 성공할 것 같으냐는 말을 똑같이 했었다.
 그런데 우리는 안 될 것이라는 조선소를 만들어, 지금은 세계 시장에서 일본과 나란히 세계 최대의 조선소로 군림하고 있다.
 논리적으로나 학문적 계수로는 분명 안 될 일이고 못할 일을 우리는 해내고 있는 것이다.
 현대조선소에 무수한 난관을 극복하며 정열을 쏟을 때 당시 우리나라에서 가장 존경받는 경제학자이며 경제를 담당하는 부총리가 나를 불러, 현대조선소가 성공하면 내 열 손가락에 불을 붙이고 하늘로 올라가겠다며 절대로 불가능하냐고 상담하였다.
 그러나 오늘날 현대조선소는 세계 제일의 조선소가 되었으며 그는 아직 땅에서 살고 있다.
 오늘날 온 세계 시장에서 선진국들이 다 하고 남은 일, 선진국들의 제조능력이 모자라서 남은 부분만 찾아 공장을 짓고, 선진국들의 손이 모자라서 못 파는 지역만 찾아 물건을 팔려고 한다면 한국의 산업이 할 일은 한 가지도 없다.
 선진국들은 우리가 자기들이 하고 남는 부분만 하기를 바라겠지만 남는 것도 없을 뿐더러, 그래서는 절대로 발전할 수도 살아남을 수도 없다.
 해양에서 기름을 캔다거나 가스를 캐는 일은 과거 미국, 일본, 프랑스 정도가 했었다.

우리가 이 해양 개발에 뛰어들 때 또 온 세계가 다 무모하다고 했었지만 지금 우리는 인도양의 심해 등 해상에서만 매년 3억 달러어치 이상의 원유와 가스생산 공사를 계속하고 있고, 미국과 서구 몇 나라가 우리와의 경쟁에 고전하고 있으며 유럽 선진국들은 이미 이 분야에서는 우리의 경쟁 상대가 아니다.

우리가 뒤떨어져 있는 분야라고 주저한다든지, 미지의 분야라고 두려워한다든지, 힘들다고 피한다든지 하는 것은 패배주의이다.

내가 반도체 산업에 뛰어든다고 했을 때도 세계 경제잡지들은 마치 기다리고 있었던 듯, 하늘의 별을 딸 정도로 높은 수준에 이르러 있는 시장으로 어쩌자고 뛰어드냐는 식의 논조로 신나게 써댔었다.

일부 식자라는 우리나라 사람들도 무분별한 짓이라고 했었다.

나는 반도체도 반드시 우리나라의 미래를 위해 성공해야 한다고 확신했었고, 결국 성공했다.

모든 일의 성패는 그 일을 하는 사람의 사고와 자세에 달려 있다. 확실히 대단한 모험인 것은 사실이지만 모험이 없으면 제자리걸음 다음에 뒤떨어지고, 그 다음은 주저앉는다.

우리가 과거에 비해 엄청나게 발전한 것은 사실이지만 이 정도에 만족하고 해이해져서는 도로 주저앉게 되기 십상이다.

우리는 지금 주춤거리는 상태이고,·갖가지 어려움도 한꺼번에 겹쳐 오는 상황이다.

학자들은 독일을 '라인강의 기적'이라 했고, 그들은 기적이라는 말을 좋아하는지 우리의 경제 성장은 '한강의 기적'이라고 표현했다.

그러나 정치와 경제에 기적은 없는 게 현실이다.

종교에는 기적이 있을 수도 있겠지만 정치와 경제에는 기적이란 없다고 나는 생각한다.

경제학자들이 기적이라고 하는 것은 경제학 이론으로, 또한 수치로는 불가능한 것이 인간의 정신력으로 실현된 데 대한 궁색한 변명일 뿐이다.

　우리 국민들이 진취적인 기상과 개척정신, 열정적인 노력을 쏟아 부어 이룬 것이다.

　바로 정신의 힘이다.

　신념은 불굴의 노력을 창조할 수 있다.

　진취적인 정신, 이것이 기적의 열쇠였다.

　나는 인간이 스스로 한계라고 규정짓는 일에 도전, 그것을 이루어내는 기쁨을 보람으로 오늘까지 기업을 해왔고 오늘도 여일하게 도전을 계속하고 있다.

　인간의 잠재력은 무한하다. 이 무한한 인간의 잠재력은 누구에게나 무한한 가능성을 약속하고 있는 것이다.

　나는 나에게 주어진 잠재력을 열심히 활용해서 가능성을 가능으로 이루었던 것이지 결코 특별한 사람이 아니다.

　단, 누구에게든 무엇이든, 필요한 것은 모두 다 배워 내것으로 만든다는 적극적인 생각, 진취적인 자세로 작은 경험을 확대해 큰 현실로 만들어 내는 것에 평생 주저해 본 일이 없을 뿐이다. 목표에 대한 신념이 투철하고 이에 상응한 노력만 쏟아 부으면 누구라도 무슨 일이든 할 수 있다.

　누구나 다 할 수 있다.

　이제 나를 세계 수준의 기업 경영자라고 하는 평가도 있는 모양이지만 나 자신은 나를 자본가로 생각해 본 적이 없다. 나는 그저 꽤 부유한 노동자일 뿐이며, 노동으로 재화를 생산해 내는 사람일 뿐이다.

1991년 9월
現代그룹 명예회장실에서

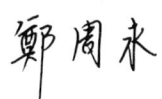

*나의 삶 나의 이상
시련은 있어도 실패는 없다

차 례

머리말/진취적인 기상과 신념이 '기적의 열쇠' —— 저자 · 4

제 1 부

농부의 아들로 태어나서 · 17
친구와 노자 47전을 넣고 · 25
철도 공사판 막노동 두 달 · 32
엉뚱한 덫에 걸린 두번째 가출 · 38
뱃사공의 따귀에 배짱을 키우고 · 44
소 판 돈 70원과 부기학원 · 48
'청개구리 교훈' 안고 다시 서울로 · 55
신용 하나로 넘겨받은 쌀가게 · 60

'50년 1월 현대건설의 출발 · 66
6.25전란 속을 동생과 함께 · 74
아이젠하워 방한과 "원더풀!" · 80
시련은 있어도 실패는 없다 · 84
전화위복… 그러나 아, 장비! · 89
인생의 승패는 행동과 시간 · 95
죽음 무릅쓴 해외 건설시장 도전 · 99
겁 없이 쑤신 '호랑이의 코' · 103
경부고속도로와 난공사 당제터널 · 107
미래를 위한 울산조선소 착공 · 114
사진 한 장 든 '봉이 정선달' · 118
저 무쇠덩이가 과연 뜰 것인가 · 125
'오일 달러'를 잡아라… 중동으로 · 132

제 2 부

피를 끓게 한 20세기 최대 공사 · 139
주베일 산업항… 그 비장한 낙찰극 · 145
담대한 모험, 기자재 대양수송작전 · 153
나는 그들을 좋아한다 · 159

매미는 겨울을 모른다 · 165
약이 된 포드사와의 결별 · 169
기업 공개와 아산재단 · 175
다섯 번 연임한 전경련 회장 · 178
격동의 '70년대 후반 · 181
'국보위'와 기업 통폐합 · 186
올림픽 유치 책임을 떠맡고 · 191
바덴바덴에서의 "쎄울 꼬레아!" · 196
"자리가 낮아 안 한다는 겁니까?" · 202
지도를 바꿔놓은 대역사 · 207
이래 저래 빗나간 '일해재단' · 215
국회 '5공 비리 청문회' · 220
소련 첫 방문기간의 비망록 · 225
40년만에 밟은 평양과 고향땅 · 230
인상 좋은 고르비와의 만남 · 235
설레임의 신천지 '출장일기' · 239

제3부

한국인이 환영받는 이유 · 249

꿈꾸는 이들의 '견본'이 되리 • 252
기업 경영자는 청지기일 뿐 • 258
제발, 정변(政變)은 이제 그만 • 262
건설업은 경제 성장의 견인차 • 269
세계 제일의 자동차를 만들겠다 • 274
내일을 심는 시베리아 개발 • 279
민간 주도형 경제로 가는 길 • 286
경제와 정부의 역할 • 292
'현대'가 한 일, 해야 할 일 • 298
근검과 검약이 곧 자본 • 301
다같이 깨끗해야 밝은 사회된다 • 308
진정한 부자는 누구인가 • 314
행복한 삶의 네 가지 조건 • 317
고정관념의 벽을 허물라 • 322
긍정적인 사고에는 실패가 없다 • 326
'평범한 아내', '신통한 남편' • 332
힘들었을 자식들을 위한 변명 • 339
아직도 할 일이 태산과 같다 • 342

＊책을 내놓으며/나의 삶 나의 이상 —— 저자 • 348

농부의 아들로 태어나서

> 아버님과 어머님의 그 부지런하심은 나의 일생에 가장 은혜로운 교훈이었고 오늘의 나를 있게 한 첫째 가는 유산이다.

내 고향 송전(松田)의 아산(峨山) 마을.

우리 국토가 남북으로 갈라지기 전, 청량리역에서 밤 11시에 떠나는 완행열차를 타면 발에 흙을 묻힐 필요 없이 송전역에 닿는다.

청량리역에서 다섯 시간을 달리면 철원평야를 지나고, 삼방약수(三防藥水)와 석왕사(釋王寺)를 거쳐 안변역(安邊驛)에 도착한다.

안변역에서 동해 북부선에 연결된 기차를 타고 다시 남쪽으로 달리면 차창 서편은 울창한 삼림에 덮인 태백산맥이, 동편으로는 쪽빛 동해(東海)가 무한하게 펼쳐진다.

새벽 바다 파도소리를 들으며 달리다 어느 순간 승객들이 일제히 동편 차창으로 몰리게 되는 시간이 있다. 동해의 장관인 일출(日出)을 보기 위해서이다.

해가 뜨기 시작하면서 몇 십 분 가량 지나면 기차는 패천(沛川)을 거쳐 잠시 바다 위를 떠가는 느낌을 주고, 이어서 백사장과 하늘을 가릴만큼 높이 자란 송림 사이로 양옥 별장들이 띄엄띄엄 보이기 시작한다.

해당화가 넓고 길게 이어진 송전 해수욕장이다.

이윽고 기차가 멎는다.

송전역이다.

역 구내는 물론 시가지까지도 온통 소나무밭인 이곳은 이른 봄의 진달래로 시작해서 해수욕장으로 이름이 드높거니와 당대의 한다 하는 명사들의 별장지이기도 하다.

여기서 도보로 한 시간 반쯤 가면 감나무숲에 싸인 내 고향 아산 마을이다.

우리 가족 일문(一門)이 이곳에 정착하게 된 것은 나의 증조부님이 조부님 3형제를 데리고 갑오년(甲午年) 변란을 피해서 함경북도 길주(吉州)에서 옮겨 오시면서부터였다.

조부님은 길주의 기와집과 전답을 처분해 결혼한 지 한 달밖에 안 된 몸 약한 신부와 두 형제분과 함께, 여러 필의 말에 엽전을 나누어 싣고 남쪽으로 내려오시다 산천 수려한 이곳에 정착하신 것이다.

조부님께서는 여기서 나의 아버님을 비롯 7남매를 두셨는데 다섯 숙부·숙모님과 고모님은 남하하지 못하셨기 때문에 현재 사촌들은 모두 이북에 살고 있다.

증조부님과 조부님들께서 통천(通川)에 정착하시고 스무 해가 지나 한일합방조약이 맺어진 지도 이미 5년, 사립학교에까지 일본 국가(日本國歌)를 부르라는 지시가 내리고, 우리 강토 곳곳에서는 광복 비밀결사조직이 만들어지고 있었다.

한편 함경선이 착공되고 경원선이 개통되었는가 하면 부산항, 진남포 축항, 원산항이 완공되고 일제(日製) 고무신이 등장한 때였다.

3·1운동이 일어나기 4년 전인 1915년, 나는 통천군 송전면 아산리에서 태어났다.

일제하에서 우리 국민 대부분이 문자 그대로 조반석죽(朝飯夕粥)으로 연명하던 어려운 시대였다.

　6남 1녀의 장남이셨던 나의 아버님은 동네에서도 으뜸으로 소문난 부지런한 농사꾼이셨다.

　조부님은 마을에 서당을 열었던 훈장님이셨는데 농사도 살림도 도통 모르시는 분으로, 아버님의 여섯 동생이 모두 내 아버님 책임이었다.

　여섯 동생을 차례로 모두 혼례시켜 땅이라도 몇 뙈기 얹어 분가시켜야 하는 무거운 짐을 진 아버님의 그 평생 부지런함은 이루 말로 다 할 수가 없다.

　그런가 하면 길쌈하시고 누에 쳐 명주 짜고 삼을 삼고 밤새도록 짠 베로 식구들 옷을 해결하고, 혼수 장만까지 하셨던 내 어머님의 근면도 아버님에 못지 않으셨다.

　나는 6남 2녀의 장남으로, 아버님처럼 동생 일곱이 내 책임이었다.

　나의 노동은 열 살 무렵부터 시작되었다. 아버님께서는 당신이 하신 것처럼 동생들을 책임지고 혼인시켜 분가시키려면 열심히 일하지 않으면 안 된다며, 어려서부터 새벽 4시께면 나를 깨워 시오리나 떨어져 있는 농토로 데리고 나가셨다.

　농토에 도착하면 동녘 하늘이 부옇게 밝아왔다.

　하루 종일 허리를 못 펴고 일을 하노라면, 어린 소견에도 이렇게 힘든 것에 비해 소득은 보잘것 없는 농사일만 하며 일생을 보내야 하는가 한심하고 지겹고 끔찍한 생각이 들곤 했었다.

　씨를 뿌리면 그 이튿날 누렇게 벼가 여물어주었으면 좋겠다는 공상을 얼마나 많이 했었던가.

　아버님은 나를 일등 농사꾼으로 키워낼 생각이셨다.

　폭양 아래 작은 삿갓을 씌워 데리고 다니시면서 사래 긴 조밭 고랑의 김 매는 법이며, 조 포기포기에 맨손으로 보토(補土)하는 법이며를 가르치셨다.

삼베 여름 옷은 새벽에는 조밭 이슬에 젖고, 대낮에는 폭염 아래서 땀에 젖었다.

맨손과 호미로 보토를 하노라면 뒤집어쓴 흙먼지가 전신에 흐르는 땀과 섞여 부자(父子)의 삼베옷은 함께 죽탕이 되었다.

부자가 함께 온 종일 일을 해도 아버님은 말씀 한 마디 없는 분이셨는데, 간간이 저린 허리를 달래기 위해 일어서실 때 휘파람을 길게 한 번씩 부셨다.

그때는 몰랐지만 지금 생각하면 그 애처로운 휘파람 소리는 순풍우조(順風佑助)해서 풍년이 들기를 기원하는 듯도 하였고 '한 오백 년' 노래의 시작 곡조 같기도 했다.

우리 부자는 새벽별을 보며 소를 몰고 밭으로 나가 저녁별을 보며 집으로 돌아오고는 했다.

날이 가물면 물이 없어 애태우다 장마가 지면 홍수로 물난리를 겪어야 했다.

그러나 홍수 끝에 개천에서 감는 미역은 너무나 즐거웠고, 폭양 아래서 일하다 밭둑 나무 그늘에서 잠시 쉴 때 서늘하게 불어오는 바람을 맞으면서 느꼈던 상쾌한 행복감은 지금도 생생하다.

어머님께서 나무 함지에 이고 나오신 감자밥을 호박 된장찌개로 비벼 먹던 꿀맛 같은 점심과, 나무 그늘에서의 짧은 낮잠도 나에게는 행복한 추억으로 남아 있다.

저녁이면 어두운 앞마당에 쑥대 모깃불을 피워놓고 강냉이를 먹으면서 말씀 좋아하시던 어머님의 이야기도 듣곤 했다.

항상 무표정하시던 아버님도 어머님의 그런 이야기에 가끔은 웃는 얼굴을 하셨고, 아버님의 웃는 얼굴에만도 우리는 신바람이 나게 행복했다.

어머님께서는 봄 누에 치는 것이 끝나면 농사일을 거들면서 다시 여름 누에를 치기 시작하셨다.

집 뜰에 뽕나무가 많이 있는 것도 아니라서 산뽕을 따러 심산계곡을 헤매고 다니셨는데 나도 어머님을 따라 산뽕을 따러 다녔었다.

어머님은 이고 나는 지고. 하지만 우리 모자는 뽕 짐이 무거우면 무거울수록 신이 나고 기뻤었다.

나는 지금도 여름철이면 강릉 해변 호텔 산 언덕에 있는 큰 산뽕나무를 어머님을 뵙는 듯 만난다. 뽕잎이 활짝 핀 산뽕나무를 만나면 어머님의 옛모습이 떠올라 코허리가 아릿해진다.

서산(瑞山) 간척지를 만들어 광활한 농토를 일구면서는 아버님의 넋이 내 몸에 실린 듯한 느낌이었다.

아버님과 어머님의 그 부지런하심은 나의 일생에 가장 은혜로운 교훈이었고, 오늘의 나를 있게 한 첫째 가는 유산이다.

말복을 전후해서 감자를 캐고, 옥수수밭의 토질 좋은 곳을 골라 무우, 배추 씨를 뿌려 파릇파릇 새 잎이 나오면 선들선들 가을바람이 불기 시작한다.

토요일 오후 학교에서 돌아오면 아버님께서는 화전(火田) 매는 곳을 미리 정해 놓으셨다. 그리고 일요일에는 새벽부터 나를 들로 끌고 나가서 화전의 모밀 추수로부터 온갖 가을걷이를 서두르셨다.

동네 다른 아이들은 잘도 노는데 우리 아버님은 어림도 없으셨다. 친구들과 놀고 싶어 죽을 지경인 나를 추석 전날까지도 밭으로 모밀 거두러 가자고 새벽부터 깨우셨다.

어느 해 추석 전날, 나는 꾀가 나서 잠이 안 깬 척하고 누워 있었다. 그러자 아버님께서 짚단을 들고 들어오셔서 냉큼 안 일어난다고 두들기시며 야단을 치셨는데, 짚단으로 맞는 매라 아프진 않았지만 아버님 호령에 안 일어날 수가 없었다.

심술로 아침도 안 먹고 따라나섰는데, 아랫동네에서 나와 놀기 위해

왔던 사촌형까지 애꿎게 아버님께 끌려와 해가 지기 직전까지 모밀을 베었던 기억이 있다.

가을 달이 휘영청 밝은 고향의 추석은 참으로 좋았다. 어머님께서 지어주신 새 무명 바지 저고리, 새 버선에 새로 사온 '대륙 고무신'을 신었다.

여름 동안 내내 맨발로 학교를 다니다 추석날이 되어야 신는 새 버선에 새 고무신이었다.

나는 펄쩍펄쩍 뛰면서 온 동네를 쏘다녔다.

고향의 가을은 참으로 나의 가슴에 깊이 파고 드는 계절이었다.

보통학교 공부는 집에 돌아와 책을 펴볼 시간도 없었을 뿐 아니라 볼 필요도 없었다.

서당 3년에 《소학(小學)》, 《대학(大學)》, 《자치통감(資治通鑑)》, 오언시(五言詩), 칠언시(七言詩)를 다 익힌 나에게 보통학교 공부는 배울 것이 별로 없어서 학교에 있는 시간이 나한테는 실컷 노는 천국이었다.

그럼에도 습자(習字)와 창가(唱歌)만 낙제점이고 전 과목이 만점이어서 줄곧 상위권을 고수했지만, 아버님 어머님은 학교 마칠 때까지 내 성적을 궁금해 하신 적이 한 번도 없었다.

여섯 살부터 아홉 살까지 계속한 한문 공부는 종아리를 맞아가면서 괴롭게 배웠지만, 그 한문이 일생을 살아가는 데 있어서 내 지식 밑천의 큰 부분이 되었다.

고향의 겨울은 온통 눈뿐이었다.

전국에서 가장 눈이 많은 곳이 통천이고 거기에서도 가장 많은 눈이 내리는 곳이 우리 마을 아산이다.

눈이 왔다 하면 1미터이고, 퍼부었다 하면 2미터 이상이었다.

어느 해 겨울에는 눈이 많이 온 날 밤 강풍이 불어 산간 계곡에 몇

십미터씩 눈이 쌓여서, 동네 사람들이 노루와 산돼지 사냥에 나서 30여 마리를 잡아, 온 동네가 잔치를 벌인 적도 있다.

 아버님께서 나에게 시키실 일이 없기 때문에 눈이 강산같이 쌓이는 겨울은 나에게 다시 없이 좋은 계절이었다.

 그러나 그 겨울에도 아버님은 사랑방에서 매일 짚신을 삼으시면서 나에게 새끼 꼬는 법을 배우라고 간간이 채근하셨지만 나는 손바닥이 아프다는 엄살로 꽁무니를 뺐다.

 아버님께서는 웬일인지 크게 닦달을 않으시고 아침 저녁 소 여물 끓여주는 것만으로 겨울에는 그런 대로 넘어가주셨다.

 나는 실컷 놀았다.

 눈 위에서 썰매도 지겹도록 타고 개천 얼음판에서 빙교(氷橋)도 타고 밤이면 석유가 아까워 등잔불도 안 켜주는 사랑방에 모여 앉아 호랑이, 귀신, 도깨비 이야기를 얼굴도 안 보이는 어둠 속에서 실감나게 하다가는 무서워 서로 껴안기도 했다.

 그 당시 우리는 모두 다 검은 물감을 들인 광목 바지 저고리뿐, 속옷을 입은 아이는 하나도 없었다.

 겨울이면 서양대 쪽에서 눈보라를 치며 무섭게 바람이 불어젖히는 속에서도 우리는 정신없이 놀았다. 바람에 저고리 앞자락이 젖어 배가 얼었다. 다 놀고 방에 들어가면 벌겋게 언 배가 녹으면서 근질근질 부어오르곤 했다.

 열 한 살 겨울에 나는 몹시 기침을 하기 시작했다. 찬 눈바람을 맞으면서 지나치게 놀다 감기가 든 것도 모르고 있다가 더쳤던 모양인데, 급기야는 기침을 할 때마다 목 안에서 핏덩어리가 쏟아져 나오기 시작했다.

 학교를 쉬고 여섯 달을 누워 있었다.

 그 튼튼하던 몸이 마른 삼대처럼 되었다. 여름 방학이 끝나고 가을

학기에나 등교할 수 있었는데, 그래도 성적은 2등이었다.

그후 오랜 세월이 흘러 처음으로 사업차 미국에 갈 일이 생겨 적십자 병원에서 신체검사를 받았는데, 의사가 폐병을 앓은 일이 있느냐고 물었다.

나는 물론 그런 병은 앓은 적이 없다고 대답했더니 의사가 폐를 앓은 흔적이 있는 엑스 레이 필름을 보여주었다.

무지했다고 할까, 우직했다고 할까, 그런 시대였고 그런 사람들이었다.

친구와 노자 47전을 넣고

우리는 둘 다 보따리 하나 없이 입고 있던 무명 바지 저고리 차림이었고 돈이라고는 둘의 것을 합쳐 47전이 고작이었다.

열 네 살에 보통학교를 졸업했다.

공부를 계속해서 보통학교 선생님이 될 수 있었으면 하는 것이 당시 나의 가슴 속에 있는 꿈이었다.

학교를 졸업하자 고되고 힘든 농사일이 본격적으로 시작되었다.

아버님은 봄이 되자마자 개천가 돌밭을 개간해서 논으로 만드는 일을 시작하셨다.

돌밭 개간은 화전 일구는 일보다 훨씬 힘들었다. 흙을 골고루 파헤쳐가면서 셀 수 없이 많은 돌들을 일일이 모아 들것으로 실어다 개천 옆에 가지런히 쌓아야 하는가 하면, 높은 지대의 흙을 날라다 낮은 곳을 메워 땅을 평평하게 골라야 했고 개천물을 끌어들이는 봇둑도 쌓아야 했다.

1백 평 내외의 논을 만드는 데 꼬박 두 달이 걸리기도 했다.

땅에 대한 아버님의 그 애착과 집념은 좁은 국토에서 자신의 농토를 제대로 갖지 못하고 줄곧 가난과 싸워야 했던 우직하고 순박한 우리 농민 전체의 '한'에서 비롯되었을 것이다.

그 고되고 힘든 노동과 노력으로 한 평 한 평 땅을 일구어내시던 아버님의 '한'이 후일 서산 간척사업의 직접적인 동기가 되지만, 당시의 나는 몸으로는 힘껏 아버님을 도우면서도 머리로는 끊임없이 딴 생각을 했었다.

노력과 시간과 흘리는 땀에 비해 농사는 성과가 너무 적었다. 차라리 공사판에 나가서 노동으로 돈을 벌어다, 개간할 필요 없이 어엿한 농토를 사는 편이 훨씬 낫지 않을까 싶었다.

어쩐지 그럴 것 같았다.

아무리 힘든 노동도 농사일보다는 수월할 것 같았고, 또 어떤 노동이든 농사짓듯 열심히 하면 농사보다 훨씬 많이 벌 것 같았다.

그 시대의 농민생활은 실로 비참한 지경이었다. 뼈 빠지게 열심히 농사를 지어봤자 가까스로 계량(繼糧)이나 할 정도로 농사짓는 방법이 원시적이었던 때였다. 그래서 봄에 비가 조금만 늦게 와도 흉년, 여름에 우박이 잠깐 내려도 흉년, 가을에 서리가 조금 일찍 내려도 흉년이었다.

풍년이 들어도 겨우 먹고 살 지경인 판국에 3년에 2년은 으레 흉년이었다.

더구나 내 고향 통천은 눈 속에 터널을 뚫고 다녀야 할 만큼 눈이 많은 고장이다.

겨울이면 눈에 묻혀서 먹는 일뿐인데, 흉년이면 집집마다 일찌감치 식량이 떨어져 콩죽이나 도토리로 끼니를 이어가곤 했다.

죽어라고 일해도 콩죽을 면할 길이 없는 배고픈 농촌생활이 좌우간 나는 진절머리가 나게 싫고 지겨웠다.

농사일은 이른 봄부터 초여름까지 초벌 김, 두벌 김, 세벌 김을 매고 농한기로 들어가는데, 그동안에도 퇴비 풀을 깎아와야 하고 꼴도 베어와야 하니까, 그저 노는 것은 아니었지만 그래도 그나마 약간은 한가한 시기였다.
 그때 우리 동네에서 유일하게 구장댁에서 동아일보를 구독하고 있었다. 나는 매일 짬을 내 구장댁을 드나들면서 어른들이 돌려 읽고 난 그 신문을 얻어 읽었다.
 당시 연재했던 춘원 이광수(春園 李光洙)의 〈흙〉을 소설가가 지어내는 이야기인 줄도 모르고, 매일 실제로 일어나는 일을 그날그날 써낸다고 믿었고, 나도 가까운 장래에 꼭 서울 가서 독학으로 고시 패스를 해 허숭(許崇)같은 변호사가 되겠다는 뜻도 품었다.
 우스운 얘기지만 이 뜻을 이룰 작정으로 나는 후에 서울로 와서 노동을 하면서 실제로《법제통신》등 법학책을 사 모아 보고《육법전서(六法典書)》를 암송하여 보통고시까지 쳤었다.
 결과는 당연한 낙방이었고 그것으로 변호사는 포기했지만, 고맙게도 그때 공부했던 엉성한 법률 지식은 오늘날까지 나를 크게 돕고 있다.
 외국에 나가 어떤 계약을 체결할 일이 있을 때 법률 고문을 동행하지 않고도 큰 실수 없이 처리할 수 있으니 말이다.
 얻어 읽는 동아일보에 어느 날 청진(淸津)에 개항 공사와 제철공장 건설 공사가 한꺼번에 시작되어 노동자가 얼마든지 필요하다는 기사가 대문짝만하게 난 일이 있었다.
 가슴이 울렁거렸다.
 '청진엘 가자. 어디 가서 어떤 노동을 해도 지금보다는 나을 것이다. 같은 쥐라 해도 뒷간에 있던 쥐는 똥 먹다 도망가고, 광에 있던 쥐는 쌀 먹다 도망간다고 했는데!'
 몸 튼튼하겠다, 힘 좋겠다, 해본 노동이겠다, 까짓 것 노동에는 자신이 있었다.
 쥐도 새도 모르게 도망치는 길밖에 없었다.
 지도를 펴놓고 청진을 찾았다.

어른들께 그저 괜히 그러는 척 넌지시 알아보니 청진까지 배로는 나흘 거리요, 걸어서는 보름이 걸리는 천 리 길이라고 했다. 땡전 한 푼 없는 빈 손이니 걷기로 했다.

보름쯤 걷는 것은 일도 아니었다.

그러나 평생 처음 객지로 나서는 모험에 혼자라는 것이 좀 불안해서 보통학교 3년 선배면서 나이도 세 살 위인 지주원이라는 친구를 슬쩍 건드렸더니 이 친구가 댓바람에 따라나서겠다고 했다.

동행자 한 친구가 나한테는 백만대군이었다. 용기 백배했다.

우리는 무더운 7월 어느 날 밤, 식구들이 모두 잠들기를 기다렸다 집을 나섰다.

아버님께서 새벽에 일하러 나가자고 깨우실 때쯤이면 우리는 밤새도록 걸어 이미 집에서 멀리 떨어져 있어야 했으므로 밤에 집을 떠난 것이다.

우리는 둘 다 보따리 하나 없이 입고 있던 무명 바지 저고리 차림에 돈이라고는 둘의 것을 합쳐 47전이 고작이었다.

애초에 청진까지 가는 동안 밥은 얻어 먹으면서 가기로 했기 때문에 그 47전은 말하자면 우리의 비상금이었다.

그날은 마침 음력으로 그믐께여서 달도 없는 칠흑의 밤이었지만 우리는 뒤에서 누가 금방이라도 쫓아와 덜미를 낚아챌 것 같아 걸음아 날 살려라, 무서운 줄도 모르고 깊은 산 속 길을 줄행랑쳤다.

북쪽으로 망향, 삼태리를 지나면 대낮에도 도둑이 나온다는 '패천고개'이다. 한밤중에 그 험한 고개를 겁도 없이 넘어 협곡에 도착하니 날이 밝았다. 짧은 여름밤을 한숨도 쉬지 않고 내달아 60리를 걸었던 것이었다.

이제 붙잡힐 염려가 없다는 안도감에 마음이 놓이자 감자밥 한 그릇으로 태산준령을 넘어 밤새도록 걸어온 배가 대뜸 휑하니 고파오기 시작했다.
 우선 밥부터 얻어 먹어야 했다. 예나 지금이나 신작로 가까운 마을은 인심이 사나운 법이다.
 우리는 인심이 덜 박한 산마을을 찾아 들었다.
 찢어지게 가난한 살림이기는 했지만 밥 구걸은 난생 처음이라 느닷없는 걸식을 할 일이 그렇지 않아도 난감한데 지주원이 먼저 꽁무니를 뺐다.
 자신은 나이도 많고 덩치도 커서 "밥 좀 주십시오."하기가 민망하고 창피스러울 뿐더러, 자기보다 어린 내가 나서는 것이 밥 얻는 데도 더 유리하리라는 게 이유였다.
 그도 그럴싸해서 두말 없이 그러마 하고 혼자 나섰다. 진짜 거지가 아니니 거지의 기본 필수품인 깡통이나 바가지도 없는 맨손이었다.
 마을에 들어서서 그중에서도 제법 잘살겠다 싶어 보이는 집 마당으로 슬그머니 들어섰다. 마침 온 집안 식구가 마루에서 아침을 먹는 중이었다.
 우선 주인 영감에게 머리 숙여 인사를 하고 "길 가는 사람인데 노자가 떨어져 밥을 좀 얻어 먹으러 왔습니다. 밥 좀 주십시오."했다.
 오십이 좀 넘어 보이는 점잖은 주인 영감이 빙그레 웃으면서 "이 녀석아, 뭐가 떨어졌다구?" 되물었다.
 그렇지 않아도 난생 처음 해보는 '밥 좀 주십시오'에 쥐구멍이 있으면 파고들고 싶을 만큼 부끄럽고 창피스러워 죽을 지경이었다.
 "노자가 떨어졌어요."
 간신히 내놓은 내 대답은 내가 듣기에도 한심하리 만큼 다 죽어가는 사람 목소리였다.
 그런데 주인 영감이 소리를 내어 웃고 나서 하는 말이 "이 녀석아, 그걸 안 떨어지게 꽉 붙들어 맬 것이지 어쩌다가 떨궜어!"였다.

차라리 굶는 편이 낫지 부끄러워 도저히 더 이상 그 자리에 그냥 서 있을 수가 없어 그대로 도망치듯 그 집을 나와버렸다.
후일 생각하니 내심 밥술 후하게 먹여 보낼 생각으로 농담 삼아 건넨 말이었던 것인데, 경험이 전무했던 터라 수치심이 앞서 최초의 거지 행각에 실패했던 것이다.
거지질에도 용기와 뚝심이 필요했다.
우리는 밥 얻어 먹기를 단념하고 다시 걸을 수밖에 없었다. 배가 고프니 다리가 무거워져 걷는 데도 능률이 나지를 않았다.
얼마를 걷노라니 신작로 옆 어떤 집의 떡판과 떡메가 눈에 띄었다.
떡 파는 집이었다.
배가 고파 죽을 지경이니 나중이야 어찌 됐든 비상금에 손을 대야지 다른 도리가 없었다.
우리는 떡집 툇마루에 걸터앉아 주인 할머니에게 떡 5전어치를 청했다. 젊은이 둘에게 떡 5전어치는 간에 기별은커녕 코에 바를 수도 없는 인절미 세 개였다.
비상금 47전을 몽땅 털어도 고픈 두 배 채우기가 부족할 지경이었지만 우리 둘의 목숨 같은 비상금이었기 때문에 툴툴거리는 할머니에게 돈이 5전밖에 없다는 핑계로 딱 5전어치, 인절미 세 개를 샀다.
당시 떡은 덤으로 주는 시래기국 한 대접과 함께 팔았다. 우리는 떡 한 개씩에 시래기국 한 그릇을 단숨에 비워버리고 나머지 떡 하나를 반으로 나누어놓고 공짜 국 한 그릇씩을 더 청했다.
시래기국으로 배를 불리고 그날 중으로 전운학이 있는 원산(元山)까지 갈 작정으로, 우리는 다시 걷기 시작했다.
그 무렵 나는 외지에 나가 있는 동창생들에게 편지를 자주 쓰는 버릇이 있었는데 원산의 전운학도 그런 친구들 가운데 하나였다.
전운학은 일본 사람의 시계점에 취직해 있었다.

우리는 원산에 닿기만 하면 전운학에게 밥도 얻어 먹고 공짜 잠도 잘 수 있을 것으로 생각했다.
 하지만 가도가도 원산은 아직 멀었다. 안변평야를 지나 갈마를 지나도 아직 멀었다고 했다.
 통천에서 원산까지의 거리가 얼마나 되는지 지금도 모르지만 배가 고픈 때문인가 2백 리도 넘는 것 같았다.
 아무튼 인절미 한 개 반과 시래기국 두 그릇밖에 먹은 것이 없는 채로 그날 해가 저물어갈 무렵 원산에 도착하기는 했다.

철도 공사판 막노동 두 달

> 현장에서 일하다 손님이 찾아왔다
> 는 연락에 뛰어나가보니 아버님께
> 서 서 계셨다. 눈앞이 아득했다.
> "어떻게 알고 오셨어요?"

주소를 들고 친구가 취직해 있는 시계포를 찾기는 별로 어렵지 않았다. 그러나 우리를 본 친구는 반갑기는 한 것 같은데 덮어놓고 팔부터 내저으면서 우리를 쫓듯이 했다.

시계포 주인이 알면 제가 혼나니까 근처에서 서성대지 말고 멀찍이 떨어져 있는 관다리에 가서 기다리라는 얘기였다.

시계포가 문을 닫고 난 밤 8시쯤에 관다리 위에서 만나기로 하고 우리는 시계포 앞을 떠났다.

동기 동창이기는 하지만 나이는 전운학이 나보다 두 살 아래였고 그는 우리 반에서 키가 제일 작은 아이였다.

어떻게 도시로 나와 일본 사람 시계포에 심부름꾼으로 취직해서 '합비'라는 일본 등거리도 걸치고 있기는 했지만 신세가 별 볼일 없다는 것이 한눈에 짐작되었다.

믿고 찾아온 친구의 그러한 모습에 다소 맥도 빠지고, 굶다시피 한 휑한 뱃속이 쓰리기도 했지만 어쨌든 난생 처음 나와본 도시였다.

모든 것이 신기했다.

8시가 좀 지나서 전운학과 관다리 위에서 만났다.

우선 저녁부터 먹자는 말을 해주었으면 좋겠는데 그는 저녁 먹었느냐는 말도, 먹자는 말도, 좌우간 밥 얘기는 입도 벙싯 않고 시내 구경이나 하자고 앞장섰다.

시골 소년의 눈에 원산 시내의 밤 풍경은 휘황찬란하고 모든 것이 참 대단했지만, 배는 등가죽과 합장해서 없는 것 같았고 머리엔 오로지 배가 고프다는 생각뿐이었다.

이제나 밥 먹자는 소리를 할까, 저제나 저녁 산다는 말을 할까.

그런데 밥 얻어 먹고 공짜 잠 얻어 잘 수 있을 거라는 기대로 찾은 전운학은 끝내 우리한테 저녁을 먹여줄 기색이 없었다. 아마도 그만큼 딱한 형편이었던 모양이었다.

남아 있는 비상금 42전, 둘이 인절미 한 개 반씩 먹어도 5전이 날아가는데 전운학까지 셋이 밥을 사 먹는 것으로 낭비할 순 없었다.

그런데 잠잘 곳도 난감했다. 전운학이 보세창고 옆이 잘 만한 곳이라고 안내했다.

원산 모기는 왜 그렇게 크고, 많기는 또 왜 그리 많은지. 거짓말 보태서 제비만한 모기들이 내의도 없는 무명 홑바지 저고리를 뚫고 쉴새 없이 극성스럽게 쏘아댔다.

제대로 먹질 못해서 모기라도 잡아먹을 판인데 모기에 뜯기가면서도 우리 셋은 이런저런 이야기를 나누었다.

이야기 중에 문득 보니 참외 장수 아주머니 앞에서 어떤 거지 아이 하나가 손을 내밀고 돈 한 푼을 졸라대고 있었다.

이미 한참 전부터 졸라대고 있었는지 화가 잔뜩 난 아주머니가 갑자기 거지 아이 손을 후려갈겼는데, 그 서슬에 건드렸는지 참외 두 개가 땅에 떨어져 와싹 깨져버렸다.

참외 장수 아주머니가 길길이 뛰면서 욕을 퍼붓는데도 거지 아이는 꿋꿋하고도 끈덕졌다.

"못 팔게 됐으니 내나 주세요, 못 팔게 됐으니 내나 주세요."

나도 모르게 주먹 같은 침이 꿀꺽 넘어갔다.

돈 내라는 소리만 안 하면 깨진 참외는 거지 아이보다 내가 먼저 달려들어 집어오고 싶었다.

60년이 다 되어가는 옛일인데도 그날 밤 그 부둣가, 그 광경과 그 배고픔이 지금도 어제 일인양 생생하다.

거의 스물 네 시간을 쉬지 않고 걸었지, 허기는 질대로 졌지, 우리는 물 먹은 솜처럼 무겁게 피로해서 제비같이 큰 모기떼 속에서도 셋이 함께 곯아떨어졌다.

정신없이 자는 중에 구둣발이 엉덩이를 툭툭 차서 일어났다. 새벽 순찰중인 순사가 웬놈들이냐고 으름장을 놓으면서 경찰서로 가자고 했다.

우리는 형사를 따라가면서 묻는 대로 솔직하게 대답하다가 "나리님, 나리님이 우리 취직 좀 시켜주세요." 엉뚱하게 그 순사에게 취직 떼를 쓰기 시작했다.

순사는 취직시켜달라는 소리에 질겁을 했는지 경찰서로 데리고 가봤자 조사할 건더기도 없는, 우리 말대로 그저 노동판 돈벌이 나선 시골 아이들인 것이 틀림없다 생각했는지 중간에서 우리를 놓아주었다.

전운학을 시계포로 돌려보내고 우리는 다시 청진을 향해 길을 떠났다.

청진으로 가려면 문천(文川)과 고원(高原)을 거쳐야 하는데 문천을 지나 내천리(內川里)로 가다 보니 시멘트 공장이 있었다.

우리는 생전 처음 보는 시멘트 공장을 겉으로만 구경하고 고원으로 들어갔다.

그때 고원에서는 평양과 고원을 잇는 평원선 철도 공사가 막 시작되어서 노동자가 얼마든지 필요했다.

우리는 일단 여기서 돈을 벌어 청진으로 가자고 의견을 맞추고 무조건 공사판 '함바'로 찾아들었다.

'함바'란 노동자들의 공동 숙식소로 월말이면 노동자들 임금을 자기네들이 타다 한 달 숙식값을 제하고 나머지를 나누어주는 곳이다.

전국 각지에서 일꾼을 모집해와 쓰는 판국이어서 일자리는 얼마든지 있었다.

비교적 힘이 덜 드는 노동은 하루에 40전, 중노동에는 45전 품삯이었다. 지주원과 나는 한 푼이라도 더 벌 욕심에 중도농을 자원했다.

'도로꼬(트럭)'에 흙을 잔뜩 퍼 담아 레일 위에 올린 다음 먼 데까지 밀고 가 낮은 곳을 메우는 일이었다.

흙이 가득 찬 '도로꼬'를 레일 위에 들어 올려놓는 일은 보통 힘을 써서는 안 되었다. 중노동 중에도 상노동이었다.

그러나 코에서 단내가 혹혹 나게 힘든 중노동의 일당 45전은 참으로 어처구니 없이 허망한 품삯이었다.

품삯 45전에 하루 '함바'에 내는 숙식비가 30전이었다.

계산상으로는 하루 15전씩 남으니 한 달이면 4원 50전이 모아져야 하는데 비 오는 날은 공치는 날인 데다 일은 공쳐도 밥은 먹고 잠도 자야 하니 하루 30전이 고스란히 적자였다. 게다가 중노동에 옷과 신발이 남아나지 않아 맨날 그 타령이 그 타령, 돈이 모아지기는커녕 까딱하면 빚쟁이가 될 판이었다.

새벽밥 먹고 나가 어두워져서야 들어오는 하루 열 대여섯 시간의 노동에 저녁 밥 숟가락 놓기가 무섭게 곯아떨어져 자고 일어나면 일, 자고 깨면 일.

지주원과 나는 그래도 내 힘으로 돈을 벌어 먹고 산다는 충족감 하나로 열심히 일했다.

그러던 어느 날, 추석이 가까운 무렵이었고, 내가 집을 나온 지 두 달 가량 지난 때였다.

현장에서 일하다 손님이 찾아왔다는 연락에 뛰어나가 보니 아버님께서 서 계셨다. 눈앞이 아득했다.

"어떻게 알고 오셨어요?"

아버님을 뵌 반가움과 도로 끌려갈 것이 분명한 실망감보다도, 어떻게 알고 오셨는지 그것이 더 궁금했다.

같은 공사장에서 일하던 어느 노동자가 고향으로 돌아가는 길에 노자 도움을 받으려고 우리 집에 들러서 알려주었다는 것이었다.

비가 와서 공치는 날이면 심심파적으로 둘러앉아 고향 얘기며 신세타령들을 했는데 그것이 화근이었다.

당시 송전부터 협곡까지는 기차가 있었지만 아버님은 기차삯을 절약하느라 꼬박 3백 리를 이틀 동안 걸어오셨다고 했다.

"너는 선조 대대로부터 이어 내려오는 우리 가문의 장손이다. 형제가 아무리 많아도 장손이 가문의 기둥인데 기둥이 빠져나가면 우리 집안은 쓰러지고 만다. 어떤 일이 있어도 너만은 진실한 농부로 고향을 지켜야 할 책임이 있다. 네 아우들이 집을 나왔다면 이렇게 찾으러 나서지도 않았다."

고원에 그대로 눌러 있게 해달라는 내 호소에 아버님은 객주집 어두운 방에 나와 함께 누우셔서 사정하듯 말씀하셨다.

농부의 아들은 반드시 농부가 되어야 한다는 법이 어디 있나.

아버님은 헐벗고 굶주리는 농촌이 뭐가 좋아 기어이 나를 농부로 만드실 작정인가.

조상 대대로 이어 내려오는 가문이라는 따분한 생각과 농민의 굴레를 벗어던지고 망하든 흥하든 보다 광활하고 새로운 세계에로의 모험과 도전을 펼쳐보겠다는데 왜 안 된다는 건가.

가슴이 답답했다.

수중에 쥔 돈은 얼마 안 되어도 내 힘으로 돈을 벌어본 나는 내버려만 두면 얼마든지 새로운 세계를 개척할 자신이 있었다.

집에서 농사 지을 때처럼 암담하지는 않았다.

지금은 비록 남는 것 없는 중노동을 하고 있지만 여기서 청진으로 가겠다는 꿈을 꾸고 있지 않은가.

집에서는 내일의 꿈을 꿀 수가 없다. 그러나 농사가 천직인 담벼락 같은 아버님과는 어쩔 수가 없었다.

나는 더 이상 군소리 안 붙이고 지주원과 함께 따라나섰다.

3백 리 길을 역시 걸어서 돌아왔는데, 아버님은 안변을 지나다 한창 사과를 따던 과수원에서 할머님 드린다고 사과를 몇 개 사셨다.

그 사과가 싱싱하고 모양 좋은 것이 아니라 나무에서 상하고 썩어서 저절로 떨어진 헐값의 낙과(落果)였던 것이 지금도 기억에 새롭다.

엉뚱한 덫에 걸린 두번째 가출

> 먹고 죽을래도 구경하기가 힘든 돈을 모으는 방법이라야 장터에 내다 파는 나뭇값에서 고작 2, 3전이나 4, 5전씩 떼어내는 것뿐, 딴 길이 없었다.

아버지에게 붙잡혀 고향으로 돌아와서 전처럼 다시 농사일을 열심히 했지만, 한번 바깥 세상 구경을 한 나는 손톱이 닳도록 일을 해도 콩죽을 면할 길이 없는 농촌에서 썩을 생각은 추호도 없었다.

그저 집에 있는 동안만이라도 열심히 아버지를 도와드리자는 심산뿐이었다.

가을 농사를 끝내고 나면 비교적 한가한 편이다.

몸이 한가할수록 집을 떠나고 싶은 생각이 간절해져서 나는 가까운 친구들과 어울려 다니며, 조언구(趙彦九)라는 동기 동창생과 나보다 한 살 위의 정창령을 충동질해서 뜻을 모았다.

목적지는 서울이었다. 청진은 도보로 보름이나 걸리지만 서울은 사오 일이면 충분했기 때문이다.

그런데 그해 겨울 따라 유난히 눈이 많이 내렸다.

앞에서도 얘기했지만 우리 마을은 눈이 오면 넉가래로 우물길을 쳐놓아야 할 만큼 적설량이 많은 곳이다.

넉가래로 쳐낸 눈 골짜기를 오가며 물을 긷는 아낙네들의 머리에 인물동이만 움찔움찔 보일 정도로, 눈이 왔다 하면 강산처럼 내렸고 이웃 내왕도 그 눈터널을 뚫고 해야 했다.

세상 물정에 워낙 어두웠던 우리들은 우리 마을이 눈에 파묻히면 조선 천지가 다같이 그런 줄 알고 있었기 때문에 도망치는 시기를 봄으로 늦추고 그동안 집에서 노자를 좀 모아두기로 했다.

먹고 죽을래도 구경하기가 힘든 돈을 모으는 방법이라야 장터에 내다 파는 나뭇값에서 고작 2, 3전이나 4, 5전씩 떼어내는 것뿐, 딴 길이 없었다. 요즘 말로 '삥땅'인 셈이다.

나뭇값 삥땅으로 30전쯤 모았을 때 눈이 녹기 시작하는 4월이 왔다.

길을 뜨기 전 세 공모자가 노자를 맞춰보니 약속이나 한 듯 셋이 다 삼십 몇 전씩이었다.

우리는 역시 무명 바지 저고리에 고무신 차림으로, 덜미 안 잡히려고 식구들이 모두 잠들어 있는 한밤중에 길을 떠났다.

밤새도록 걸어 고저(庫底)와 통천읍을 거쳐 아침에 추지령(楸池嶺) 밑에 도착했다. 우리는 산 밑 목로집에서 요기를 하는 둥 마는 둥하고 추지령을 넘기 시작했다.

회양(淮陽)의 정창령 친척집에 들러서 하루 숙식을 공짜로 해결할 계획이었다.

4월인데도 해발 1천미터가 넘는 추지령 마루턱은 눈이 전혀 녹지 않아 겨울 동안 트럭길로 뚫어놓은 눈터널이 그대로였다.

눈터널을 벗어나자 갑자기 시야가 환하게 밝아왔다.

저 멀리 회양의 넓고 넓은 눈 덮인 광야가 햇빛을 받아 찬란하게 펼쳐져 있었다.

"야아!"

세 사람이 거의 동시에 올린 탄성이었다.

세상은 넓고도 아름다웠다. 장엄할 정도의 설경이었다.

눈 많은 고장에서 자란 탓인지 지금도 나는 눈만 오면 형언하기 어려운 감동을 느낀다.

그때 추지령 위에서 바라보았던 회양 고원(高原)의 설경(雪景)은 일생을 통해 두 번 다시 볼 수 없는 장관이었다.

그 기막힌 설경을 볼 수 있었던 것만으로도 집을 나서길 잘했다는 생각이 들 정도였다.

해가 저무는 시각, 정창령의 친척집에 들어갔더니 그 반가워함이란 죽었다 살아 돌아온 사람을 맞이하는 것 같았다.

그때는 내왕이 불편해서 친척이라고 해도 몇 년씩 소식이 끊긴 채 살기 십상이어서 천만 뜻밖의 친척 아이 출현이 반갑지 않을 수 없었을 것이다.

우리는 무단 가출이 탄로날까 두려워 부모에게 허락받고 정창령의 친척 방문길에 따라나선 것으로 제법 그럴 듯한 거짓말을 꾸며 붙였다.

그날 밤 우리를 환영한다는 뜻으로 지어준 팥밥이 얼마나 맛이 있었던지 배가 터질 정도로 먹고, 환대에 달콤해져서 이왕 신세지는 터에 하루만 더 쉬어 가기로 결정했다

그런데 바로 그날 저녁에 정창령의 형님이 동생을 잡으러 나타났다.

정창령은 옴짝달싹 못하고 형님에게 끌려갔고, 함께 귀향하자는 창령이 형님의 설득을 거절한 나와 조언구는 이튿날 다시 길을 떠났다.

고산지대에서 눈이 녹아 질척거리는 평지로 내려와 양지 바른 곳에서 쉬고 있었는데, 반대편에서 50이 가까이 되어 보이는 양복 신사가 다가오더니 우리 옆에 털썩 앉았다.

"너희들 어디 가는 길이냐?"

양복 신사가 물었다.

"돈도 벌고, 공부도 하려고 서울 갑니다."

"서울에 친척이 있냐?"
"아무도 없어요. 취직해서 돈 벌려구요."
양복 신사가 콧방귀를 뀌었다.
"어림없는 소리 작작해라. 사람이 남아돌아 난다긴다 해도 취직을 못하는 서울에 느이 같은 바지 저고리 무지랭이를 누가 써준다고, 고생만 직사하게 하다 굶어 죽기 안성마춤이지."
그 말을 들으니 한순간에 맥이 쭉 빠졌다.
세상 물정에 밝아 보이는 양복 신사가 서울에는 사람이 남아돈다니 사실일 것이고, 우리가 촌 무지랭이인 것도 사실 아닌가.
양복 신사가 실망에 빠져 있는 우리에게 말했다.
"이왕 돈을 벌자고 집을 나왔거든 서울 가서 고생할 것 없이 날 따라 금강산에나 들어가자."
양복 신사는 서울에서도 알아주는 요리사로, 봄이 되어 관광객이 들끓는 금강산 일등 호텔 요리사로 초빙되어 가는 길이라고 했다. 그러니 자기를 따라가면 취직은 문제 없다는 말이었다.
그때 철원에서 단발령까지 전천(電鐵)이 다니고 있었는데, 금강산까지 걸어 들어가고 있는 것으로 미루어 헛소리인 것으로 판단했으면 좋았을 걸, 순진하게도 우리는 그를 믿고 그만 따라나섰다.
일어서기 전에 그는 우리의 노자를 확인했다.
"둘이 76전 있어요."
"76전? 그러면 됐다."
도중에 알았는데 그 양복 신사는 한 푼도 없는 알거지였다.
우리는 노자가 목적이었던 사람을 철석같이 믿고, 밥값도 객주집 숙박비도 우리가 내면서 의심은커녕 하늘처럼 고맙기만 했다.
장안사(長安寺) 여관터에서 양복 신사는 우리를 '경성여관'이라는 자그마한 객주집으로 데리고 가더니, 자기는 호텔로 가야 하니까 우리만

들어가라고 했다.

　돈도 없이 여관에 들 수 없으니 빨리 취직시켜 내라는 우리 말에 그는 여관에 며칠만 묵고 있으면 자리를 만들어 데려간다고 했다.

　그 사람 하나를 신주처럼 믿고 따라 들어왔으니 우리는 순순히 시키는 대로 할 수밖에 없었다.

　'그럼 일하는 호텔이라도 알아놓아야겠다'면서 화를 풀풀 내는 그 사람을 기어이 따라 붙어서 '만국회관'이라는 호텔을 확인하고서야 경성여관에 들었다.

　만국회관은 과연 호화스럽고 거창한 호텔이었다.

　경성여관은 한 사람당 일박이식에 40전이었지만 취직만 하면 문제될 것이 없었다.

　그런데 양복 신사는 이틀, 사흘이 지나도 꿩 구워먹은 것처럼 소식이 없었다. 게다가 여관 주인 아주머니는 보따리 하나 없는 알몸으로 들어온 우리한테 아침 저녁으로 여관비 독촉을 했다.

　우리는 마냥 기다리고 있을 수만 없어 만국호텔로 찾아갔다. 호텔 주방에서 나온 그는 우리를 보자마자 사색이 되어 등을 떠밀어내면서 호텔 주인이 보기 전에 없어져버리라고 고래고래 소리질렀다.

　그제서야 사기당한 것을 알았으나 속수무책이었다.

　터덜터덜 여관으로 들어오니 주인 여자가 저녁밥도 안 주고 여관비 닦달을 했다.

　남아 있는 건 배짱뿐이었다.

　돈이 한 푼도 없다고 털어놓았더니 "재수가 없을라니까 별 우라질 놈들이 다 있네." 길길이 날뛰면서, 근처 삼밭에 가면 일자리가 있을 테니까 삼밭일 해서 여관비나 갚고 꺼지라고 했다.

　우리는 귀가 번쩍 띄어 그 즉시 삼밭으로 뛰어갔다. 그러나 삼포(蔘圃) 품삯이 하루 40전이었다.

여관비가 40전인데 품삯이 40전이면 밀린 여관비는 어떻게 갚고, 비가 와서 공치는 날 여관비는 또 어떻게 할 것인가.

고원 노동판의 쓰디쓴 경험으로 나는 삼포 취직을 깨끗이 단념하고 돌아와 주인 아주머니에게 사실대로 말했다.

주인 아주머니 생각에도 한심했던지 온갖 욕설을 있는 대로 퍼부으면서 이미 어두워지고 있는 거리로 우리를 인정사정 없이 내쳐버렸다.

느닷없는 금강산 속, 의지할 곳 하나 없는 곳에서 돈 한 푼 없이 우리는 신고 다니다 팽개쳐진 헌신짝 신세가 되고 말았다.

뱃사공의 따귀에 배짱을 키우고

두목리의 작은 할아버님과 우리 할아버님은 친형제이면서도 거리가 워낙 멀어 몇 해에 한 번씩 왕래가 있을까말까였다. 그런 판국에 종손인 내가 나타났으니 온 가족이 화들짝 반가워서 팥밥을 지어 먹이는 등 극진히 척사 대접이었다.

모욕적으로 내쫓기는 수모를 당한 덕택에 여관비 빚은 자동 해결되었지만 당장 저녁밥은 어떻게, 잠은 어디서 해결해야 할지 막막하고 다소 처량하기까지 했다. '각오한 고생인데 뭘······.' 목적지도 없이 터덜터덜 걷다가 불현듯 떠오르는 생각에 내가 말했다.

"얘, 어차피 여기까지 왔는데 온김에 우리 절 구경이나 하고 가자. 오늘 밤엔 절에서 잘 수 있겠지."

조언구도 맞장구를 쳐서 우리는 절 구경에 나섰다.

장안사는 여관터에서 십 리쯤 되는 산 속에 있었다.

양복 신사가 데리러 오기만 기다리느라 우리는 여관방에 처박혀 절 구경도 미처 못 했었다.

울창한 전나무 사이를 지나 장안사로 들어서니 재수가 있으려고 마침 커다란 재(齋)를 올리고 있어서 절은 관등으로 불야성이었다.

불당에서는 염불소리와 목탁소리가 유량하게 울려나오는데 전국에서 모인 노스님들은 붉은 가사 차림으로 이 불당 저 불당을 빈번하게 드나들고, 절간 방마다 음식을 가득 차려놓고 스님들이 저녁을 먹고 있었다. 음식을 보자 배가 고파 견딜 수 없었다.

'금강산도 식후경'이라는 옛말은 기가 막히게 딱 떨어지는 속담이라는 것을 나는 진짜 금강산에서 실제로 경험했다. 음식을 보니 절 구경 따위는 안중에도 없었다.

조언구와 나는 음식 먹는 스님들 둘레를 빙빙 돌며 군침만 삼키다 마침내 용기를 내어 인심이 후해 보이는 노스님에게 좀 얻어 먹을 수 없겠느냐고 말을 건넸다.

그 뒤는 일사천리였다. 쾌히 응낙한 노스님은 상다리가 휘어지게 음식을 차려다 주게 했고, 우리는 허리띠 풀고 마음껏 먹었다.

배를 불리고 나서 다시 그 스님에게 잠자리를 청했더니 역시 흔쾌히 그러라고 했다. 내친 김이었다. 염치코치 차릴 계제가 아니었다.

새벽에 일어나 먼 길을 가는데 먹을 것을 좀 얻어갈 수 없느냐고 했더니 그것도 쾌히 승락하면서 노스님은 손수 커다란 보자기를 가져와 음식을 싸주었다.

우리는 다시 서울을 향해 길을 재촉했다.

장안사에서 서울로 가려면 김화(金化)를 거쳐야 하는데 김화군 두목리에 할아버님의 친동생인 수학(守學) 할아버님이 살고 계셨다. 그날 밤은 그곳에서 묵어 갈 예정이었다.

초행이라서 물어물어 가는 두목리는 가도가도 끝이 없었.

배불리 먹었겠다, 아직도 먹을 것이 충분히 남았겠다, 기운 좋게 뛰다시피 걸었건만 두목리는 좀처럼 나타나지 않았다. 모르긴 해도 아마 그날 2백 리는 걷지 않았나 싶다.

두목리가 10리쯤 남았다는 지점에서 우리는 예상 못했던 난관에 봉착했다. 배를 타고 건너야 하는 강을 만난 것이다.

조언구와 나는 서로의 얼굴만 멀거니 바라보았다. 얼굴만 서로 바라보고 있으면 뱃삯이 생기는 것도 아닌데 말이다.

"뱃사공 아저씨한테 사정해 보자."
조언구가 말했다.
"사정해서는 안 돼. 아뭇 소리 말고 나만 따라와."
내가 조언구의 손을 잡아 끌고 나루터로 달려 내려갔다.
50이 다 되어 보이는 뱃사공이 나룻배 위에서 손님을 기다리고 있었다.
나는 조언구 앞에 서서 누가 보아도 당당하게, 기세 좋게 배에 올랐다. 속담에 '뱃삯 없는 놈이 배에 먼저 오른다'는 말이 있는데 우리가 그때 바로 그 속담을 증명해 보인 셈이다.
나룻배 손님은 네 다섯뿐이었다. 우리는 뱃전에 의젓하게 걸터앉아 유유하게 흘러가는 강물을 내려다보면서 속으로는 조마조마했다.
나룻배 뱃삯은 배가 기슭에 닿을 무렵에 받는 법이다.
이윽고 배가 기슭에 닿을 때가 되자 뱃사공이 삿대질을 멈추고 뱃삯을 받기 시작했다. 우리한테도 예외없이 그 투박한 손을 내밀었다.
나는 쑥스러운 얼굴로 고개를 꾸벅했다.
"아저씨 미안해요. 우리는 돈이 한 푼도 없어요."
"뭐야? 이놈의 자식, 돈도 없이 배는 왜 타!"
뱃사공의 호통과 동시에 따귀가 날아왔다. 눈에서 불이 번쩍하면서 제물에 배에서 육지로 뛰어내려졌다. 이어서 조언구가 철썩 따귀를 얻어맞고 육지로 뛰어내렸다.
"따귀 한 대로 뱃삯 치렀으니 싸게 쳤다, 하하하."
따귀 한 대씩 얻어맞고도, 그래도 강을 건넌 것이 우리는 신이 났다.
두목리의 작은 할아버지와 우리 할아버님은 친형제이면서도 거리가 워낙 멀어 몇 해에 한 번씩 왕래가 있을까말까였다. 그런 판국에 종손인 내가 나타났으니 온 가족이 화들짝 놀랍고 반가워서 팥밥을 지어 먹이는 등 극진히 칙사 대접이었다. 그 환대에 다른 내막이 있는 걸 모르고 있었는데 그날 밤 할아버님과 당숙님에게 불려 들어가서야 알았다. 아버님이 그저께 나를 찾아 오셨다가 어제 아침에 가셨다고 했다.

아버님은 만약 내가 들르거든 어떤 일이 있어도 집으로 데려와달라는 신신당부를 남기고 가셨단다.

정창령이 회양 친척집에서 붙잡혀 가자 아버님은 돈이 없는 나도 필경 서울로 가는 도중에 김화 할아버님댁에 들를 것이라는 추측으로 부랴부랴 달려오셨던 것이다.

나는 나에 대한 아버님의 집착이 고맙기는커녕 역겨웠다.

어쨌든 기필코 서울로 간다는 내 고집에 할아버님과 당숙님도 "우리도 책임상 너를 서울로 보낼 수는 없다"고 버티셨다.

당숙님은 또 "나도 여러 해만에 큰집에 가보고 싶으니까 이삼 일 푹 쉬고 놀다가 나랑 같이 떠나자. 장조카를 데리고 가면 큰집에서 나한테 얼마나 고마워하겠니."하셨다.

게다가 당숙님은 만일을 걱정해서 밤에도 감시하셨다. 움치고 뛸 수가 없었다.

이래서 집을 떠난 지 십여 일만에 나의 두번째 고향 탈출은 실패로 끝났고 조언구도 물론 나와 함께 고향으로 잡혀 들어왔다.

아버님은 단 한 마디 꾸지람도 안 하시고 그저 나를 반가워만 하셨다.

한창 농사철이었다. 나는 다시 농부의 아들, 농부로 돌아갔다.

아버님 속을 썩여드린 죄책감도 없지 않아 그해에 나는 어느 때보다 농사에 열중했다. 그러나 언젠가는 이 농촌을 떠나고 말겠다는 집념은 여전했다.

소 판 돈 70원과 부기학원

> 아버님의 눈물을 보는 순간, 내 가슴은 찢어지는 듯 아파왔다. 얼마나 속이 상하시면 그 엄하시던 아버님이 아들 앞에서 눈물까지 보이실까.

봄농사가 시작되고 봄비가 내리기 시작해 비교적 한가한 날이었다.

동네 지주댁 구장댁에서 얻어 보는 동아일보 광고란에서 평양 부기학원 입원생 모집 광고를 보았다.

부기학원 6개월 속성과를 졸업하면 회계원이나 경리원으로 취직 길이 열린다는 것이었다.

나는 아무도 모르게 보통학교에서 배운 일본말로 평양 부기학원 안내서를 보내달라고 편지를 써 보냈다. 한 달 후쯤 평양 부기학원 안내문이 왔다.

그후엔 동아일보에서 경성 덕수부기학원 광고문도 보았다. 평양 부기학원과 같은 내용이었다.

그 안내문은 부기학원 속성과 6개월만 마치면 고등보통학교 출신도 취직이 어려운 요즘 세상에도 취직 자리가 얼마든지 많다는 다분히 유혹적인 내용이었다.

나는 두 번 더 생각할 것 없이 작심했다. '오냐, 이번에는 서울로 달아나 부기학원엘 다니자.' 나는 무슨 일이 있어도 기어이 서울 부기학원에 가겠다는 결심을 새삼 재삼 굳혔다.

그러나 부기학원엘 들어가려면 돈이 엄청나게 있어야 할텐데 그 놈의 십 년 원수 같은 돈이 문제였다.

그로부터 얼마 후 천우신조였는지 우리 집에서 키우던 황소가 팔려나가 40원 가까운 큰 돈이 안방 나무 궤짝 속에 들어갔다.

농촌에서는 닭은 달걀을 뽑아 보통학교 학비와 가용으로 쓰고, 돼지는 키워 팔아 시집 장가 보내는 혼수비에 쓰고, 소는 키워 팔아 모아서 논밭을 산다.

가출도 거듭하다 보니 담대해져서 나는 아버님의 소 판 돈에 잔뜩 눈독을 들이고 기회만 엿보았다.

그러던 중 내 꿍꿍이 속을 알 리 없는 작은아버님이 당신 송아지를 판 돈 30여 원을 맏형님인 아버님께 고스란히 맡겨서 나무 궤짝 속의 돈은 70여 원이 되었다.

'기회는 두 번 있는 것이 아니다. 이번 기회를 놓치면 나는 영원히 여기서 이대로 썩어야 한다. 아버님 돈은 부기학원 졸업한 후 취직해서 원금, 이자까지 몽땅 갚아드리면 되잖는가.'

나뭇값에서 많이 떼야 겨우 3, 4전씩 떼어내어 노자랍시고 챙겼던 바늘 도둑이 소 도둑이 된 셈이었다.

며칠 후 어느 날 밤, 나는 가족들이 잠든 틈을 타 70여 원의 대금을 몽땅 훔쳐들고 송전역으로 내달아 서울행 밤차에 뛰어올랐다.

집을 뛰쳐나오기 세 번째, 그해 가출로는 두 번째였다.

내내 무명 바지 저고리에 가진 것이라고는 현금 70여 원과 덕수부기학원 입학 안내서 한 장이 전부였다.

평양 부기학원 입학 안내서는 필요 없어서 집에 아무렇게나 던져놓고 떠났는데 이것이 실수라는 걸 그때는 몰랐다.

새벽에 청량리역에서 내렸다.

서울은 참 엄청나게 변화했다. 역전에서 싸구려 장국밥 한 그릇을 사서 마파람에 게눈 감추듯 먹고 곧장 덕수궁 근처의 부기학원을 찾아가 입학했다.

가지고 있는 돈은 몽땅 학원에 맡겨놓고 학원 구내에서 숙식을 하기로 했다.

난생 처음 서울에 와서 유학까지 하게 된 것도 기뻤지만, 6개월 후면 당당한 월급쟁이가 된다는 희망에 가슴이 한껏 부풀었다.

당시 학원에서 배우는 것은 단식부기와 복식부기 정도로 지금 생각하면 별것 아니지만, 그때의 나한테는 모두가 새롭고 신기한 공부였다.

학원에서는 열심히 부기를 배우고, 학원 공부가 끝나면 숙소에 처박혀 죽어라 책만 읽었다.

《나폴레옹전》, 《링컨》, 《삼국지》 등을 읽은 것도 그때였는데, 돈이 없어 책을 많이 사들이지 못하는 대신 읽은 책을 읽고 또 읽곤 했다.

특히 나와 비슷하게 가난한 집안에서 태어나 백절불굴(百折不屈)의 강인한 정신력과 용감무쌍한 투쟁력으로 마침내 프랑스 공화국 황제가 된 나폴레옹은 나에게 무한한 희망과 용기를 북돋워주어, 《나폴레옹전》을 수없이 반복해 읽었다.

링컨 역시 나와 아주 비슷하다고 생각했다. 산골에서 태어나 도시로 온 것도 비슷했고 노동을 한 것도 비슷했고, 나처럼 항상 책에 굶주려 있었던 것도 비슷했다.

서울에 와서 그토록 굶주렸던 책을 한두 권씩 사볼 수 있는 것도 나에게는 더할 수 없는 기쁨이었다. 소설도 읽었지만 내 돈을 주고 산 책은 주로 위인전(偉人傳)이었다.

위인들의 전기를 읽다가 특별히 마음에 와닿는 구절은 공책에 일일이 베껴놓았다가 틈틈이 반복해 읽기를 거듭했다.

첫새벽에 일어나 밤 늦도록 위인전에 도취되어 읽기를 거듭했다. 부기 공부 외에 그것도 내 나름대로의 공부였던 셈이다.

두 달쯤 되어오면서 제법 학생 기분도 들고 정신 자세도 잡혀가는데 어느 날 천만 뜻밖에 아버님께서 불쑥 나타나셨다.

지은 죄가 있었던 터라 오늘로 만사 끝이구나 하는 절망감에 어느 때보다도 아찔했다. 솔직히 그때의 기분을 말하라면, 내 뒤를 끈질기게 쫓아다니는 아버님이 귀신처럼 지겹고 원망스러웠다.

"어떻게 또 아셨어요?"

집에 아무렇게나 구겨 던지고 온 평양 부기학원 안내서를 보시고 평양에 가셨다가, 혹시 서울의 부기학원에 갔을지도 모른다는 학원측 말대로 서울로 오셨다고 했다.

생각 없이 버리고 온 안내서 한 장이 동티가 될 줄 누가 알았던가.

평양을 거쳐 서울까지 오신 아버님의 집념에 질리면서도 한편 죄송스럽기도 했다.

나의 집념도 둘째 가라면 서럽다였지만 아버님을 이겨낼 재간이 없었다.

거금 70원을 훔쳐낸 꾸지람을 각오했으나 내 마음을 잡을 생각에서였는지 아버님은 단 한 말씀의 꾸중도 하지 않으셨다. 다만 돈이 얼마 남아 있는가만 물으셨다.

찾아서 고향으로 돌아가자는 말씀 뒤에 밤낮 되풀이하셨던 그 지겨운 종손, 맏아들의 책무를 강조하며 나를 어린아이 달래듯 하셨다.

"이번에는 죽어도 안 내려가요."

나는 단호하게 맞섰다.

아버님께서는 한참 동안 아무 말씀 없이 우두커니 계시다가 "애비는 시골 사람 서울에 와 잘된 꼴을 50 평생 한 번도 본 일이 없다. 누구는 땅 팔아 서울 와서 주색으로 알거지가 되고, 누구는 공부합네 뛰쳐

나와 객사하고…… 우리 집안에서도 집 버리고 서울로 온 사람은 하나같이 다 패가망신하고 끝났다. 그러니 너는 아뭇소리 말고 집으로 가자꾸나." 다시 나를 설득하기 시작했다.

아버님의 말씀은 사실이었을 것이다.

당시 시골 사람이 논밭 팔아 서울에 오면 눈 감으면 코 베어먹던 서울 아닌가.

그러나 나만은 다를 것 같았다.

무엇보다도 그냥 내버려만 두면 4개월 뒤에는 어엿한 월급쟁이가 될 것이 아닌가.

"아버님, 제발 절 좀 내버려 두세요."

이 기회를 허사로 하면 나는 영원히 끝장일 것 같아 한사코 고집을 부렸다.

덕수궁의 대한문 앞에 서로 쭈그리고 앉아서, 아버님과 나는 말 한마디 없는 답답하기 짝이 없는 침묵으로 대결했다.

내 얼굴을 물끄러미 바라보시는 아버님한테서는 간간이 무거운 한숨이 새어나올 뿐이었다.

길고 긴 침묵 끝에 아버님이 나직이 입을 떼셨다.

"그래, 기어이 고집을 피울 작정이냐?"

중요한 순간이었다. 나는 아버님 말씀이 끝나기 무섭게 대들듯 확고하게 말했다.

"안 내려가요. 이제 넉 달이면 취직이 된단 말입니다. 집에 뭣 하러 가요, 안 가요."

"……그래, 취직이 된다고 치자. 월급쟁이는 붕어 밥알 따먹는 신센데 그 월급쟁이가 뭐가 좋아, 이 녀석아."

"농사꾼보다는 낫지 뭘 그러세요."

아버님은 다시 입을 다무셨다.

질식할 것 같은 침묵에 문득 고개를 들어보니 아버님의 볼 위에 두 줄기 눈물이 흘러내리고 있었다.

아버님의 눈물을 보는 순간, 내 가슴은 찢어지는 듯 아파왔다. 얼마나 속이 상하시면 그 엄하시던 아버님이 아들 앞에서 눈물까지 보이실까. 불현듯 불효막급한 자식이라는 죄책감으로 가슴이 죄어들었다.

아버님은 신세 타령하시듯 우시면서 말씀하셨다.

"실은 이번에 널 데려가 장가부터 보낼 작정이었는데……집 한 채 새로 짓고 산 너머 논 떼줘 인영이 세간 내보내고, 또 농사 부지런히 지어 농토 사고, 집 새로 지어 순영이 세간 내보내고 느이 육 형제 모두 그만큼은 해줄 작정이었는데……나는 벌써 늙었으니 맏아들 네가 할일인데, 네가 그걸 마다하니 이제 우리 집은 거지떼 나게 생겼다."

가슴이 뭉클했다. 나 하나의 엉뚱한 고집으로 우리 집안이 거지떼가 된다니, 어린 동생들이 깡통 들고 동냥질 다니는 모습이 눈에 어른거렸다.

"이 세상 부모치고 제 자식 잘되기 바라지 않는 이가 어디 있냐. 네가 크게 돼 부모 형제 다 서울로 불러올려 끌끌히 거느려 나갈 수만 있다면 그걸 애비가 뭣 땜에 말려. 그러나 너는 보통학교밖에 못 나온 촌놈이라는 걸 알아야지. 서울엔 전문학교까지 나온 실직자가 들끓는 판이라는데 무식한 네가 잘되면 얼마나 잘되겠나 말이다. 부기학원 나와봤자 고작 '고쓰가이(사환)'밖에 더 해? 그 알량한 거 하자고 우리 식구 다들 거지떼로 만들테냐?"

아버님 말씀에도 일리가 없는 건 아니었지만, 그러나 아버님처럼만 산다면 나폴레옹도 나올 수 없었을 것이다.

내 태도가 다소 물러진 기색을 간파하셨는지 아버님은 내 손을 다정스럽게 움켜잡으며 말씀하셨다.

"네가 맏아들만 아니면 애비도 너 하고 싶은 대로 내버려 두겠다.

그러나 너는 종손이다. 위로는 조상들 제사 받들어야 하고 아래로는 동생들 거느려 나가야 하지 않겠니. 되지 못한 고집으로 에미 애비, 네 동생들 거지꼴 만들면 그건 또 얼마나 괴로운 일이냐, 엎지른 물 못 쓸어담듯이 집안도 한 번 삐끗하면 다시는 세워 잡지 못한다. 깊이 생각해라. 평양에서 너를 못 찾고 서울로 오면서 내가 혼자 얼마나 울었는지 모른다."

그러면서 아버님이 하염없이 우시는 바람에 나도 그만 설움이 복받쳐 '헉'하고 엎어져 울어버렸다.

아버님의 승리였다.

'청개구리 교훈' 안고 다시 서울로

> 나는 좀더 나은 일자리가 없을까 틈틈이 거리를 쏘다니다 운 좋게 '복흥상회'라는 쌀 소매상 배달원으로 자리를 잡았다. 하루 세 끼 먹여주고 쌀 반 가마니 월급이었다.

아버님이 만약 강압적이었다면 나는 나대로 고집을 꺾지 않아 부자의 대립은 극한으로 내달았을 것이다.

그러나 아버님은 눈물에 젖은 호소로 내가 고집을 세워 항거할 근거를 주지 않았고, 항거할 투지를 잃고 나니 그때부터는 오직 죄책감만이 가슴을 때려 나는 그만 어이없는 항복을 해버리고 말았다.

"알았어요 아버지, 내려가겠어요."

그때 아버님의 내심 기뻐하시던 모습을, 그만큼 크게 좋아하시던 모습을 나는 처음 보았다.

두 달 전에 학원에 맡겼던 70원은 이리 떼고 저리 떼어 40원도 채 못되게 줄어들어 돌아왔다.

아버님은 돈에 대해서는 굳고 짜기로 대단한 분이셨는데 그때만은 나를 데리고 간다는 소원 성취 때문이었는지 따지지도 않으셨다.

곧장 통천으로 갈 줄 알았는데 아버님께서 "너 그동안 동물원 구경은 했냐?" 하셨다.

"아니요."

"그럼 오늘은 동물원 구경이나 하고 밤차로 가자꾸나."
"그러지요."
전차값 아끼느라 덕수궁에서 창경원까지 부자가 걸었다.
아버님은 동물원 구경이 공짜인 줄 아셨던지 창경원 매표구에 써붙인 어른 10전, 아이 5전 입장료를 보시고 깜짝 놀라 뒷걸음질치셨다.
"얘, 나는 시골서 호랑이 많이 봤으니까 너 혼자 들어가 보고 나오너라. 내 여기서 기다릴테니까."
아버님에게 덜미를 잡혀 고향으로 끌려가는 내가 무슨 기분에 동물원 구경이 하고 싶었겠는가.
"저도 싫어요. 그만둬요."
심드렁한 내 대답이 불안했는지 아버님은 "그래, 그럼 혼자 가기 싫거든 나도 같이 들어가자."하고 서둘러 입장권 두 장을 사셨다.
우리는 그날 밤 기차를 타기 위해 창경원에서 청량리역까지 걸어서 갔다.
지난 번에는 열흘도 채 못 되어 두목리 당숙님에게 잡혔었고, 이번에는 두 달만이었다.
처량했다. 아무래도 나는 고향에서 썩을 운명을 타고난 모양이라는 일종의 체념 같은 서글픔으로 쓸쓸했다. '별수없지.' 나는 본디 한번 마음을 고쳐먹으면 그 이전의 일은 깨끗이 잊는 성격이다.
깨끗이 잊기로 했다.
면목 없는 귀향이었지만 집안 식구들은 그저 돌아와주었다는 것만으로도 좋아서 과장하면 환호작약(歡呼雀躍), 할머님, 어머님도 훔쳐간 돈에 대해서는 단 한 마디의 힐책도 추궁도 없었다.
약속이나 한 듯 한 마디의 나무람도 없는 것에 나는 감동이 새로워, 이제부터라도 제대로 효자 노릇을 하자는 결심을 했다.
그날부터 나는 또다시 농사꾼이었다.

아버님의 장기 계획이 차질 없이 이루어지도록 나 자신도 착실한 농사꾼으로 아버님을 돕자고 어느 때보다 나는 농사에 열중했다. 이제부터는 딴 마음 안 먹고 아버님이 그토록 소원하시는 맏아들의 소임을 다 하는데 전력을 기울일 생각이었다.

나는 완전히 다른 사람이 되어, 성심성의 농사에 진력했다.

그런데 전력을 기울여 잘 지어놓은 그해 농사가 일찍 내린 서리로 하루 아침에 엉망이 되고 말았다.

또다시 흉년이었다.

한 해 풍년이면 두 해 흉년, 이래도 농사밖에 살 길이 없는 걸까.

잠재웠던 회의가 눈을 뜨고 푸시시 고개를 들었다.

흉년이 들면 집집마다 부부싸움이 잦아졌다.

금슬 좋은 아버님과 어머님도 이상하게 흉년이 들면 싸움이 잦았다. 따질 것도 없이 돈이, 식량이 모자라는 것이 원인이었다.

'나도 농사 짓고 살면 한평생 부부싸움이나 하면서 살겠지. 아무래도 이대로는 안 되겠다. 이대로는 안 돼.'

콩죽, 비지밥, 감자밥, 초근목피(草根木皮)의 길고 긴, 지루하고 우울한 겨울이 가고 이듬해 봄, 나는 또다시 도망칠 작정을 했다.

청개구리 한 마리가 버드나무 가지에 올라가고 싶어 몸을 날려 뛰었으나 버드나무 가지가 너무 높아 닿지 못하고 실패했다.

그러나 청개구리는 낙심 않고 열 번, 스무 번, 서른 번 계속 뛰어오르기를 계속해 결국은 성공했다는 이야기가 보통학교 교과서에 나오는 '청개구리의 교훈'이었다.

개구리도 성공하는데, 나는 사람의 자식이었다.

그러나 언제나 돈이 문제였다.

20리쯤 떨어진 곳에 3백 석지기 지주 아들 오인보(吳寅輔)가 나의 동기 동창생이었다.

어느 하루, 아내에게 정이 없고 뜻이 안 맞아 항상 집 뜰 궁리를 하고 있던 그를 찾아가 의중을 떠보았더니 즉석에서 함께 가겠다고 했다.

차표값은 후일 벌어서 이자까지 얹어 갚기로 하고 오인보가 내 몫을 빌려주기로 했다.

이른 봄, 밤차로 서울에 도착하니 또 당장 먹고 잘 일이 걱정이었다.

오인보는 돈을 좀 갖고 있었지만 나는 친구에게 신세질 생각이 추호도 없었다. 돈 가진 친구에게 기대는 것이 무엇보다도 미안스러운 기분이었다.

막일이라도 해야 할 처지에 서로 불편했으므로 나는 인천(仁川)으로 가기로 하고 친구는 서울에 남기로 했다.

나는 오인보에게 여비 50전을 더 빌려 무작정 인천으로 갔다.

그날부터 인천 부둣가로 나가 하루 세 끼 밥을 먹기 위해 사람이 할 수 있는 일은 무엇이든 닥치는 대로 다 했다.

인천 부두 하역일에서부터 남의 이삿짐 져 나르기 등 돈이 생기는 일은 궂은 일 마른 일을 가리지 않았다.

한 달 동안 뼈가 으스러지게 부지런을 피웠지만 겨우 입에 풀칠만 했을 뿐, 여름철 장마까지 끼어 돈은 한 푼도 모아지지 않았다.

그러다가 노동을 해도 서울이 더 낫지 않을까 하는 생각이 들어 인천을 뜨기로 하고 걸어서 서울로 향했다.

도중에 소사를 지나다 어느 농가에서 일손을 구하고 있어 품앗이로 들어갔는데, 농사라면 나의 전공 과목이라서 계속 이집 저집 불려다니며 한 달 가까이 머물다 보니 제법 돈을 모아 쥘 수 있었다.

가출 네 번에 최초로 모아본 돈이었다.

서울로 와 일거리를 찾아다니다가 안암동 보성 전문학교(현재 고려

대학교) 교사 신축 공사장에서 돌과 목재 나르는 막노동을 두 달 가까이 했다.

막노동을 하면서도 고정된 직장을 갖고 싶은 마음에 틈만 생기면 무작정 쏘다녀 원효로 용산역 근처 '풍전 엿공장'(지금의 오리엔트 제과 전신) 정문 기둥에 써붙인 '견습공 모집'을 보고 덮어놓고 들어가 잔심부름꾼으로 채용되었다.

품삯은 오히려 막노동보다 쌌지만 일이 쉬운 것과 비가 와도 공칠 염려가 없는 점이 괜찮았다.

물엿공장에서 1년을 일했지만 돈이 모아지지 않을 뿐 아니라 기술도 제대로 가르쳐주지 않았다.

나는 좀더 나은 일자리가 없을까 틈틈히 거리를 쏘다니다 운 좋게 '복흥상회(福興商會)'라는 쌀 소매상 배달원으로 자리를 옮겼다.

하루 세 끼 먹여주고 쌀 반 가마니 월급이었다.

비로소 안정된 직장다운 전천후 직장을 잡았다는 생각이 들었다.

신용 하나로 넘겨받은 쌀가게

> 미곡상계에서 정주영은 성실한 젊은이라는 평판을 얻으며 복흥상회 생활 4년만에, 당시 나로서는 엄두도 낼 수 없는 쌀가게를 넘겨받으라는 제의를 주인 아저씨로부터 받았다.

나는 처음으로 나의 장래가 트여나가는 느낌이었다.

참으로 기쁜 나날이었다.

복흥상회 주인 이경성 씨는 왕십리에서 미나리 장사로 자수성가(自手成家)한 인심이 후한 60객 어른이었는데, 쌀 가게 바로 옆에 붙어 있는 이창 정미소에도 투자를 하고 있었다.

취직한 지 사흘째 되는 날 주인 아저씨가 왕십리의 자기 집에 쌀 한 가마와 팥 소두 한 되를 배달해 달라고 했다.

면접시험이랄까 구두시험이랄까, 취직할 때 자전거 탈 줄 아느냐는 질문에 "잘은 못 타지만 탈 줄 압니다."하고 대답했다. 그러나 그날따라 비까지 질척질척 내리는데 쌀 한 가마니를 싣고 나설 실력은 내가 생각해도 갸우뚱이었다.

그렇다고 자신 없다는 소리는 할 수 없고 어찌 됐든 쌀 가마니와 팥 자루를 싣고 가게를 떠난 것까지는 좋았다.

이리 비틀 저리 비틀거리다가 화원시장 근처에서 기어이 진창길에 나동그라져 자전거 핸들은 휘고 쌀 가마니, 팥 자루는 진흙 범벅이 되고 말았다.

　울고 싶은 심정으로 진흙 범벅이 된 쌀 가마니와 팥 자루를 가지고 주인집에 들어섰는데, 의외로 주인 아주머니가 큰소리로 웃으면서 우중에 수고가 많았다고 격려해 주었다.

　얼마나 고마웠는지!

　그날 밤부터 나는 배달꾼 선배 이원제에게서 자전거로 하는 쌀 배달 기술과 요령을 익혔다. 쌀가마는 자전거에 세워 실어야지 눕혀서는 균형이 안 잡힌다는 것, 또 쌀가마는 자전거에 비끄러매서는 절대 안 된다는 것, 왜냐하면 잘못 넘어졌을 때 쌀가마 무게로 자전거까지 망가뜨리기 때문이라는 것 등, 단순한 쌀 배달에도 알아두어야 할 기본 상식이 몇 가지쯤 있었다.

　나는 내리 사흘 밤을 거의 새우다시피 하면서 쌀가마를 싣고 자전거 타는 연습에 매달렸다. 그 이후로 자전거에 쌀을 싣고 나가 꼴사납게 나동그라지는 일은 두 번 다시 없었고, 얼마 안 되어 두 가마를 한꺼번에 실어 배달할 수 있는 사람은 나 외에 없을 정도가 되었다.

　너의 **부지런함**은 **부모님**으로부터 물려받은 첫째 가는 내 평생 자본이자 재산이다.

　나는 매일 새벽 누구보다도 일찍 일어나 가게 앞을 깨끗이 쓸고 물까지 뿌려놓곤 했다. 게으른 아들에게 신물이 나 있던 주인 아저씨는 몸 안 사리고 열심히 배달하고, 깨끗이 쓸고 치우고, 부지런히 되질, 말질을 배우는 나를 매우 흡족해 했다.

　주인 아저씨는 돈은 많아도 학식이 부족해서 장부 기입도 할 줄 모르고, 그저 잡기장에 적어놓으면 저녁에 아들이 나와 거래처별로 분개(分介)장에 적고 그날의 재고 검수를 하는 식이었다.

　그런데 나와 동갑나기인 그 아들이 가게 일에는 뜻이 없고 술과 여자를 좋아하는 난봉꾼이라 제대로 하는 일이 아무것도 없었다.

내가 들어간 지 6개월쯤 되었을 때 주인 아저씨가 나한테 장부 정리를 떠맡겼다. 장부 정리를 맡긴다는 것은 '너를 철석같이 믿는다'는 뜻이었다.

나는 그날로 뒤죽박죽인 창고를 말끔히 정리해서 쌀은 쌀대로 열 가마씩 줄을 지어 쌓고, 잡곡은 잡곡대로 줄로 정리해서 한눈에 쌀은 얼마, 콩은 얼마, 팥은 얼마 하는 식으로 재고가 파악되도록 했다. 장부도 원장과 고객별 분개장을 고루 갖추었다. 2개월이나마 부기학원을 다닌 덕분이었다.

그 덕택에 주인 아저씨에게서 새 자전거 한 대를 사서 받았고, 새 자전거 바람에 신이 나 나는 더욱 열심히 일했다.

나의 부지런함과 성실은 머지않아 주인 아저씨는 물론 정미소, 가게 거래선과 고객들에게서까지 싹수 있고 신용할 만한 젊은이로 인정받는 가치 있는 덤을 얹어 받게 되었다.

그럭저럭 집을 나온 지도 3년, 직장도 안정되었고 해서 나는 처음으로 아버님께 편지를 올렸다.

1년 수입으로 쌀 스무 가마란 농사짓는 아버님께서는 상상할 수 없는 일이었던 모양이었다. "네가 출세를 해도 한 모양이구나. 이처럼 기쁜 일이 어디 있겠느냐."하는 아버님의 답장이 곧 왔었으니까.

그무렵 4년 전 함께 가출했다가 회양 친척집에서 형님한테 잡혀갔던 정창령이 서울로 나를 찾아와 취직을 부탁했다. 취직 부탁을 다 받았으니 아버님 편지처럼 출세를 하기는 했던가 보다.

그러나 일개 쌀 배달꾼인 내가 무슨 기막힌 재주로 친구 취직을 시키나. 별수없이 내 말이라면 팥으로 메주를 쑤어 장을 뜬대도 믿어주는 주인 아저씨께 말씀드렸더니 쾌히 배달꾼으로 채용해 주었다.

태어나서 첫번째로 취직자리를 만들어준 기록이었다.

이렇게 미곡상계에서 '정주영은 성실한 젊은이'라는 평판을 얻으며 복흥상회 생활 4년만에 당시 나로서는 가히 엄두도 낼 수 없는 제의를 받았다. 만주까지 돌아다니며 가산을 탕진하는 외아들의 난봉이 심화되자 의욕을 상실한 주인 아저씨가 나에게 쌀 가게를 넘겨받으라고 했던 것이다.

굵직굵직한 단골 손님을 그대로 물려받고, 정미소로부터는 이전과 다름없이 월말 계산으로 쌀 공급은 얼마든지 해주겠다는 약속도 받았다. 나는 단 한 푼의 자본금도 없이 그동안 쌓은 신용만으로 일개 배달꾼에서 쌀 가게 주인이 된 것이다.

신당동 길가에 집을 얻어 '경일상회(京一商會)'로 간판을 새로 달았다. 고향을 등진 후 4년만의 일이었고, 스물 두 살의 나이였다.

곧 시골의 사촌동생 원영이를 불러올려 나와 같이 배달을 시켰으나 복흥상회에서 물려받은 단골들 쌀만 대기에도 눈코 분간 못하게 바빴다. 그러나 그쯤으로 만족할 수 없어 나는 대량으로 쌀을 소비해줄 거래처를 부지런히 개척하고 다녀, 배화여고와 홍제동 서울여상 기숙사도 고객으로 만들었다.

장사는 나날이 번창했다. 장사꾼에게는 돈보다 신용이 첫째라는 것을 체험으로 안 나는 어떤 약속도 철저하게 지키는 것을 원칙으로 삼아 신용 거래의 폭도 점점 넓어져 가고 있었다.

그대로만 나갔으면 나는 어쩌면 미곡상으로 대성했을 것이다.

그러나 회남자(淮南子) 인간훈(人間訓)에 '새옹지마(塞翁之馬)'라는 말도 있지만, '호사다마(好事多魔)'라는 말도 있다.

쌀 가게를 시작한 지 2년 남짓한 '37년 7월 7일 이른바 '노구교 사건'(蘆溝橋 事件=일본군과 중국군이 충돌한 사건)이 일어나면서 이내 전면전이 시작되고 총독부가 전시체제령을 내렸다.

총독부는 우선 못, 철사, 철판 등 군수품에 해당하는 물자들을 배급・통제하는 것을 시작으로, 이어서 정미소를 통제하더니 '39년 12월

드디어 쌀 배급제가 실시되었고 전국의 쌀 가게가 모두 문을 닫게 되었다.

쌀 가게의 문을 닫고 충격은 컸지만 나는 잃은 것보다 더 귀중한 것을 얻었다. 그것은 전심전력을 기울여 성실히 뛰면 어떤 일을 해도 반드시 성공한다는, 체험으로 얻은 확신이었다.

가게를 정리했다. 한창 재미있던 시절에 비해서는 미흡한 결과였다.

당시 대학을 졸업하고 식산은행에 취직한 은행원 월급이 70원 정도였는데 그 봉급의 15개월치 가량의 돈을 들고, 고향을 떠난 지 7년만에 집으로 돌아와 아버님께 논 2천여 평을 사드리고 농사 자금도 얼마쯤 드렸다. 그리고 결혼도 했다.

이를테면 소 판 돈 훔쳐 들고 야반도주를 했던 불효막급한 아들의 금의환향인 셈이었다.

고향에서 해를 넘기고 이듬해 초에 나는 다시 서울로 올라왔다. 사나이 대장부가 흥망을 걸고 뛸 수 있는 곳은 역시 서울 외에는 없다는 생각이었다.

'적은 자본을 갖고 시작할 수 있는 사업이 무엇일까.' 골똘히 이곳저곳 돌아다니면서 물색하다가, 우연히 쌀 가게 단골이었던 이을학(李乙學)씨를 만났다. 서울에서 제일 큰 경성서비스공장 직공이었던 그가 마침 처분하려고 내놓은 아현동 고개에 있는 '아도서비스'라는 자동차 수리 공장을 추천, 권유했다.

쌀 배달로 자전거 타는 데는 명수였지만 전차값 5전을 아끼기 위해 걸어다녔던 나는, 자동차에 대해서는 전혀 깜깜 절벽이었다. 그러나 큰 자본 안 들이고 돈을 벌 수 있는 사업이라는 이을학 씨의 말에 귀가 솔깃했다. 게다가 그는 직공들도 모아주겠다고 약속했다.

'직공을 모아준다면 못 할 것 없지.'

그러나 문제는 3천 5백 원이라는 인수 자금이었다.

나는 이을학 씨와 함께 삼창정미소의 오윤근(吳潤根) 씨를 찾아갔다. 그분은 내가 쌀 가게 할 때 쌀을 외상으로 주었던 영감님이었는데 이자 놀이도 하고 있었다.

쌀 가게 당시 외상값을 제때 제때 어김없이 갚았던 나의 신용을 담보로 그분은 선뜻 3천 원을 내주었다. 그 3천 원에 이을학 씨가 3백 원, 그의 경성서비스 동료 김명현 씨가 2백 원을 빌려주었고, 나는 내가 갖고 있던 돈에 시골의 오인보에게서 5백 원을 빌려 총 5천 원을 가지고 '아도서비스'를 계약했다.

'40년 2월 1일 계약금을 치르고 공장을 인수한 나는 희망에 부풀어 문을 열었다. 모든 것이 순조로웠다. 일본 질소광업의 트럭 두 대, 임진강에 빠졌던 개인 트럭 한 대, 당시 세도가 윤덕영의 올즈 모빌 한 대, 또다른 트럭 두 대를 공장 밖 길가에 세워두고 고치고 있었다.

그런데 공장을 시작하고 25일쯤 후 계약 잔금을 치르고 닷새 후 새벽이었다. 한 직공이 손 씻을 물을 데우려고 시너를 불에 던지다가 실수하는 바람에 공장은 물론 수리를 끝낸 손님 자동차들까지 몽땅 화재로 타버리고 말았다. 외상으로 들어놓았던 부속품 값, 변상해야 하는 남의 자동차 값이 빚더미 위에 또 빚으로 얹혀졌다.

길은 외길밖에는 없었다. 나는 신용만을 담보로 이미 3천 원을 내준 오윤근 영감님을 다시 찾아갔다. 불의의 화재로 이대로 주저앉으면 영감님 빚을 못 갚게 생겼으니 빚을 갚도록 자금을 더 빌려달라고 사정했다.

단 한 번도 담보를 잡고 돈을 빌려준 적이 없으나 단 한 번도 떼인 적이 없다는 것이 자랑거리였던 그분은 "그래, 내 평생에 사람 잘못 보아 돈 떼었다는 오점을 안 남기고 싶으니 다시 더 빌려주겠네." 하면서 3천 5백 원을 다시 빌려주었다.

'50년 1월 현대건설의 출발

'50년 1월, 나는 현대토건사와 현대자동차공업사를 합병, 사옥을 필동으로 옮겨 현대건설주식회사로 의욕에 찬 새 출발을 했다. 그러나 그로부터 반년 후 6·25동란이 터졌다.

화재로 잿더미가 된 바로 그 아현동 자리에 다시 공장 허가를 받으려 했지만 허가 조건이 너무 까다로웠다.

그 자리에 허가받는 것을 포기하고, 50명의 종업원을 데리고 신설동 뒷골목 빈 터로 옮겼다.

거기에다 자동차 머리만 들여밀어지는 수리 공간과 대장간 하나를 만들어 무허가로 그냥 무작정 자동차 수리 공장을 시작해 버렸다.

그런데 부근 파출소와는 성심성의껏 교섭하여 얘기가 통했는데, 동대문경찰서는 통하지를 않았다. 공장을 폐쇄하지 않으면 잡아 넣겠다는 으름장이 날이면 날마다 계속되었다.

죽어도 공장 문을 닫을 수는 없었다. 으름장을 해결해야만 했다.

'그래, 두고 보자. 장애란 뛰어넘으라고 있는 것이지 걸려 엎어지라고 있는 것이 아니다.'

빈대도 그토록 필사적으로 노력해 성공하는데……. '빈대의 노력'은 내가 직접 본 일이다.

옛날에는 시골 도시 할 것 없이 빈대가 많았다.

네번째 가출로 인천 부두에서 막노동할 때, 그곳의 노동자 합숙소는 그야말로 빈대 지옥이었다. 떠메고 가도 모를 만큼 고단한 지경에도 잠을 잘 수 없게 빈대가 극성이었다.

하루는 다같이 꾀를 써서 밥상 위에 올라가 자기 시작했는데, 잠시 잠깐 뜸한가 싶더니 이내 밥상 다리로 기어 올라와 물어뜯었다.

다시 머리를 써서 밥상 다리 네 개를 물 담은 양재기 넷에 하나씩 담궈놓고 잤다. 빈대가 밥상 다리를 타려다 양재기 물에 익사하게 하자는 묘안이었다.

쾌재를 부르면서 편안히 잔 것이 하루나 이틀쯤이었을까. 우리는 다시 물어뜯기기 시작했다.

불을 켜고 도대체 빈대들이 무슨 방법으로 양재기 물을 피해 올라왔나 살펴보았더니 기가 막힐 일이었다. 빈대들은 네 벽을 타고 천정으로 올라간 다음, 사람을 목표로 뚝 떨어져 목적 달성을 하고 있는 것이 아닌가.

그렇다, 빈대도 물이 담긴 양재기라는 장애를 뛰어넘으려 그토록 전신전력으로 연구하고 필사적으로 노력해서 제 뜻을 이루는데 나는 사람이 아닌가.

해결이 날 때까지 매일 아침마다 동대문경찰서 곤도(近藤) 보안계장 집을 찾아가 사정을 하기로 작정했다.

첫날 새벽, 과자 한 상자를 들고 찾아갔지만 그는 요지부동에 과자도 거절했다. 거절당한 과자를 그대로 들고 나오자니 뒤통수가 뜨겁고 앞일이 심난해서 그집 쓰레기통에 처박아버렸다.

이튿날, 이번에는 빈 손으로 갔으나 역시 거절당했다.

그 이튿날 또 갔다.

한 달 동안 매일 아침, 같은 시간에 찾아가 똑같은 통사정을 똑같이 되풀이했다.

마침내 곤도 보안계장이 손을 들었다.

"내가 졌다. 너는 당장 구속해야 할 사람이다. 그러나 매일 아침 찾아오는 사람을 어떻게 구속하겠나? 네가 나쁜 짓을 하는 건 아니지만 법을 어기고 있는 것은 사실이다. 그러니 위법을 해도 경찰 체면을 생각해줘 가면서 해라."

그는 우선 대로변에서 공장이 보이지 않도록 판자로 울타리를 칠 것, 그래서 울타리 치고 숨어서 하는 척이라도 하라고 귀띔했다.

성공이었다.

수리 공장은 밤을 새우다시피 해야 할 정도로 일이 많았다.

그때 서울엔 황금정 6정목(지금의 을지로 6가)의 경성서비스, 혜화동 로터리의 경성공업사, 종로 5정목의 일진공작소가 꽤 큰 규모로 자동차 수리를 하고 있었는데, 그들은 경미한 고장도 괜히 고치기 힘든 고장인 척 날짜를 길게 잡고 그 날짜만큼 수리비를 많이 청구하곤 했다.

나는 그것을 역이용했다. 열흘 걸릴 수리 기간을 사흘에 고쳐내는 대신 수리비를 다른 수리 공장보다 더 많이 요구했다.

자동차를 발로 쓰는 사람들은 하루라도 빠른 수리가 반갑지 수리비 더 드는 것은 문제가 아니었기 때문에, 서울 장안의 고장난 차는 모조리 신설동으로 몰려들게 마련이었다.

나는 밖에 나가 지면을 넓혀가며 주문을 받아내고 수리비 수금하는 일 외의 시간은 거의 공장에서 종업원들과 똑같이 일했다. 자동차를 분해해서 고치고, 기름치고, 다시 조립해서 죄어주는 일들을 반복하는 동안 이내 모든 기계 원리가 포함되어 있는 자동차의 엔진 구조를 완벽하게 터득했다.

곤도 보안계장은 '내가 졌다.' 이후 전혀 성가시게 굴지 않았다.

나는 빈대한테서도 교훈을 얻었다. 사람들은 곤경에 처하면 어떻게 할 방법이 없다, 길이 아무 데도 없다는 체념의 말을 곧잘 한다.

그러나 그렇지 않다. 찾지 않으니까 길이 없는 것이다. 빈대처럼 필사적인 노력을 안 하니까 방법이 없어 보이는 것이다.

다른 사람 일이 잘되는 건 운이 좋아서라고 말하고, 자신의 일이 순조롭지 못할 때는 운이 나쁘다는 말을 흔히 한다. 나는 스스로 운이 나쁘다고 생각하지 않는 한 나쁜 운이란 없다고 생각한다.

물론 운 비슷한 것이 있기는 하다. 순탄할 때가 있는가 하면 힘들게 뚫고 나가야 할 때도 있다.

밝음에 대응해 어둠이 있듯이, 갠 날도 있고 궂은 날도 있다. 좋은 운이 갠 날이라면 나쁜 운은 궂은 날이 되겠고 화창한 날, 비바람 치는 날을 우리가 다같이 골고루 공평하게 만나면서 살듯이, 나는 좋은 운 나쁜 운도 누구에게든 공평하게 주어진다고 생각한다.

운은 무엇인가. 운이란 별 것 아닌 '때'를 말한다. 좋아질 수 있는 기회 즉, 좋은 때가 왔을 때 그걸 놓치지 않고 꽉 붙잡아 제대로 쓰면 성큼 발전하고, 나쁜 때에 부딪쳐도 죽을 힘을 다해 열심히 생각하고 노력하고 뛰면 오히려 좋은 때로 뒤집을 수가 있다.

타고난 때에 따라 사람의 일생이 결정지어진다는 것은 우스운 이야기이다. 사주가 우리의 일생을 결정짓는 것이 아니라 자신이 살아가면서 이런저런 때에 어떻게 대처하느냐에 성공과 실패가 판가름나는 것이다.

모든 일에 항상 열심히 노력하는 이는 좋은 때를 결코 놓치지 않아 도약의 뜀틀로 쓴다. 또한 나쁜 때도 때가 나쁘다고 기 죽는 대신 눈에 불을 켜고 최선을 다해 수습하고 비켜가고 뛰어넘어, 다음 단계의 도약을 준비한다.

운 타령을 잘하는 게으른 사람은 좋은 때가 와도 게으름과 불성실로 어영부영하다 그냥 놓쳐버리고, 평생 좋은 때가 없는 불운의 연속 속에 불행하게 산다.

나는 지금도 어려운 일에 부딪치면 빈대의 노력을 상기한다. 대단치도 않은 난관에 실망하고 위축되어 체념하려는 사람을 보면 나도 모르게 '빈대만도 못한 사람'이라고 생각한다.

수리공장은 왕왕 소리가 나게 잘돼서 3년 동안 나는 꽤 큰 돈을 모았다.

오영감님한테서 빌린 돈은 물론 원금과 이자를 깨끗이 청산해서 나는 목숨보다 중한 나의 신용을 지킬 수 있었고, 그분은 신용 융자에 평생 돈을 떼어먹힌 적이 없다는 그 기록을 계속 유지할 수 있었다.

'41년 일본은 드디어 태평양전쟁을 일으키고 이듬해 기업 정비령을 내렸다.

과대망상으로 분수에 넘친 전쟁을 하느라 그들은 전국적으로 놋그릇, 수저까지 거두어들였다.

'43년 초, 우리 공장은 종로 일진공작소와 강제 합병당했다. 말이 합병이지 흡수당한 것이다.

신설동 수리공장 동업자였던 이을학 씨, 김명현 씨가 먼저 손을 떼었고 나 역시 합병된 회사에 더 이상 정열을 쏟아부을 의욕이 없어 발을 뽑았다.

그 얼마 후, 자동차 수리공장에서 홀동금광 소장 차를 고쳐줬던 인연으로 당시 식산은행 총재 아들이 경영하던 보광광업 주식회사와 하청 계약을 맺었다. 황해도 수안군에 있는 홀동금광의 광석을 평남 진남포 제련소로 운반하는 일이었다.

회사에 보증금 3만 원을 걸고 새 트럭 스무 대, 헌 트럭 열 대를 사서 엔진 소리만 듣고도 차의 어디가 얼마나, 어떻게 아픈가를 아는 김영주에게 정비 책임을 맡겨 일을 시작했다.

1백 30킬로미터가 넘는 산악지대인 데다 장장의 운송 거리에 노면도

험난해 잦은 자동차 고장으로 하루 한 번 뛰는 것도 번거로웠지만, 그보다 더 힘든 것은 소장 소학교 동기생의 이마 터지는 잔소리였다.

많이 실었다, 적게 실었다, 왜 금덩이 못지않은 광석을 흘리고 다니느냐, 시시콜콜 끊임없는 잔소리를 해댈 때마다 나는 하루에도 몇 번씩 뒤집어 엎고 싶었다.

그러나 징용에 끌려가지 않으려면 '나 죽었소' 하고 참아야 했다.

나중에 알고 보니 그가 광석 운송사업을 하려는 동기생을 끌어들이기 위한 고의적인 생트집이었다.

더 이상 견디기 어려워 3년이 지난 '45년 5월 어느 날, 나는 그 소장 동기생한테 내 트럭을 인수시킨다는 조건 아래 하청 계약을 넘기고, 계약 보증금과 그동안 모은 5만여 원을 찾아 가족 전부를 데리고 홀동광산을 떠났다.

그로부터 딱 석 달만에 일본이 패망했다. 패망과 동시에 홀동광산은 폐광이 되었고, 거기 있던 일본인은 모두 소련군 포로가 되어 시베리아로 끌려갔다.

전화위복이었다. 3개월만 더 뭉그적거렸으면 그동안 번 5만여 원의 재산은 물거품으로 날아갔을테고, 나도 다른 사람과 함께 시베리아로 끌려갔을 것이다.

고향에서 8·15해방을 맞은 나는 그로부터 한 달 후에 다시 서울로 와서 조선제련이라는 적산 회사에 취직해서 독자적인 사업을 벌일 기회를 기다렸다.

해방 직후의 서울은 어수선했다.

수많은 사회단체들은 각각 완전 자주 독립을 요구하는 결의문들을 앞다투어 발표했고, 임시정부는 골격도 갖추어지지 않은 채 미군정하(美軍政下)에 있었다.

일제에 의해 몰수되었던 토지는 재분배되었고, 전당포와 고리 대금업은 금지되었다. 생필품은 가격이 통제되었고 배급제가 실시되었다.
　나는 중구 초동 106번지의 적산 대지를 불하받아 '46년 4월 '현대자동차공업사'라는 간판을 걸고, 그때는 매제가 되어 있던 김영주와 홀동 광산 친구 최기호, 고향 친구 오인보와 같이 자동차 수리공장을 시작했다.
　이때 나는 최초로 '현대'라는 상호를 쓰기 시작했다.
　나는 공부도 학식도 모자란 구식 사람이지만 '현대'를 지향해서 보다 발전된 미래를 살아보자는 의도에서였다.
　처음에는 미군 병기창에 가서 엔진을 바꾸어 단다든가 하는 일을 청부맡아 하다 1년쯤 지나서는 고물 일제 차들을 개조했다. 1톤 반짜리 트럭의 차체 중간 부분을 잘라 이어 늘여서 2톤 반짜리 트럭을 만들거나 수리를 했다. 그러자 한두 사람씩 늘어나던 종업원이 30명이 되더니 1년만에 80명이 되었다.
　자동차 수리공장은 자동차 수리 청부업이었기 때문에 수리 견적을 내서 계약으로 일을 하고 한꺼번에 관청에 가서 수리 대금을 받곤 했다.
　어느 날 자동차 수리 대금을 받으러 관청에 갔다가 건설업자들이 공사비를 받아가는 것을 보았다. 우리가 1백 원이라면 건설업자들은 몇천 원이었다.
　정신이 번쩍 들었다. 똑같은 시간과 인력을 투입해서 하는 일인데 자동차 수리와 건설업의 대가엔 너무나 엄청난 차이가 있었다.
　그래서 당장에 초동 '현대자동차공업사' 건물 안에 '현대토건사' 간판 하나를 더 달았다.
　'47년 5월 25일이었다.
　친구 오인보와 매제 김영주는 경험도 자본도 없이 까딱하면 망하기 첩경인 무모한 짓이라고 극구 말렸다. 그러나 나는 토건업이 전혀 생소한 일이라고 생각하지 않았다.

토목 공사판에서 노동한 경험도 있었고 또 당시 토건업이란 대개 수리, 영선(營繕)에 지나지 않았는데 까짓 것, 견적 넣어 계약하고 수리해 주고 돈 받기는 자동차 사업이나 마찬가지 아닌가.

나는 무슨 일을 시작하든 '된다는 확신 90퍼센트'와 '반드시 되게 할 수 있다는 자신감 10퍼센트' 외에 안 될 수도 있다는 불안은 단 1퍼센트도 갖지 않는다.

당시 우리 토건업계는 미군 시설 관계 긴급 공사가 대량으로 발주되고 있었기 때문에 소위 일류 업자 15명 외에는 도토리 키 재기인 군소업체들이 3천여 개나 난립해, 그야말로 머리 터지는 수주 경쟁을 했다.

겨우 공업학교 교사 출신 하나를 기술자로 두고 기능공 10여 명을 데리고 나도 그 틈바구니에 머리를 들이밀고 끼어들었다. 그 결과, 미군정청 관리들과 인사를 트고 교제를 열어 잡다한 영선 수리공사로 첫해에 1천 5백 30만 원의 계약고를 기록했다.

이듬해 자동차공업사 더부살이를 청산하고 광화문 평화신문사 빌딩에 사무실로 방 두 개를 얻어 옮겼다.

토건업은 공사를 따내기는 어려워도 따내기만 하면 이익이 좋아 할 만했다. '48년도, '49년도, 일류 업자들한테 분할 독점되고 있던 건설 시장에서 우리의 실적은 체면 유지 정도였지만, 신용과 경험 축적으로 기반을 다지는 소득을 얻었다.

'50년 1월, 나는 현대토건사와 현대자동차공업사를 합병, 사옥을 중구 필동으로 옮겨 현대건설주식회사로 의욕에 찬 새 출발을 했다.

그러나 그로부터 반 년 후 6·25동란이 터졌다.

6·25전란 속을 동생과 함께

> 아우는 어떻게 공사라도 해서 밥을 먹어야지 하는 생각에 미군 공병대 통역을 지망했는데, 일이 잘되어 즉시 공병대 매카리스트 중위 통역으로 일하게 되었다. 일은 뜻대로 풀려나갔다.

6월 26일, 동생 인영이가 장충동 집으로 달려와서 북한군이 탱크를 몰고 미아리 고개까지 쳐들어오고 있다는 소식을 전했다.

다음 날 중풍으로 누워 계신 어머님만이라도 모시고 피난을 가려고 아우와 지프차를 타고 을지로로 나갔으나 거기까지 이미 북한군 탱크가 들어오고 있었다.

집으로 들어가서 만약의 경우를 생각하여, 우선 인영이가 일본 아오야마(靑山)학원 유학을 마치고 들어올 때 사들고 온 외국 원서들을 마당에 잔뜩 쌓아놓고 불을 댕겨 태웠는데, 그놈의 책이라는 것이 그리 쉽게 타지를 않았다.

사업을 한다고 해야 작은 기업이었고 지주도 아니니까 가족은 괜찮을 듯싶어 가족들은 그냥 서울에 두기로 했다. 그러나 아우 인영이는 당시 동아일보 외신부 기자로서, 한국에 나와 있는 외국 대사들의 프로필 기사를 한창 쓰고 있었던 터여서 꼭 피난을 가야 할 형편이었다.

그때만 해도 아우 혼자 보내는 것이 마음이 안 놓여 내가 같이 떠나기로 하고, 남아 있을 식구들 양식 점검을 해보니 보리쌀 반 가마에 쌀 두 말 정도가 전부였다.

아우와 함께 걸어서 한강 서빙고 나루터로 갔다.

한강 다리는 이미 끊어진 뒤였고, 밤새껏 퍼부은 비로 강물은 잔뜩 불어 있는데 총을 거꾸로 든 패잔병들과 강을 건너려는 피난민들로 나루터는 법석이었다.

거기서 작은 보트 하나로 사람을 두셋씩 태워 강을 건네주고 돈벌이를 하는 사람이 하나 있었는데, 서로 자기가 먼저 타려고 아우성들을 치는 것에 화가 났는지 귀찮았는지, 보트를 백사장에 올려놓고는 노만 들고 그만 휘적휘적 가버렸다.

동행했던 서비스 공장 직원 최기호와 인영과 나 셋은 보트 주인이 눈치채지 않도록 살펴보고 있다가 한꺼번에 달려들어 보트를 냅다 강물에 밀어넣고 올라탔다. 노 대신 두 손을 집어넣고 열심히 물을 저었는데도 물살에 밀린 보트는 엉뚱한 방향으로 비스듬하게 흘러 지금의 반포쪽 기슭에 닿았다.

지금은 고속도로가 되어 있으나 그때는 산길이나 다름없는 길이었다. 그 길을 따라 수원쪽으로 걷는데 패잔병들이 밭에서 익지도 않은 참외며 오이를 눈에 띄는 대로 따먹으며 허기를 끄고 있었다.

걸어서 수원까지 가 거기서 기차 화통을 타고 천안(天安)까지 갔다.

천안에서 우리 국군이 다시 쳐올라갔기 때문에 북한군이 안 온다는 유언비어에 홀린 우리는 다시 걸어서 노량진까지 왔다 북한군에 놀라 또다시 걸어서 천안까지 갔다. 거기서 역시 걸어 대전(大田)으로 가 7, 8일 있는 중에 유엔군이 들어왔으나 다시 북한군에 밀려 마지막 기차 화통을 타고 대구(大邱)까지 갔다.

대구에서 인영이는 대한일보 편집일을 하러 들어갔고, 먹고 할일 없는 나는 미군(美軍)이 쏟아져 들어오니까 용기 잃지 말고 잘 싸우라는 전의(戰意) 고무, 격려를 목적으로 일선 정훈부대에의 신문 배달을 자청했다.

교통편이 제대로 있을 리 없어 배달하는 일은 거의 걸어서 해야 했지만 나는 날마다 산중의 일선 부대에까지 열심히 배달했다.

그러던 하루는 배달할 신문을 가지러 갔는데 신문이 한 부도 없었다. 어째서 신문이 하나도 없는가 알아보았더니 신문 배본 책임자가 두부가게에 돈을 받고 몽땅 팔아 넘겼다는 사연이었다. 일선에서는 그것도 소식이라고 눈이 빠지게 기다릴텐데 말이다.

그날로 일선 신문 배달을 집어치워버리고 낙동강(洛東江)을 헤엄쳐서 건넜다.

추풍령(秋風嶺) 저지선이 무너져 북한군이 낙동강까지 온다는 소리에 농부들이 소를 몰고 낙동강을 건넜는데 소들이 헤엄을 잘 친다는 걸 그때 처음 알았다.

소와 함께 헤엄으로 낙동강을 건넌 우리는 그 길로 부산(釜山)으로 갔다.

그때 정훈감실에서 알았던 육군 대위를 만났는데, 그가 우리에게 함께 주변 섬들과 해안선 도시들을 돌아다니며 "괴뢰군은 잠시다. 곧 미군이 들어오니까 동요 말라. 괴뢰군 편 들지 말고 부역하지 말라."는 요지의 연설을 하는 일을 하자고 했다.

인영이와 나는 7톤짜리 동력선을 타고 다니면서 사람들을 모아놓고 자신만만하게 연설을 했었다.

"괴뢰군은 잠시 잠깐이다. 곧 미군이 들어온다."

우리는 거제도(巨濟島)에도 갔었는데 그곳에는 웬 교수들이 그리 많이 피난을 와 있는지 우리 얘기를 듣겠다고 사람들이 가득 모인 가운데 인사 소개를 받다보니 거의 모두가 무슨 교수 무슨 교수였다.

동작이 느리다는 충청도 사람들도 느리기는커녕 일찌감치 거제도에 많이들 와 있었다.

제법 한다하는 대학 교수들도 끼어 있는 청중 앞에서 속으로는 떨리면서도 그래도 한 시간 이상 지껄인 일을 생각하면 지금도 고소(苦笑)를 떨칠 수 없다.

그뒤 목포(木浦)에 배를 댔을 때 대위가 마침 멸치를 말리던 어부에게 다짜고짜 그 멸치를 배에다 실으라고 명령했다.

어부가 반만 가져가달라고 사정을 하자 대위는 인정사정 없이 어부를 두들겨 패고 기어이 멸치를 다 실었다. 정나미 떨어지는 일이었다.

그것으로 그 일도 그만두고 말았다.

하루는 민주당 사무실에 무슨 새 소식이라도 들을 게 없을까 해서 갔었다. 7월이었는데 들어가니 정치한다는 사람들이 모두 웃통을 벗고 앉아 맥주를 마시며 바둑을 두고 있었다.

우리는 아무것도 아닌 사람들이지만 그래도 작은 애국이라도 한답시고 일선 부대로 신문 배달도 하고, 배멀미에 토해가면서 섬마다 돌아다니며 목청을 돋구기도 하는데, 전쟁중에 맥주 마시며 바둑 두고 있는 그 정치가들에게서 나는 최초의 환멸을 느꼈다.

게다가 들리는 소리로는, 부산도 곧 떨어진다고 이미 일본(日本)으로 도망갈 배를 얻어놓고 기다리고 있다나. 가슴이 터질 일이었다.

옷은 서울서부터 입고 왔던 노동복 단벌에 돈은 무일푼, 우리는 거지 중에 상거지였다.

어느 날, 딱 두 끼 먹을 밥값밖에 없어서 내가 차고 있던 손목시계를 잡히러 전당포로 갔더니, 말도 안 되게 적은 액수를 주겠다고 했다.

그래서 그대로 나오다가 서면에 있는 미군 사령부에서 통역을 모집한다는 광고가 붙어 있는 것을 보았다.

인영이가 "형님 시계를 잡히지 말고 제가 통역으로 취직하겠다."고 했다. 통역으로 취직을 하면 미군 식당에서 빵 부스러기를 가져와도 먹는 것은 해결될 것이라고 하면서.

서면 미군 사령부 취직 심사 장교 앞에 간 아우는 신분의 증명을 요구받고 동아일보 기자 신분증을 내놓았던 모양이다.

신문 기자라는 것에 특별한 호감을 느꼈던지 취직 심사 장교는 아우에게 "좋다. 지금 통역을 달라는 부서가 이렇게 많은데 어디로 가고 싶은가, 마음대로 골라라." 하고 말했다.

아우는 어떻게 공사라도 해서 밥을 먹어야지 하는 생각에 미군 공병대 통역을 자청했는데, 일이 잘되어 즉시 공병대 매카리스트 중위의 통역으로 일하게 되었다. 일은 뜻대로 풀려나갔다.

그때 부산은 산더미 같은 건설 물량을 한정없이 토해내는 곳이었다.

우선 전선으로 보내는 미군들을 하룻밤 재워 보내는 숙소가 휴교중인 각급 학교 교실을 다 동원해도 태부족이었다.

매카리스트 중위가 아우에게 "나는 누가 누군지 모르니까 네가 나가서 우리 일을 할 만한 건설업자를 물색해서 데리고 와라." 했다.

바로 형인 내가 있지 않은가.

"현대가 있습니다."

내가 들어갔다.

"당신 무엇을 할 수 있소?"

"뭐든지 다 할 수 있습니다."

임시 수도이자 최후 전략 교두보인 부산은 군수 물자 집하지이기도 했고 군사 지원 사령부도 있었다.

한꺼번에 밀려드는 미군 병사 10만 명의 하룻밤 숙소를 만드는 것이 우리의 일거리였다.

학교 교실은 위생적으로 소독해서 카세인, 페인트칠을 하고, 맨바닥에 길이 36자 폭 18자짜리 널빤지를 깔아 그 위에 천막을 치고 임시 숙소를 만들어 눈코 뜰새 없이 매일 3시간 이상 자지 않고 일했다.

인영이는 낮에는 통역일을 하고 퇴근하면서부터는 나의 사무실 일을 했다.

젊은 사람들은 하다못해 포탄 나르는 일이라도 하러 거의 전쟁터로 나갔는데, 나는 미군 공사 책임자라는 증명 표딱지 비슷한 것을 가지고 있어 전장으로 나가는 대신 다른 일을 할 수가 있었다.

아무튼 부산에서 한 달 정도 불철주야 일하고 나니 돈이 커다란 가방에 가득했다.

미군 공사는 전선을 쫓아다녀야 했다. 유엔군이 서울을 탈환하자 우리는 선발대로 미군 군용차를 타고 서울로 왔다.

매카리스트 중위는 미군을 따라 평양(平壤)까지 갔는데 나는 안 따라갔다.

집으로 들어가보니 그동안 우리집은 북한군에게 빼앗겼고, 쫓겨난 가족들은 경기도 여주의 인영이 처갓집에 가서 신세를 지고 있었다.

청렴결백해서 기껏 댄스 초대밖에는 받아들이지 않으면서도 오늘날의 우리 현대가 있게 하는 데 큰 역할을 해주었던 매카리스트 중위는 한국에서 내위가 되어 귀국했다. 그리고 한참 후 미국 주둔군으로 육군 소령이 되어 다시 한국에 배치되었다가 중령으로 영구 귀국했다.

퇴역 후 그에게 도움을 주고 싶어서 나는 그를 미국 휴스턴 지점에 7, 8년 고용했었다.

그뒤에도 부부 초청으로 두 번인가 한국을 다녀간 그를 나는 지금도 워싱턴에 가면 만나곤 한다.

아이젠하워 방한과 "원더풀!"

> 세 배가 아니라 열 배도 못하겠다 할 처지가 아닌 그들과 넉넉한 공사 실비 세 배 값으로, 한겨울 엄동설한에 느닷없는 유엔군 묘지 녹화 공사라는 계약을 하고 나왔다.

   9·28 수복때 나는 미군과 함께 서울로 들어와 지금의 대학로에 있던 서울대학교 법대와 문리대 건물을 페인트, 카세인 등으로 수리 개조하는 미8군 전방기지 사령부 막사 설치 공사를 했다. 또 미8군 휘하 8029부대 발주 조병창 보충부대 막사 수리 공사 등도 했다.
   일제때 이미 서울로 옮겨왔던 우리 부모님과 형제들은 1·4후퇴 바람에 부산으로 피난가 있었고, 우리 현대건설은 건설업체 중에서 유일하게 미8군 발주 공사를 거의 독점하고 있는 상태였다.
   휴전 직전인 '52년 12월이었다.
   선거 공약을 한국전쟁 종결로 내걸었던 아이젠하워가 취임 전 1월, 한국을 방문했을 때의 일이다.
   전화(戰禍)로 폐허가 된 서울에 그가 묵을 만한 마땅한 숙소가 있을 턱이 없었다.
   미8군에서 운현궁(雲峴宮)을 숙소로 결정하고 수세식 화장실 설치와 보일러 난방 장치 시설 및 내부 단장을 의뢰했다.
   시한은 15일이었다.

사돈과 뒷간은 멀수록 좋다는 것이 우리네의 상식이었다.
변소를 방 안에 들여놓으라는 것이 우선 이해가 안 되었을 뿐더러 그때까지 나는 양변기가 어떻게 생겼는지 구경도 해본 적이 없는 사람이었다.
어찌 되었든 한다고 해놓고 볼 일이다. 그래서 하겠다고 했다.
공사를 기일 내에 제대로 해놓으면 미군이 공사비 갑절의 보너스를 따로 내기로 하고, 반대로 기일 내에 제대로 못 마치면 내가 갑절로 벌금을 내는 것으로 이야기가 됐다.
구경도 못한 양변기를 찾는 것이 찜찜하면서도 나는 주저 없이 사인을 하고 나왔다.
머리는 쓰라고 얹어놓고 있는 것이다. 우선 나는 일꾼들을 데리고 무조건 용산쪽으로 나가 피난으로 비어 있는 고물상들을 뒤져 보일러통, 파이프, 세면대, 욕조, 양변기들을 실어왔다.
아무개가 언제 무엇을 얼마 만큼 갖고 갔으니 어디어디로 물건값 받으러 오라는 인출증 비슷한 것을 일일이 써 붙여놓고 말이다.
하루 스물 네 시간 꼬박 들러붙어 열흘만에 공사를 끝냈다.
공사가 끝났으니 다음은 시운전 차례였다.
시운전을 했다.
그런데 보일러 라디에이터를 비롯한 모든 연결점에서 온통 증기가 새어나와, 순식간에 실내 전체가 구름 속에 파묻혀버린 것처럼 되어버렸다.
우리는 이틀 동안의 철야 작업으로 보일러와 모든 연결점들을 뜯어 고쳤는데 그 다음은 완전무결이었다.
약속 시한 사흘 전에 공사 마무리를 하고 공사비를 받으러 간 나를 보고, 미군들마다 엄지 손가락을 세우고 "현다이 넘버 원!"소리를 했다.

그런데 그곳에 아주 재미있는 주문이 나를 기다리고 있었다.

그때 우리는 한편으로 부산의 유엔군 묘지 단장 공사를 맡아 하는 중이었다.

전시라 뗏장 한 조각 입힐 겨를도 없었으므로 흙바다 그대로인 황량하기 짝이 없는 묘지였다.

그러한 곳을 한국전에 출병한 각국 유엔 사절들이 내한, 참배할 계획이었다. 때문에 엄동설한에 발등에 불이 떨어진 미8군 사령부는 묘지 단장 공사가 참으로 난감한 일이었다.

그것도 천지가 꽝꽝 얼어붙은 깊은 삼동(三冬)에 그 묘지를 어떻게 파랗게 단장해 줄 수 없느냐는 기상천외한 주문이었다.

'정주영은 남이 못 하는 기발한 착상으로 무슨 일이든 할 수 있는 사람'으로 믿어주는 것은 고마웠지만, 그렇다고 한겨울에 천도복숭아 구해 내라는 식이니 그순간 아뜩했다. 게다가 시간이 넉넉한 것도 아니고.

나는 참으로 당황했다.

참배는 닷새 후였다.

나는 바쁘게 머리를 굴렸다.

무슨 방법이 없을까.

있었다. 내 머리는 생각하는 머리이다.

'콜롬부스 달걀이 별 거냐.' 나는 "풀만 파랗게 나 있으면 되는 거냐."고 물었다. 그들은 "그렇다."고 했다.

아이디어 값을 포함해서 실제 공사비의 세 배를 요구했다. 세 배 아니라 열 배도 못하겠다 할 처지가 아닌 그들과 넉넉한 공사 실비 세 배 값으로, 나는 한겨울에 느닷없는 유엔군 묘지 녹화 공사라는 계약을 하고 나왔다.

그 길로 나는 김영주를 시켜 트럭 30대를 사방에서 끌어모아 낙동강

연안 남지, 모래질 벌판의 보리밭을 통째 사서 파란 보리 포기들을 떠다 묘지에 심었다.
 깊은 겨울에도 모래질 보리밭의 보리 포기는 잘도 떠졌다.
 어쨌거나 파랗게 단장만 하면 목적 달성이었다.
 유엔 사절 일행이 와봤자 각국 사병 묘지에 꽃만 바치고 돌아갈텐데 파란 풀을 이것이 보리냐 잔디냐 따질 것인가.
 미군 관계자들은 "원더풀, 원더풀, 굿 아이디어!" 큰 눈을 휘둥그래 더 크게 벌려 뜨고 감탄했다.
 그 당시, 미8군 공사는 손가락질만 하면 다 내 것이었다.

시련은 있어도 실패는 없다

> 이것은 시련이지 실패가 아니다.
> 나는 생명이 있는 한 실패는 없다
> 고 생각한다. 내가 살아 있고 건강
> 한 한, 나한테 시련은 있을지언정
> 실패는 없다. 낙관하자. 긍정적으
> 로 생각하자.

'53년 6월, 휴전협정이 가조인되면서 미군들이 일본으로 철수하기 시작했다.

언제든 끝나는 날이 있는 것이 전쟁이다.

미군 공사를 도맡아 하면서도 미군 공사에만 의존하고 있어서는 안 되겠다 싶어 나는 정부의 복구 공사에도 적극적으로 뛰어들었다. 다소의 적자를 예견하면서도 조폐공사의 동래 사무실과 건조실 신축 공사를 수주, '53년 10월에 착공했다.

그러나 공사 착공 5개월도 채 안 되어 이듬해 초 '긴급 통화 조치령'이 공포되어 화폐 가치가 1백 원 대 1환으로 평가 절하되고, 우리 경제는 극심한 혼란의 와중으로 휩쓸려 들어갔다.

그럼에도 이듬해 4월에 공기 24개월, 계약 금액 5천 4백 78만 환으로 수주한 고령교(高靈橋) 복구 공사를 착공했다.

고령교는 대구와 거창을 잇는 교량으로 지리산(智異山) 공비 토벌을 위해 복구가 시급한 처지였고, 그때까지의 정부 발주 공사로는 최대 규모였다.

우리는 고령교 복구 공사에 기대가 컸었다.

나는 성공적인 공사 완료를 목표로 해방 전 기요미스(淸水)건설 조선 지점에서 수많은 교량 공사 시공 경험자였던 김영필을 상무로 초빙하여 현장 사무소 소장으로 앉혔다. 그리고 와세다(早稻田)공고 토목과를 졸업한 전문 교량 기술자 이연술을 기술 주임으로, 본사 경리 책임자 오인보를 현지 경리책으로 임명했다.

그러나 공사는 처음부터 난항이었다. 교각은 기초만 남아 있고, 게다가 파괴된 상부 구조물이 그대로 물에 잠겨 있어 말이 복구 공사지 오히려 신축 공사가 더 쉬울 판이었다. 또 겨울에는 모래가 쌓여 얕아지고, 여름이면 물이 불어 겨울철 몇 배의 깊이가 되는 변동이 심한 낙동강 수심도 장애였다.

투입 장비라고는 20톤짜리 크레인 한 대, 믹서기 한 대, 콤프레셔 한 대가 다였다.

큰 공사를 해본 경험이 없어 장비 개념이 부족하기도 했지만 국내에 건설 장비 자체가 아무것도 없던 때였다.

대부분 인력에 의지한 원시적인 공사로 세워놓았던 교각이 홍수에 쓸려 사라지기도 했다.

착공 후 1년이 지났으나 아직 교각 한 개도 다 박아넣지 못했다.

그동안 물가는 천정 부지로 뛰어올라, 착공 당시 견적에 7백 환으로 책정한 기름 단가가 2천 3백 환이 되어버리고 다른 모든 자재 값, 노임도 함께 날마다 뛰어올랐다. 모든 물가가 1백 20배로 상승했다.

걷잡을 수 없었다. 그 정신없는 상황에 조폐공사 동래 사무실과 건조실 공사는 7천만 환의 막대한 적자를 보고 완공되었다.

미군 공사에서 알뜰하게 벌어 모은 돈을 우리 돈 찍어내는 조폐공사에 다 털어넣다시피 한 것이다.

회사의 재정은 바닥이 드러났다. 공사장의 인부들이 임금을 내놓으라고 파업을 하고, 가뜩이나 부진한 공사는 더욱 지지부진하여 하루하루 지연되었다.

신용이 사업하는 사람의 재산이라고 생각하는 나는 어차피 손해는 본 일이므로 계약기간 안에 공사를 끝내는 약속만이라도 지키려고 매일 자금 조달을 위해 뛰었지만 여의치 않았다.

월급이 밀리고 있는 것은 물론이고 사무실은 매일 빚쟁이들로 아우성이었다. 한 달에 고작 1백~1백 50달러인 미국 유학중인 동생 세영이의 학비도 못 보내고 있었다.

아무리 어려워도 낙관적인 나도 그때는 잠깐 길이 보이지 않았다.

방도가 없는 것 같았다.

그러나 어쨌든 고령교 공사는 내 몸을 팔아서라도 마무리를 지어야 했다.

사업은 망해도 다시 일어설 수 있지만 인간은 한 번 신용을 잃으면 그것으로 끝장이다.

어떤 일이 있어도 극복하고 넘어가 한 과정의 시련으로 만들어야지 그대로 손 들고 주저앉아 영원한 실패로 기록되게 할 수는 없었다.

나는 《채근담(菜根譚)》에서 '득의지시 편생실의 지비(得意之時 便生失意 之悲)'라는, '뜻을 이룰 때 실패의 뿌리가 생긴다'는 진리를 배웠다.

이 시련으로 실패의 뿌리를 잡았으니 다음 순서는 전화위복이라고 생각했다.

동생들과 최기호, 매제 김영주를 모아놓고 시련 극복, 수습 방안으로 각자의 집들을 처분하기로 뜻을 모았다.

조상 차례 지낼 집 한 칸은 있어야 한다는 동생들 주장에 나는 집 대신 초동 자동차 수리공장 자리를 내놓았다.

네 사람의 집이 이내 팔렸다.

집 네 채를 판 9천 9백 70만 환을 현대건설에 자본금으로 불입하고 설립 당시 자본금 30만 환을 합쳐 총자본금 1억 환을 만들어 침체에 빠져 있던 고령교 복구 공사에 박차를 가했다.

그동안 물가가 1백 20배나 뛰었기 때문에 가족들의 집을 팔아 넣고도 얻을 수 있는 빚은 다 끌어들여야 했고, 이자는 월 18퍼센트나 되어 1년이면 쓴 돈의 꼭 배를 이자로 내야 했다.

'55년 5월 마침내 악몽의 고령교는 최악의 상황 속에 당초 계약 공기보다 2개월 늦게 완공되었다. 계약 금액 5천 4백 78만 환보다 많은 6천 5백여만 환의 엄청난 적자를 보고서였다.

공사가 끝난 뒤에는 현장 장비를 철수시킬 기력도 없을 지경이었다.

빚쟁이들은 성난 벌떼였다.

현대건설이 눈에 가시였던 동종업계 업자들이 그동안의 내 시련을 재미있어 하며 빈정대는 소리도 적잖이 들렸다.

소학교밖에 안 나온 친구라 공기가 2년이나 되는 장기 공사를 수주하면서 인플레 계산을 빼고 일괄 계약을 한 것이 실수라느니, 그 학력으로 인플레가 무엇인지나 일겠느냐니……. 시원 기오데시도 비슷한 말을 하는 사람이 있었다.

전쟁중의 인플레를 예측 못하였던 것은 사실이다.

계약 당시, 넉넉 잡아도 1년 반이면 공사를 끝낼 수 있다고 생각했고 그동안 물가가 올라봤자 두 배 정도라고 생각했다.

다만, 나 자신 전문 기술자가 아니었기 때문에 경험 부족으로 우리 나라의 형편없이 부실한 건설 장비로는 고령교 정도의 공사도 힘겹다는 사실을 몰랐던 것이 실책이었다.

비싼 수업료 냈구나. 이백(李白)의 '운정강공처 무인월백고(雲淨江空處 無人月白高)'(구름은 개고 강은 텅 비었는데 사람은 없고 달은 높이 떠 있구나)하는 시구처럼 다소 쓸쓸하고 울적하기는 했지만 상황만큼 절망을 느끼지는 않았다.
　오히려 담담한 편이었다.
　우선 긴 세월에 두 번의 적자 공사로 진 빚을 갚아야 했다. 내 평생에 '빚 떼어먹은 정주영'이 될 수는 없었다.
　이것은 시련이지 실패가 아니다. 내가 실패라고 생각하지 않는 한 이것은 실패가 아니다.
　나는 생명이 있는 한 실패는 없다고 생각한다.
　내가 살아 있고 건강한 한, 나한테 시련은 있을지언정 실패는 없다.
　낙관하자. 긍정적으로 생각하자.
　건설업에 장비가 가장 중요하다는 것을 절실히 깨달은 것도 공부이다. 또 정부에서 엄청난 적자를 보고도 기어이 공사를 마무리지은 우리를 모른다고야 안 하겠지. 이 고전은 반드시 전화위복이 될 것이다.
　그러나 고령교 공사 결손 빚을 청산하는 데 20여 년이 걸렸다.
　가장 중요한 시기의 엄청나게 긴 세월을 빚 청산에 소비한 것이다.

전화위복 …… 그러나 아, 장비!

현대건설이 주목을 받기 시작한 것은 '57년 9월, 한강 인도교 공사를 수주하고부터였다. 단일 공사로서는 고령교 복구 공사 이후 전후의 최대 규모였기 때문에 경쟁사들이 놀란 것도 무리는 아니었다.

고령교 복구 공사의 시련을 전화위복으로 만들자는 결심으로 회사를 떠나 잡지 제작에 몰두하고 있던 인영이 다시 복귀하고, 상운 소속 목선 3척과 초량자동차 수리공장을 처분해 현대건설에 증자했다.

나는 고령교 공사로 인한 막대한 적자의 뼈아픈 원인 중 하나인 장비 부속 해결을 제일의 목표로 삼았다.

《시경(詩經)》에도 '불감포호 불감빙하(不敢暴虎 不敢馮河)'(맨손으로 호랑이를 잡지 못하고 걸어서는 황하를 건널 수 없다)라고 했다. 다행히 우리는 국내 건설업체 중에서 유일하게 미8군 장비 불하처에 등록된 유리한 입장이었다.

다른 건설업자들은 미군부대와 직접 접촉하지 못해 대부분 중간 상인들을 통해서 비싸고 결점 많은 장비를 사야 했지만, 우리에게는 1주일 단위로 장비 불하에 관한 안내서가 우송되어 왔다.

나는 자재과장 이기홍(李基弘)과 함께 직접 장비를 선택했다.

옛날 통금이 없던 신설동 서비스공장 시절, 일이 바쁘면 다반사로 공원들과 같이 야근을 하면서 자동차의 기계 원리와 기능, 그리고 쇠의 재질까지 거의 완전하게 터득한 터였다.

　미군 발주 공사는 전시중의 긴급 복구 공사와는 달리 시방서(示方書=공사의 시공방법과 일정 등을 기록한 문서)상에 엄격한 장비 조항이 삽입되어 있기도 했고, 또 장차의 추세로 보나 쓰디쓴 경험으로 보나 장비 확보에 현대건설의 성패가 달려 있다고 생각한 나는 '57년 5월 초동 서비스공장에 중기 사무소를 내고 김영주에게 관리 책임을 맡겨 구입한 장비와 부속품들을 수리·조립·개조시켰다.

　그밖의 장비 부속품은 미8군의 모델이 바뀌어 시장에 내다 파는, 거의 신품에 가까운 것을 중간 상인들을 통해 저울로 달아 고철값에 구입하곤 했다.

　우리는 모델이 바뀌어 미군들이 쓰지 못해 내다 파는 바로 그 부속품에 맞는 미군의 전 모델 장비를 가지고 있었기 때문이다.

　'54년부터 미국 원조 자금을 재원으로 전쟁 복구 공사가 활발히 진행되기 시작했고, 예상대로 막대한 적자를 감수하면서 고령교 공사를 마무리지어준 성과가 그후 정부 발주 공사 수주를 쉽게 할 수 있는 결과로 나타나주었다.

　현대건설이 주목을 받기 시작한 것은 '57년 9월, 한강 인도교 공사를 수주하고부터였다. 단일 공사로서는 고령교 복구 공사 이후 전후의 최대 규모였기 때문에 경쟁사들이 놀란 것도 무리는 아니었다.

　당초 내부장관은 공사를 조흥토건에 주려 했었고, 공사 승인권을 가진 재무장관은 흥화공작소에 주려 했었다.

　치열한 경쟁이었다. 누구도 양보하지 않고 조정이 안 된 채 예산 집행이 1년이나 연기되고도 타협점을 못 찾는 바람에, 결국 경쟁입찰에 부치게 되었다.

　그런데 흥화공작소가 당시 시내에서 한강까지의 택시 요금 4천 원의 4분의 1 가격인 단돈 1천 원에 응찰하면서 기부 공사를 하겠다고 나섰다.

　함께 응찰했던 모든 경쟁사들은 쓴웃음을 지을 수밖에 없었다. 나도 쓴웃음을 지은 경쟁자 중의 하나였다.

　그런데 이변이 생겼다.

　입찰서를 뜯은 내무장관이 흥화공작소는 입찰 의사가 없는 것 같고, 기부 공사는 받을 수 없다고 공식 발언을 했던 것이다. 따라서 응찰 가격 두번째였던 현대건설로 자동 낙찰이 되었다.

　나는 이 공사에서 40퍼센트의 이익을 거두었고, 고령교 복구 공사의 악몽에서 벗어나 이른바 건설 '5인조'니 '5대조'니에 들어갈 만큼 성장했다.

　'57년을 전후한 우리나라 건설업계는 대동공업을 선두로 조흥토건, 극동건설, 대림산업, 현대건설, 삼부토건 등 6대 업체가 1천여 대소 건설업체의 앞줄에서 각축을 벌이고 있었다.

　건설에 있어서 입찰경쟁이란 2, 3등은 무용지물(無用之物)이기 때문에 공개적으로 목숨만 안 걸었지, 항상 치열한 두뇌 싸움 속에서 살아야 했다.

　때로는 경쟁사 사장한테 연금도 당했고, 이른바 '미도파 사건'으로 때 아닌 옥고를 치를 뻔도 했다.

　'미도파 사건'이란 무역협회 회관으로 쓰다가 화재 후 윤석영 씨가 고쳐서 대한부동산으로 임대 계약을 했고, 우리는 건물을 고치고, 그 값으로 미도파의 주식을 받은 일이었다.

　그런데 당시 국회 부의장이 건물 임대 계약에 앞장선 사람과 고친 사람을 구속하라는 명령을 내렸었다. 그러나 민사로 해결할 문제이지 형사문제가 아니라는 결론으로 고비를 넘긴 사건이었다.

　휴전과 함께 한동안 저조했던 미군 공사가 '57년 7월부터 실시된 미군의 핵 무장화 등, 주한 미군 증강 정책으로 반영구적인 각종 군사

시설 건설로 다시 활기를 띠었다.

　미군 공사에 응찰하기 위해서는 매우 조심스럽고 성실한 견적 능력이 있어야 했다.

　전체 금액만 제시하는 최저 가격 낙찰제였던 우리 정부의 발주 공사와는 달리 미군 공사는 전체 금액과 함께 그 내역을 제시하는 견적서를 첨부해야 했기 때문이다.

　견적서 작성은 이연술, 이춘림이 맡았고 후에는 권기태가 전담하다시피 했다.

　미군공사 초기 시절에 우리는 그들이 내놓는 시방서와 설계도면을 해독할 능력조차 없어, 미국인 감독이 일일이 통역관을 통해서 지시하는 대로 기술자들에게 일을 시키는 불편을 겪어야 했다.

　피차 못할 짓이었다.

　현장 경험만 많았지 이론에는 어두운 기술자들은 시공의 기본인 영문 시방서를 설계도면 포장지로 쓰는가 하면, 심지어는 합숙소의 불쏘시개, 혹은 설사병 난 친구가 변소로 들고 가 휴지로 써버리기도 했다.

　그런 웃을 수도 울 수도 없는 희비극 속에서도 어쨌든 우리 현대건설은 '59년 6월 건국 이래 최대 공사인 미극동군 공병단 발주의 인천 제1도크 복구 공사를 수주했다.

　26년 전 열 아홉 살 때 부두 노동으로 하루 세 끼 밥을 먹기 위해 사람이 할 수 있는 일이라면, 마르고 진 것을 안 가리고 닥치는 대로 하던 바로 그 장소였다. 감회가 컸으나 그런 감회에 젖어있을 여유도 없었다.

　넘어야 할 산이 너무도 많았다.

　영문 시방서에 골머리를 앓은 경험을 살려 통역들을 채용해서 영문 시방서를 번역시켜놓고 이제 됐다 했으나, 번역이 부실해 영어 원문보다 더 꿰어맞추기가 힘들었다. 또한 시방서상의 기계화 조항을 충족시키기 위한 장비 확보 문제도 난제였다.

1백 10톤짜리 미터 게이트를 수문에 달아야 하는 단계가 되었는데, 그때는 1백 10톤짜리를 들어올릴 크레인 한 대가 없었다.

궁리 끝에 60톤짜리 두 대를 동원해서 간신히 움직여 옮기기는 했는데 정위치에 놓지 못하고 말았다. 게다가 지형 조건이 나빠 다시 들어올릴 수조차 없었다.

낭패 중의 낭패였다.

그러나 궁하면 통한다고 권기태가 내놓은 아이디어로 간조(干潮)를 틈타 월미도까지 끌고 갔다가 만조(滿潮)를 기다려 제자리로 끌고 오는 부력 이용의 방법으로 해결을 보았다.

'58년 오산(烏山) 공군기지 활주로 포장 공사 때는 콘크리트를 칠 때 배처플랜트가 있어야 한다는 규정이 있었다. 당시 우리 형편은 높은 누대 위에 믹서를 달아매서 쓰는 것이 고작이었고 배처플랜트라는 장비는 구경한 적도 없었다.

수소문 끝에 빈넬이라는 미국 회사가 한국에 와서 유솜(USOM=미국 경제 협조처) 건물(지금의 미국 대사관)을 짓고 있는데 그곳에 배처플랜트가 있다는 정보를 얻었다.

권기태가 유솜 건설 현장 담에 매달려서 배처플랜트를 훔쳐보고 우선 대강의 스케치를 하고, 빈넬사 계장 한 사람과 교제를 터 겉만 보아도 속을 아는 기계 박사 김영주가 들어가 현품을 두 번 구경한 끝에 우리는 우리 중기공장에서 배처플랜트를 만들어 썼다.

인천 제1도크 복구 공사, 오산 비행장 활주로 포장 공사는 장비 부족의 애로 외에도 수시로 받아야 하는 엄격한 품질 관리, 미국인 기술 고문과의 갈등 등 시달림이 많았다.

그러나 나는 이 두 공사를 우리 현대 사원들의 실무 교육장으로 최대한 활용해서 가능한 한 많은 사원들에게 현장을 거치게 했다.

'불치하문(不恥下問)'이라 했다. '나보다 어려도, 사회적 지위가 아래라 해도 내가 모르는 것을 물어 가르침을 받는 것은 부끄러움이 아니다.'는 《논어(論語)》의 가르침처럼, 이 두 공사를 해나가는 동안 우리는 진지한 자세로 미국인 기술자들에게서 많은 것을 배웠다.

'50년대 말부터 '60년대에 이르는 동안 미군 공사가 주축이었던 그 시기에 우리뿐만 아니라 모든 건설업체들이 함께 시련을 겪었다.

그러나 그것을 계기로 모든 설계가 미국식 시방(示方)에 의해 작성되었고, 미국 사람들의 엄격한 품질 관리에서도 배운 것이 많았다.

인생의 승패는 행동과 시간

> 사람은 보통 적당히 게으르고 싶고, 적당히 재미있고 싶고, 적당히 편하고 싶어한다. 그러나 그런 '적당히'의 그물 사이로 귀중한 시간을 헛되이 빠져나가게 하는 것처럼 우매한 짓은 없다.

    국내 생산량이 태부족이었던 상황에서 시멘트 공장을 세우려 신청했던 차관 승인을 거절당하고 4년만인 '62년 2월에 AID 차관 승인이 나서 그해 7월 단양(丹陽) 시멘트 공장 건설에 착공했다.
    우리의 어려운 형편에 단양 시멘트 공장은 사원들이 "현대건설의 3·1 운동이다."라고 흥분했을 만큼 획기적인 사업이었다.
    수입에 의존해야 했던 주요 건설 자재를 국산화, 계열화하는 데 의의가 컸던 데 대한 흥분이었다.
    착공에서 준공까지 24개월 동안 나는 매주 일요일이면 청량리역에서 중앙선 야간 열차편으로 현장으로 달려가곤 했다.
    그때 나는 사원들 사이에 '호랑이'로 통했던 모양이고, 사원들은 금요일 오후부터 "호랑이 오나?"하고 서로 묻고 다니곤 했다 한다.
    어느 날 야간열차 속에서 깜박 잠들었다 깨어보니 기차는 어느새 삼곡역을 지나쳐 단양역을 출발하고 있었다.
    나는 허둥지둥 달리는 기차에서 뛰어내려, 캄캄한 밤을 더듬어 징검다리를 건너고 산골 길을 30리 거쳐서 새벽에 현장의 외인 주택 문을 두드렸다.

내가 현장에 안 온 줄 알고 다같이 느긋하게 아침을 먹으러 식당에 들어서다, 내가 나타나자 놀라서 아연해 하던 얼굴들이 지금도 생생하다.

매주 일요일마다의 현장 독려만으로는 성에 안 차, 수시로 '예열실 슬라브 콘크리트는 쳤는가, 밀(MILL)실 바닥 콘크리트는 쳤느냐'는 식의 전화 질문을 했기 때문에, 어느 때는 담당자 아닌 직원이 '모른다'는 대답을 하다 내 고함에 수화기를 그대로 놓아버리고 밖으로 도망쳐버린 촌극도 있었다.

어쨌든 내가 현장을 뜨는 시간이면 직원 중에 누군가가 "공습경보 해제!"를 외쳤을 만큼 나의 현장 독려는 지독하게 치밀하고 무서웠던 모양이다.

나는 게으름을 피우는 것에 선천적인 혐오감이 있다. 시간은 지나가 버리면 그만이다.

사람은 보통 적당히 게으르고 싶고, 적당히 재미있고 싶고, 적당히 편하고 싶어한다. 그러나 그런 '적당히'의 그물 사이로 귀중한 시간을 헛되이 빠져나가게 하는 것처럼 우매한 짓은 없다.

기업이란 현실이요, 행동함으로써 이루는 것이다. 똑똑하다는 사람들이 모여앉아 머리로 생각만 해서 기업이 클 수는 없다. 우선 행동해야 한다.

예를 들어 누군가를 만나야 할 때, 만나야 한다는 판단과 동시에 벌떡 일어나 뛰어나가는 사람과, 만나야겠는데 생각하면서 미적거리다 한 시간 후로 행동을 미루는 사람이 있다.

일의 성사 결과로는 그 한 시간에 큰 차이가 없을지 모르나 한 시간 후로 미루는 사고방식의 차이는 누적되어 인생의 승패를 좌우할 수 있다.

나는 아무리 어려운 일을 지시할 때도 긴 시간을 안 준다.
"내일 아침까지 해놓으시오."
직원들은 모두 한가하지 않다. 때문에 시간을 길게 주면 내일, 모레, 글피로 미루어놓고 다른 일을 계속하다 발등에 불이 떨어져야 후다닥 지시한 일에 들러붙어 만들어내기 때문에, 졸속이 뻔한 쓸모없는 결과가 되기 십상이다.
직원들에 대한 나의 독려는 비단 건설 현장에만 국한된 것이 아니었다. 원효로 4가의 중기공장은 매일, 어떤 날은 하루 두 번도 들렀다. 그래서 아침에 다녀갔으니 내일 오겠지 하고 지시받은 일을 내일로 미루고 있던 직원들을 혼비백산시키기도 했다.
나는 누가 뭐라든 내 철저한 확인과 무서운 훈련, 끈질긴 독려가 오늘의 현대를 만들었다고 믿는다.
외국 사람들은 회의 참석을 위한 출장에 55세 이상은 사흘 전, 젊은 사람은 이틀 전에 현지 도착을 시킨다. 시차를 극복하여 맑은 정신으로 상담에 임하라는 배려이다.
우리 형편은 아직 그 단계가 못 된다. 바로 그날 도착해 그 길로 상담에 임해서도 시차 관계 없이 정신 똑바로 차려 훌륭하게 상담을 성사시키고 와야 한다.
나 자신도 미국, 유럽을 1주일 다녀와서 그 이튿날 곧장 현장으로 달려가곤 한다. 물론 피곤할 때가 없지 않았지만 장차 경영자가 되도록 직원들을 훈련시키지 않으면 안 된다.
가까운 나라 일본의 기업은 나름대로의 경영철학이 역사적으로 정리되어 있어 절대로 쓰러지지 않는다.
우리의 두뇌와 능력이 아무리 출중해도 10년, 15년으로 그들의 1백 년을 따라잡기는 어렵다. 그들을 따라잡자면 그들이 쓰는 10시간을 우리는 20시간, 30시간으로 늘려 시간을 극복하는 것과, 유능하고 진취적인 경영자들을 키워내는 외에 다른 길이 없다.

매일이 새로워야 한다. 어제와 같은 오늘, 오늘과 같은 내일을 사는 것은 사는 것이 아니라 죽은 것이다.

오늘은 어제보다 한 걸음 더 발전해야 하고 내일은 오늘보다 또 한 테두리 커지고 새로워져야 한다.

이것이 가치 있는 삶이며 이것만이 인류 사회를 성숙, 발전시킬 수 있다.

나의 철저한 현장 독려는 우리 직원들과 나, 사회와 우리 국가가 함께 나날이 새로워지기 위한 채찍이다.

지금 현재 현대의 중역진 치고 건설 현장에서 잔뼈가 굵지 않은 사람이 없고, 산하 생산업체 지휘자 역시 거의가 건설 출신이다.

건설 현장에서 내 단련을 받으며 일을 배운 사람은 어느 자리에서 무슨 일이든 해낼 수 있다는 것이 나의 신조이다.

'호랑이'란 별명을 얻은 단양 시멘트 공장은 예정 공기를 6개월 단축, '64년 6월에 준공되어 '70년 1월 현대시멘트주식회사로 독립했고, '호랑이표' 시멘트는 제품 원가 절감에 기여하며 빠른 시일 안에 최우수 업체로 자리를 굳혔다.

죽음 무릅쓴 해외 건설시장 도전

> 나는 항상 긴장 속에서 모험을 감행하면서 일했다고 생각한다. 기업 확대의 노른자위는 기술 혁신에 있고 그것을 위한 모험을 나는 불사했다. 모험은 거대한 조직에 활력을 넣어준다. 그것이 현대라는 조직을 움직이는 '조화의 핵'이 되어왔다.

　낙동강 고령교 복구 공사로 입은 타격으로 회사가 무너지다시피 한 위기를 겨우 헤쳐나올 무렵이었다. 4·19로 새 정부가 들어서자 부정축재다, 정경 유착이다로 또 곤욕을 치러야 했다.
　그 당시엔 민간 자본도 민간 기업도 별로 없었기 때문에 큰 공사는 으레 정부 공사였다. 그럼에도 큰 건설업자는 정부를 끼고 치부했다 해서 덮어놓고 신문과 항간의 구설에 오르내리곤 했다.
　어떤 기업이든 자력으로 발전한 것이 아니라 권력과 결탁해서 성장했다는 평가는 원치 않을 것이다.
　그때의 건설 시공은 국내 일밖에 없었다. 게다가 우리의 건설 능력이 일천(日淺)해서 발전소나 비료공장, 산업플랜트 등은 외국 회사가 들어와 짓고 있었다.
　나는 자력으로 컸다는 평가를 받고 싶었다. '정권과 결탁' 운운하는 사회와 여론의 오해가 싫었다.
　게다가 해외 진출을 하지 않으면 우리의 건설기업은 조만간 벽에 부딪칠 것이라는 예견이 있었다.

나는 '60년대 초부터 우리 현대의 전환점을 해외 진출에 걸었다.

나는 항상 긴장 속에서 모험을 감행하면서 일했다고 생각한다.

기업 확대의 노른자위는 기술 혁신에 있고 그것을 위한 모험을 나는 불사했다.

모험은 거대한 조직에 활력을 넣어준다. 그것이 현대라는 조직을 움직이는 '조화의 핵'이 되어왔다.

'65년 9월 태국(泰國) 파티니 나라티왓 고속도로 건설 공사를 우리가 수주하면서 우리는 우리나라 건설업 사상 획기적인 전기(轉機)를 마련하게 되었다.

태국을 시발로 해서 우리는 영하 40도의 알래스카 산 속의 교량 공사, 괌의 주택과 군사기지 공사, 파푸아뉴기니의 지하 수력발전소 공사, 월남 캄란 군사기지 공사, 메콩강 준설 공사로 정신없이 뛰다가, 70년 여름에는 호주의 항만 준설공사를 수주했다.

기후, 풍속, 법률이 모두 생소한 땅에서 언어가 다른 외국 노동자를 쓰면서 겪은 우리의 시련은 말이나 글로 이루 표현할 수가 없다.

서독, 이탈리아, 덴마크 건설업자들이 이미 진출해 난공불락(難攻不落)의 성을 쌓고 있는 태국 현장에, 우리가 투입한 장비는 대부분 국내 도로 공사에서 사용하던 재래식이었다.

최신식 장비를 구입해 봐도 사용 방법을 모르는 기능공들이 두 달도 못 되어 고장내기 일쑤였다.

그러나 우리는 갖가지 시행착오를 거치면서 진동식 롤러, 컴프레서, 믹서를 직접 만들어 썼고 시멘트 싣는 차도 만들어 썼다. 비록 초보적인 장비였다 할지라도 그것은 우리가 건설 장비에 대해서 자신감을 갖게 한 출발점이 되었다.

우리는 태국에서는 막대한 손해를 보았지만 '66년 1월 월남 캄란만 준설공사를 수주해서 3월에 작업에 들어가고, 5월에는 반오이의 주택 도시 건설도 착공했는데 다행히 월남 빈롱항만에 투입됐던 준설선이 거둔 공사 이득이 태국에서의 결손을 어느 정도 메워주었다.

한편 몇 해 전만 해도 뛰어들기를 주저했던 고급 인력들이 건설업으로 모여들기 시작한 것은 다행스런 현상이었다.

태국의 고속도로, 월남의 준설 공사는 우리 현대가 처음 해외에 진출한 분야였다.

우리는 이 두 분야의 개척자적인 시공 경험과 실적으로 국내 고속도로 건설과 항만 준설에서 지도적인 역할을 담당할 수 있었고, 특히 월남에서의 준설 공사 경험은 '70년대 중반 우리를 중동(中東)으로 진출하게 해서 대규모 준설업자로 성장, 발전하게 한 초석이 되었다.

과정을 생략한 결과만으로 평가되지 않기를 희망한 모험의 대가를 얻기 위해, 우리는 때로 목숨을 걸어야 하는 난관과도 부딪쳤다.

우리가 월남의 전략 요충지였던 캄란만 공사를 맡을 즈음에는 이 반도에 대규모 군사기지를 건설하느라 미국, 호주, 싱가포르, 대만, 일본, 프랑스 등 스물 한 척의 준설선이 공사중이었다.

우리는 불과 2천 5백 50마력짜리 준설선 한 척인 현대1호로 호주 등 3개국이 완공을 못 보고 지지부진하고 있던 공정을 떠맡아 예정 시한에 맞춰서 완공했다.

그때 메콩강 삼각주 하구를 준설하던 미국 준설선 8천마력짜리 자메이카호가 베트콩이 장치한 폭발물에 의해 침몰당했다.

주월 미군 사령부는 메콩강 삼각주를 뒤덮고 있는 수풀을 메콩강에서 준설한 토사로 묻어 시계(視界)를 청소할 필요가 있었다. 이 작업을 하던 자메이카호의 침몰은 작전상 일대 타격이었다.

웨스트 모어랜드 사령관이 스미드 해군 소장에게 자메이카호의 임무를 대신할 준설선을 찾으라는 명령을 내렸고, 참으로 반갑잖게 2천 5백 50마력짜리 우리 현대1호가 지목됐다.

스미드 소장의 면담 제의를 받은 우리는 적당한 핑계로 메콩강 삼각주로의 이동을 완곡히 거절할 심산이었다. 그러나 사정이 너무나 절박했던 그는 총으로 우리를 위협하면서 강요했다. 거절할 수 있는 상황이 아니었다.

캄란만에서 일하던 우리 준설선이 메콩강 삼각주에 닿았을 때는 낮이나 밤이나 전쟁의 한복판이라는 실감을 절실히 느껴야 했다.

숲에는 베트콩이 스물 네 시간 잠복해 있었고 밤이면 조명탄이 연달아 터졌다. 그 와중에서 우리는 메콩강 토사를 퍼올려 주변 숲을 덮어야 했다. 죽음을 등에 업은 채 1년 반만에 어쨌든 우리는 해냈다.

그동안 4천마력짜리 현대2호가 추가 투입됐다.

선원들의 생명이 경각에 달렸던 것은 빈롱에서였다. 메콩강 삼각주에서 3백 킬로미터쯤 떨어진 빈롱과 붕타우 항로 준설작업 중에 베트콩의 구정 공세와 만난 것이다.

베트콩과 월남군이 강의 양 연안에 대치해 서로 상대편을 향해 포탄이며 총알을 정신없이 퍼부어대는 와중에서도, 강 한복판에 있는 우리 준설선의 선원들은 헬리콥터가 날라다 주는 비상 식량으로 허기를 메우며 작업을 계속했다. 신의 가호가 없었다면 가히 몰살을 당하고도 남을 상황이었다.

구정 공세는 보름만에 끝났고 스미드 소장은 우리 선원들의 굳셈에 치하를 아끼지 않았다.

권력과의 유착으로 성장하는 기업이라는 억울한 질타를 받기 싫어 전환점으로 삼은 우리의 해외 진출은, 1차 태국 고속도로 공사에서 입은 손실 외에 귀중한 경험을 토대로 태국의 2차 고속도로 공사에서는 적지 않은 이익을 냈고, 경부고속도로를 건설할 수 있는 여력으로 비축되었다.

겁 없이 쑤신 '호랑이의 코'

소양강 다목적댐은 당초 예산의 30퍼센트를 줄여 사력댐으로 설계를 바꿔 공사에 들어갔다. 길이 없으면 길을 찾고, 찾아도 없으면 길을 닦아 나가면 된다.

'67년에 착공했던 소양강 다목적댐은 원래 '57년에 구상되었던 것이 10년만에야 정부의 수자원 종합개발 10개년 계획의 일환으로 건설되었다.

소양강댐은 재원의 일부를 대일청구권(對日請求權) 자금으로 충당하게 되어 있었고 일본 교에이(共榮)가 설계에서 기술, 용역까지 담당하게 되어 있었다. 교에이의 설계는 콘크리트 중력댐이었다.

콘크리트 중력댐이라……. 철근, 시멘트 등 기초 자재에서부터 우리 나라 생산시설로 그같은 대규모 토목공사를 감당하기엔 역부족인 상황이었다. 설사 자재 수급 능력이 있다 해도 그 산간벽지까지의 운반에 엄청난 돈을 퍼부어야 했다.

설계비에 기초 자재비, 그리고 기술 용역비까지 일본으로 나가게 되어 있었다. 교에이의 설계대로 콘크리트 중력댐을 건설하면 막대한 돈이 일본으로 흘러들어가게 되어 있어, 콘크리트댐을 설계한 그들의 저의가 훤히 들여다보였다. 순간 나는 소양강댐이 들어설 자리 주변에 무진장으로 널려 있는 모래와 자갈을 떠올렸다.

권기태 상무 등을 즉각 현장으로 파견했다. 돌아온 이들의 보고는 내 생각과 일치했다. 콘크리트 대신 주위의 모래, 자갈을 이용해 사력(砂礫)댐으로 시공하는 편이 훨씬 경제적이라는 결론이었다.

나는 서둘러 당국에 사력댐으로 시공하자는 대안을 제시했다. 재미없는 여파 정도는 각오한 짓이었다. 그때까지 정부가 발주한 공사에 건설업자가 감히 대안이라는 걸 내본 유례가 없을 뿐 아니라, 공사 현장에서도 대개 건설부에서 파견된 기술감독의 지시대로 고분고분 일이나 하는 것이 관에 약한 건설업자의 상례였다.

더욱이 댐 건설로는 세계가 알아주는 교에이의 설계안을 제치고 내놓은 대안이란 언감생심(焉敢生心) 간이 배 밖으로 나온 짓이었다. 게다가 기본 계획이 수자원 개발공사에서 심사를 끝내고 건설부 승인까지 난, 확정된 공사 설계였다.

이런 판국에 일개 청부업자인 현대건설이 대안을 제시한 것은 당시 건설업계의 풍토로는 죽으려고 호랑이 콧구멍을 쑤신 격이었다.

우선 관의 권위를 무시했다는 반감을 사기에 충분한 무모함이었고 세계 굴지의 교에이에 대한 정면도전이었다.

우리의 대안은 예상대로 당연하게 주무 관서와 교에이의 맹렬한 반발에 부딪쳤고, 온갖 빈축을 샀다.

그러나 우리는 우리가 가지고 있는 지식과 우리의 판단에 대한 신념이 있었다. 신념이 뚜렷하니까 삿대질도 빈축도 상관없었다.

절대로 그냥 물러설 수 없었다. 3자 연석회의를 제의했다.

우리 쪽에서 나와 전갑원 기사가, 교에이에서는 동경대(東京大) 출신의 하시모토(橋本) 부사장이, 건설부와 수자원 개발공사에서는 내노라하는 기술자들이 참석했다.

나는 끈기있게 우리 조사의 타당성을 주장하고 설득했으나 "정사장, 당신이 댐에 대해서 뭘 안다고 그러시오? 어디서 댐에 대한 공부를 했소? 우리 교에이는 동경대 출신 집단이며 세계의 모든 댐을 설계한 회사인데 소학교밖에 안 나온 무식한 사람이 사력댐으로 고치면 지방 상수도 10개의 공사를 할 수 있는 돈을 절약할 수 있다느니, 무슨 그런 쓸데없는 소릴 해서 소란스럽게 만드시오?" 하는 역시 동경대 출신인 사토(佐藤) 사장의 모욕적인 면박만 당하고 3자회담은 소득 없이 끝났다.

우리가 내놓았던 사력댐 대안은 2차대전 이후 높이 1백 미터 이상의 댐은 콘크리트 중력식 댐보다는 사력으로 만드는 중력식 댐이 훨씬 경제적이라는 당시의 세계적인 추세에 근거한 것이었다. 그것은 그 이전에 프랑스가 설계한 태국의 파손댐 공사에 입찰하면서 얻은 정보였다.

나는 그들의 말대로 동경대는커녕 전문학교도 못 나온 소학교 출신인 것이 사실이니 할 말이 없었고, 우리 직원들은 서울공대의 까마득한 선배들인 관리 앞이라서 아무 말 못하고, 별도리 없이 체념할 수밖에 길이 없었다. 그러나 우리가 체념한 사력댐 대안은 나의 신념을 돕자는 하늘의 지원이 있었는지, 우리도 모르는 동안 저 혼자 움직이기 시작했다.

건설부 장관은 아마도 내가 직접 박대통령에게 사력댐 대안을 내놓아 적은 예산으로 댐을 만들고, 지방 상수도까지 해결할 수 있다고 하면 대통령이 흔들릴까봐 염려스러웠던 모양이었다.

그래서 미리 방패막이로 우리 현대의 사력댐 대안에 대해 간단한 보고를 하면서 "현대 정사장 말대로 하면 큰일납니다. 댐을 만드는 도중 물이 반쯤 찼을 때 예측 못한 큰 비라도 와서 댐이 무너지면 서울시가 다 물에 잠겨 정권이 흔들립니다."고 했던 모양이다.

이 말을 들은 박대통령은 '댐이 반쯤 찼을 때 무너져도 서울이 물바다가 될 것 같으면, 높이 1백 26미터의 콘크리크댐이 완공돼 물이 찼을 때 만약 이북에서 폭격이라도 하면 그때는 끝나는 거 아닌가'하는 생각이 들었다고 나중에 나에게 말했다.
　박대통령은 포병 장교 출신이었다. 항상 전시체제 생각을 하고 있던 박대통령은 만약의 경우 폭격을 맞아도 한 번 들썩하고 조금 패일 뿐 댐이 파괴될 걱정이 없는 사력댐 대안이 신선했을 것이다.
　박대통령이 공사 도중의 예기치 않은 홍수에 대한 대비책을 강구해서 사력댐으로의 전환 검토를 지시했다. 대통령의 지시대로 건설부와 교에이는 우리가 애초 건설부에 제출했던 자료들을 가지고 사력댐으로의 전환 연구 검토를 할 수밖에 없었다.
　두어 달 후 어느 날. 과음으로 위경련이 나 세브란스 병원에 들어간 김에 위 검사를 하고 입원해 있는데 교에이의 구보다(久保田) 회장과 사장이 병원으로 오겠다는 전갈이 왔다. 곧 나갈테니 나가서 만나자고 해서 퇴원 후에 만났다. 구보다 회장은 일본의 한국 통치 시절 수풍댐을 만든 댐의 권위자이며 당시 팔순이 넘은 사람이었다. 그 팔순이 넘은 구보다 회장이 나에게 90도 각도로 절을 했다.
　"우리 사장은 콘크리트댐의 전문가지 사력댐의 전문가는 아닙니다. 콘크리트댐의 전문가이기 때문에 선입관으로 콘크리트댐 설계를 한 것입니다. 정사장의 설계대로 우리가 현장의 모든 조건을 다 조사했는데 암반이 취약해 콘크리트댐보다 오히려 사력댐이 낫겠습니다. 또 정사장 말씀대로 상수도 10개까지는 안 되겠지만 경비가 많이 절약되는 것도 사실입니다."
　이런 곡절을 겪고 소양강 다목적댐은 당초 예산의 30퍼센트를 줄여 사력댐으로 설계를 바꿔 공사에 들어갔다.
　길이 없으면 길을 찾고, 찾아도 없으면 길을 닦아가면서 나가면 된다. 댐이 완성되고 난 후 건설부 관계자가 어느 TV에 나와 교에이의 콘크리트댐 설계에 건설부가 사력댐의 대안을 내놓아 변경, 완성했다는 인터뷰를 하더라는 말을 들었다.

경부고속도로와 난공사 당제터널

추풍령에 있는 고속도로 기념비에
이런 글귀가 있다. '우리나라 재원
과 우리나라 기술과 우리나라 사람
의 힘으로 세계 고속도로 건설사상
가장 짧은 시간에 이루어진 길.'

제1차 경제개발 5개년 계획이 마무리되면서 우리나라는 수송 화물이 급격히 늘어났고, 따라서 효과적인 수송 체계가 발등에 떨어진 불이었다.

자동차가 분담해 줘야 할 단거리 수송까지 철도가 감당하고 있었고 그에 따른 수송난의 가중으로 물가고를 부채질하는 것이 경제 성장 저해의 중요한 요인이었다.

문제는 도로였다. 새로운 도로로 원료 생산자와 공장과 시장, 농어촌과 도시와의 거리를 시간적으로 단축시키는 고속도로 건설이 시급한 문제였다.

'64년 서독 방문중 그 나라의 고속도로 아우토반에서 충격을 받은 박정희 대통령은 그때부터 우리나라에 고속도로를 놓는 것이 하나의 꿈이었다.

정부의 의뢰를 받은 세계은행(IBRD) 교통 조사단이 '66년 6월 우리나라에 현대식 도로 건설이 시급하다는 건의를 했다.

'67년 4월, 박대통령은 선거 공약으로 제2차 경제개발 5개년 계획기간 중에 대국토 개발사업의 하나로 경부간 고속도로 건설을 내놓았다. 비로소 본격적으로 구체성을 띤 경부고속도로 건설 계획은 엄청난 건설 비용과 그로 인한 인플레의 우려 때문에 벽두부터 각계의 강력한 반대에 부딪혔다.

그러나 박대통령을 가장 고심케 했던 것은 불투명한 재원 조달 방법보다 도대체 얼마로 재원을 잡아야 할지조차 모른다는 사실이었다.

나와 박대통령은 한강 인도교 준공석상과 울산에서 잠시 만났던 것이 전부였다.

하루는 청와대로 불려 들어갔다. 단둘이서 대좌하기는 그것이 처음이었다. 박대통령은 우리가 태국 고속도로 건설 경험이 있다는 것을 기억하고 있었다.

"정사장이 경부고속도로 건설에 드는 최저 소요 경비를 좀 산출해봐 주시오."

나는 그날부터 토목 담당 중역들과 함께 거의 한 달 가까이 5만분의 1 지도를 들고 서울과 부산 사이의 강과 산, 들판을 미친 사람처럼 돌아다녔다.

박대통령은 그때 이미 나 외에도 건설부, 경제기획원, 재무부, 서울특별시, 육군 공병감실에 고속도로 건설 계획안을 제출하도록 지시해 놓고 있었다.

11월 하순에 각 처의 건설 계획안이 제출됐다.

건설비 산출액은 건설부 6백 50억 원, 서울특별시 1백 80억 원, 육군 공병감실 기권, 현대건설 3백 80억 원이었다.

우리는 태국 고속도로 건설 경험으로 물량 소요 산출에 자신이 있었고 5만분의 1 등고선까지 조사했기 때문에 실물 측량과는 약간 차이가 있겠지만 거의 정확한 것이었다. 또 태국의 예를 근거로 했으므로 기본 공사 시방(示方)도 가지고 있었다.

어쨌든 기관에 따라 엄청나게 들쭉날쭉한 건설비 책정에서 박대통령은 고속도로 건설 경험을 가진 우리의 안에 가까운 4백억 원에 10퍼센트 안팎의 예비비를 추가해 4백 30억 원으로 총 건설비를 책정했다.

이 총 건설비 4백 30억 원은 2차선으로 계획되었던 대전~대구간을 나중에 4차선으로 변경한 데 따른 용지 매수와 물량 증가, 또 추풍령에서 왜관으로 곧장 빠질 계획이었던 것을 구미로 우회시키면서 약 1백억 원이 추가됐다.

큰일을 할 때는 언제나 그렇듯 물론 반대론자와 신중론자가 속출했다. 공화당과 경제 장관들은 신중론이었고 언론과 학계는 반대였다.

세계은행의 교통량이 적다는 지적도 반대 여론 형성에 지대한 영향을 끼쳤고, 뿐만 아니라 그들의 보고서는 반대론자들에게 금과옥조(金科玉條)로 쓰여졌다. 당연히 세계은행에서 건설 차관을 얻어 쓰는 것은 불가능에 가까워 보였다.

그래도 박대통령은 고속도로 건설 의지를 굽히지 않았고 나 역시 마찬가지였다. 태국에서의 경험과 토목 기술자로서의 나를 그분은 믿었고, 그 신뢰가 사면초가(四面楚歌)에 둘러싸인 그분과 함께 기어이 고속도로를 건설해 놓고 말자는 내 의지를 확고히 하는 데 결정적인 역할을 했다.

'68년 2월 1일, 우여곡절 끝에 경부고속도로 첫번째 톨게이트 근처에서 발파음을 터뜨려 기공식을 가졌다.

박대통령도 나도 가슴에 벅차오르는 흥분과 감동을 감출 수 없었다.

4백 30억 원의 최저 공사비로 4백 28킬로미터의 고속도로를 3년 안에 건설한다는 것은 국가로서도 하나의 모험이었지만, 건설회사로서도 까딱하다가는 결손을 보고 웃음거리가 될 위험 부담이 큰 일이었다.

기업가는 이익을 남겨 소득과 고용을 창출하는 것이지 국가를 위해, 또는 사회를 위해 거저 돈을 퍼넣는 자선사업가는 아니다. 기업가들이 사회에 주는 기업의 열매는 소득과 고용을 창출하는 것이면 된다.

고속도로 공사비 책정이 아무리 빠듯해도 기업을 경영하는 나는 이익을 남겨야 했다. 어떤 경우에도 이익을 남겨야 하는 것이 기업가에게는 절대절명의 명제였다.

탈법도 부실공사도 안 된다. 그러면서 이익은 남겨야 한다.

우리가 할 수 있는 일은 역시 공사 일정 단축밖에 없었다.

모든 건설공사에서 공기 단축은, 돼지를 우리에서 내몰 때 앞에서 귀를 잡아당기는 것이 아니라 뒤에서 꼬리를 잡아당겨야 하는 것처럼 당연하고 중요한 일이다.

외채(外債)와 내자(內資)에 대한 이자, 노임 지급이 공사 기일에 비례한다.

공사기간 단축 자체가 곧 돈이다. 이것을 전제하면 내가 현장을 독려하며 고삐를 움켜쥐고 서두르는 경영 방침을 이해할 것이다.

'공기를 앞당기자' '현장을 독려하자' '그것으로 공사비를 최소로 줄이자'는 것이 나의 전략이었다. 그러려면 먼저 공사를 기계화해야 했다.

나는 당시로서는 천문학적이랄 수 있는 8백만 달러어치의 중장비를 도입했다. 그 무렵 우리나라 총 중장비가 1천 4백 대 정도였는데 고속도로 공사를 위해 내가 들여온 중장비가 1천 9백 대였다.

급격한 충원과 엄청난 신종 장비 도입은 한때 경영 수지의 압박 요인으로 작용하기도 했지만, 그것은 '70년 이후 현대의 경영 합리화 촉진의 계기가 되기도 했다.

경부고속도로가 시공되고부터 나는 거의 잠을 못 잤다. 잠이 오지도 않았고 잘래야 잘 수도 없었다. 작업 현장에 간이 침대를 가져다 놓고 작업을 독려했다. 공기만 단축하고 공사의 질이 부실하면 안 된다.

공기는 단축하되 공사 내용도 충실해야만 국가와 현대에 유익한 일이 된다. 현대가 시공한 모든 공사가 어떤 공사 내용이었는지는 시간이 지나면 그동안 우리가 이룩한 것들을 입증해 줄 것이다.

잠을 잘 수가 없었다. 잠을 안 잤다.

잠잘 시간에는 일하고 덜컹거리는 '44년형 지프차에 실려가면서 잠깐씩 눈을 붙였는데, 차에서 자는 습관은 나중 울산조선소 건설에까지 계속되어 결국은 목 디스크가 되기도 했다.

어떤 때는 지프차에 타고 잠을 자면서 지프차는 계속 공사장 부근을 빙빙 돌게 하기도 했다. 직원들과 기능공들이 내 지프차만 보면 게으름을 못 피우기 때문이었다.

그런 가운데 옥천(沃川) 공구 당제터널 공사가 나를 가장 당혹시켰다.

직원들은 한 달에 한 번 집에 갈까말까 할 정도로, 열심히 일하다 더워서 옷을 갈아입게 되면 여름이었고, 일하다 추워지면 겨울이었다.

옥천 공구는 워낙 험한 곳이라 날짜나 꼽고 있을 만큼 한가할 여유가 없었고, 새로 도입한 장비들이 계속 망가지는 바람에 장비 부족 현상도 생겼다.

옥천군 이원면 우산리와 영동군(永同郡) 용산면 묘금리 사이의 4킬로미터에 소백산맥이 가로놓여 우리는 터널을 뚫고 나가야 했다.

그런데 그 지층이 경석(硬石)이 아닌 절암토사(節岩土砂)로 된 퇴적층(堆積層)이었다.

당제계곡 쪽에서 20미터쯤 파들어갔을 때, 순식간에 벽이 와르르 무너져내렸다. 어떻게 피할 틈도 없이 낙반 사고로 인부 셋이 죽고 하나가 부상당했다. 그후로도 낙반사고는 빈번했고 용수(湧水) 때문에 바위를 들어내던 인부들이 10여 미터씩 나가떨어지기도 했다.

공사 진도는 하루에 많아야 2미터 정도, 나쁜 날은 30센티미터가 고작이었다.

잦은 낙반 사고에 위험을 느낀 인부들이 하나 둘 떠나기 시작했고, 신령이 깃들어 있다고 믿던 느티나무를 벤 군대 책임자가 사고를 당하자 떠나는 인부는 더 늘었다. 따라서 임금은 갑절이나 올랐다.

그러나 갑절의 임금에도 필요한 노동력이 제대로 확보되지 않았다.

공사 진행은 2개월 가량이나 차질이 생기고 있었고 준공을 반 년도 채 남겨놓지 못한 때였다.

6백여 대의 중기(重機)와 수를 헤아릴 수도 없는 트럭을 동원했으나 공사 진척은 눈에 띄지 않았다. 터널 공사는 차치하고 험준한 협곡에 진입로를 만드는 것도 수월하지 않았다. 금강을 건너는 교량도 놓아야 했는데 비가 조금만 와도 설치해 놓았던 가교가 떠내려갔다.

공기는 두 달밖에 안 남았는데 무려 열 세 번의 낙반 사고를 겪고 상행선 5백 90미터, 하행선 5백 30미터의 당제터널 공사 상행선은 겨우 3백 50미터에 머물러 있었다.

비상체제에 들어갔다. 이한림 건설부 장관은 1주일에 한 번, 도로국장은 사흘에 한 번, 나는 매일 현장에 나타났다.

총칼이 없었을 뿐 전쟁이었다. 기한 내에 경부고속도로 전구간 개통이 가능하냐 아니냐가 이 당제터널에 달려 있었다.

박대통령의 독촉과 성화는 호되었다.

나는 흑자를 포기하고 현대건설의 명예를 선택하기로 했다. 우선 단양시멘트에다 보통 시멘트보다 20배나 빨리 굳는 조강(早强) 시멘트 생산에 전력 투구할 것을 지시했다. 당시 단양시멘트밖에 조강 시멘트 생산 능력이 없었다.

단양에서 당제터널 현장까지 2백 킬로미터 가까운 거리를 시멘트 수송을 하자면 운임만으로도 엄청난 것이었으나 적자를 각오한 끝이었다. 작업조는 2개 조에서 6개 조로 늘어나 5백여 명의 인부들이 개미처럼 달라붙어 굴을 파들어갔다. 그야말로 문자 그대로의 '돌관작업'이었다.

결국 3개월이 소요될 공사가 25일만에 끝나서 '70년 6월 27일 밤 11시, 당제터널 남쪽에서 "만세!"가 터졌다. 이로써 경부고속도로의 마지막 공사이자 난제의 공사였던 당제터널 상행선이 개통을 보게 되었다. 하행선은 이미 한 달 전에 완공되어 있었다.

'69년 9월 11일에 착공한 지 2백 90일만이었고, 마침내 경부고속도로 전장 4백 28킬로미터의 완전 개통이었다.

나는 그 공사 현장에 갈 때는 언제나 새벽 5시쯤 고속도로 초입 말죽거리에서 책임자를 동승시키고, 현장에 도착할 때까지 계속 도로만 내다보면서 쉬지 않고 야단을 쳤다. 지시한 것은 처리했는가, 물은 잘 빠지고 있나, 스펀지 현상은 안 나타나나, 일일이 체크하고 현장 정리 정돈도 엄하게 질책했다. 그러나 결재 사항들은 구태여 본사까지 갖고 오르내리지 않고 현장에서 직접 처리하게 했다.

추풍령에 있는 고속도로 기념비에 이런 글귀가 있다.

'우리나라 재원과 우리나라 기술과 우리나라 사람의 힘으로 세계 고속도로 건설사상 가장 짧은 시간에 이루어진 길.'

그렇다. 우리는 해냈다. 현대는 서울에서 오산까지의 1백 5킬로미터, 대전에서 옥천까지의 28킬로미터를 합쳐 전구간의 5분의 2를 담당했었다.

사족을 달자면 경부고속도로 공사에 참여했던 17개 건설회사 가운데 현대를 포함한 몇 개 회사만 결손을 보지 않았고, 몇 개 회사는 결손을 크게 보아 도산 위기에까지 몰렸었다.

미래를 위한 울산조선소 착공

> 조선이라서 공장짓는 것과 다를 바 뭐 있나. 철판 잘라 용접하고 엔진 올려놓고 하는 일이니 '모두 우리가 건설 현장에서 하던 일이고 하는 일이 아닌가'하는 식의 건설업자적 발상으로 내 생각은 다른 사람들과 달랐다.

  법률, 풍속, 기후 등이 다른 나라에서 건설 공사를 하며 겪은 갖가지 해외 공사에서의 곤란은, 앉아서 한담(閑談)으로 하면 그저 얘기에 지나지 않지만 실제로 부딪치면 여간 고통스러운 것이 아니었다.
  그렇다면 국내에서 뭔가 큰 일을 할 것은 없나.
  기업하는 이는 항상 보다 새로운 일보다 큰 일을 원한다. 큰 일이 없으면 맥이 풀려 잠밖에 오는 것이 없다.
  기업가는 자신이 일으킨 기업이 자신이 존재하지 않아도 계속 영원히 존재하길 바란다. 그런 소망 속에서 큰 일의 하나로 잡은 것이 조선소(造船所)였다.
  기업인이 새로운 일을 만들 때 꼭 짚어야 하는 것은 첫째 원료 조달이 어렵지 않아야 하고, 둘째 생산 공정이 단순해야 하고, 셋째 판로 개척이 어렵지 않아야 한다는 점이다.
  내가 큰 일로 선택한 조선은 당시는 불행하게도 이 조건을 구비하고 있지 않았다. 그럼에도 조선을 선택한 이유가 있었다.
  첫째, 조선은 리스크가 큰 업종이긴 하나 많은 이들에게 직장을 제공할 수 있고 많은 연관 산업을 일으킬 수 있는 종합 기계공업이기 때문에 국민 경제적 입장에서 꼭 필요했다.

둘째, 우리는 외화가 필요했다. 현대건설이 해외 진출로 외화를 벌어들이기는 하지만 리스크가 너무 큰 데 비해 규모는 작았다.

조선을 해서 국내에 앉아 규모 큰 달러 계약을 하자.

마침 정부도 조선, 제철, 주물 등 4대 공장 건설에 박차를 가하는 시기였다. 당시 김학렬 부총리는 이미 시작된 제철에서 생산한 철을 대량으로 소비해 줄 사업으로 조선소 건설을 권유하다 못해 성화가 대단했다.

정부에서 중화학 공업 선언 후 여러 회사에 실수요자 선정을 시도하다 현대를 선정했다는 근거 없는 세론(世論)도 있었지만, 밝혀둘 것은 자체 경영 전략상 나는 이미 훨씬 전부터 조선을 생각하고 있었다.

밥풀 한 알만한 근거라도 있으면 그것을 시발점으로 점점 크게, 더욱 큰 것으로 확대시키는 것이 '나'라는 사람의 특기이다.

"현대건설은 종합 건설회사다. 기계, 전기 기술자도 있고 건축 기술도 있으니까 조선소를 만들어보자. 외국 배 만드는 것도 건설 공사 못지않다. 몇 천만 달러, 몇 억 달러짜리 배를 수주해 국내 조선소에서 우리 기술로 건조하면 해외 건설보다 안전하다."

내 결심은 확고했다.

그러나 백이면 백 사람이 약속이나 한 듯 반대를 합창했다. 한 사람도 내 편이 없었다.

몇 백 톤짜리 나무 배만 만들던 우리나라에서, 더구나 건설만 하던 우리 현대가 대양(大洋)을 항해하는 선박을 과연 만들 수 있겠는가였다.

내 생각은 달랐다.

우리는 아주 정밀한 기술을 요구하는 원자력(原子力) 발전소도 건설

했었다. 큰 철탱크 속의 엔진실에 터빈 화력발전소를 집어넣는 일이었다.

어렵게 생각하면 한없이 어려운 일이나 쉽게 여기면 또 한없이 쉬운 일이다.

조선이라서 공장 짓는 것과 다를 바 뭐 있나.

철판 잘라 용접하고 엔진 올려놓고 하는 일인데 '모두 우리가 건설 현장에서 하던 일이고 하는 일이 아닌가' 하는 식의 건설업자적 발상으로 내 생각은 다른 사람들과 달랐다.

'60년대 후반, 우리의 외화 고갈은 심각한 상태였다.

외국에서 돈을 빌려야 했다.

먼저 조선소 건설 차관과 기술을 일본에 요청했다. 내가 겨냥한 것은 미쓰비시(三菱)였다.

결론부터 말하자면 일본·중국의 국교 정상화 기본원칙인 주은래(周恩來) 4원칙에 걸려 미쓰비시와의 합작 시도는 무산됐다.

주은래 4원칙 중에 한국에 투자한 기업은 일체 중국 대륙에 발을 들여놓을 수 없다는 금지 조항이 있었는데, 중국 대륙 진출을 목표로 하고 있던 미쓰비시가 동경에서 회의를 열기로 날짜까지 잡아놓고 유산시킨 것이다.

일본 통산성이 또 하나의 제동을 걸기도 했다.

우리의 합작 제의에 관계관들을 파견, 타당성 조사를 시킨 그들은 조사 결과, 우리의 기술이 아직 유치한 단계를 벗어나지 못했을 뿐 아니라 시장성을 고려할 때 최고 건조 능력 5만 톤에 불과하기 때문에 20만 톤급 이상의 대형 선박 건조는 불가능하다는 보고서를 받은 것이다.

지금 생각하면 그때 우리가 일본 통산성의 결론에 따라 일을 서둘렀으면 우리의 건조 능력은 5만 톤 이하로 묶일 뻔했고, 주은래 4원칙이 없었다면 미쓰비시와의 합작으로 한국 조선공업이 우리만의 것으로 독자성을 띤 채 발전할 수 있는 기회를 놓쳤을 것이다.

'69년 10월, 이스라엘과 노르웨이 회사들과 합작 투자를 제의해 보았다. 그들은 타당성은 인정했으나 합작 조건이 50대 50이었다.

노르웨이는 기술 제공을 하고 이스라엘의 메나도 상인은 3천만 달러짜리 유조선 30척을 책임지고 판매해서, 척당 1백만 달러의 순이익을 보장하는 대신 모든 자재 구매권을 달라고 했다.

정부에서는 우리에게 그 제의를 받아들이라고 권유했다.

나는 한 마디로 거절했다.

조선소의 모든 자재 구매권을 외국인에게 넘겨주려면 정신 나갔다고 조선소를 짓나, 오히려 나는 몇 차례 절충 과정에서 합작 투자 방침을 포기해야겠다는 쪽으로 기울어지고 있던 때였다.

방침을 수정했다.

장기 저리 차관 도입으로 독자적인 건설, 독자적인 운영을 한다는 결심으로 차관과 기술 도입선을 유럽쪽에서 구해 보기로 했다.

사진 한 장 든 '봉이 정선달'

> 이제부터 선주를 찾아나서야 할 내 손에 들려 있는 것은 아무 구조물도 없는, 황량한 바닷가에 소나무 몇 그루와 초가집 몇 채 선 초라한 백사장을 찍은 사진이 전부였다. 나는 '봉이 김선달'이 아닌 '봉이 정선달'이 되었다.

'70년 3월, 조선 사업부를 설치하고 이어서 부지 선정 등 기초작업을 본격화시켰다.

울산항 내 염포리(현대자동차 자리) 소재 부지 25만 평을 매입, 테스트 파일을 박기 시작했다.

그런데 지반이 스펀지 같았다. 파일을 박으면 튀어나오고 박으면 튀어나오곤 했다.

땅도 아까웠지만 바람이 없어 방파제를 만들 필요가 없는 그 자리에 나는 꼭 조선소를 짓고 싶었다. 그러나 자꾸만 튀어나오는 파일을 다시 박고 또다시 박으면 해머 실린더가 열에 팽창해 떨어져나가 펄흙에 처박히곤 했다.

그해 가을 전하만, 미포만, 일산만이 연접한 현재의 부지를 다시 선정했다. 한편 그때 1백만 톤급 도크를 파고 있던 미쓰비시의 나가사키(長崎) 조선소, 가지마(鹿島) 건설 등에 가서 직접 보고 오기도 했다.

역시 내 생각대로였다. 선체라는 것은 정유공장 탱크 만들듯 도면대로 구부려 용접하면 되는 것이고 안에 들어가는 기계도 빌딩의 냉온방

장치, 엘리베이터처럼 따로 사다 도면대로 설치하는 것이었고, 도크라는 것도 선체가 들어가는 엄청나게 큰 수영장에 지나지 않았다. 다만 선박이 움직이는 물체라는 것만 달랐다.

당시 만성적 인플레 속에서 조선소를 짓는다는 것은 한 마디로 수지 맞는 일은 아니었다. 더구나 조선 경기는 2, 3년으로 내리막길이라는 정보도 있었다.

이자는 이자를 낳는 시대였고 공정 기간도 길었다. 그런 악조건 속에서도 기업을 부실화(不實化)시켜서는 안 되는 것이 사회적인 명제였다.

방법은 한 가지뿐이었다. 우선 빨리 만들어놓고 가다가 고쳐 쓰자. 도크를 지으면서 한편으로는 우리 손으로 진입도로를 깔기 시작했다.

그때부터 도로를 비롯한 간접자본 분야에서 마찰이 생겼다. 예산 미달을 이유로 지연되는 도로를 우리가 깔기 시작하자 정부는 사전 공사는 위법이라는 경고를 내렸고, 장차 중전기와 엔진 부분까지 계산에 넣은 나의 공업용수 5배 초과 확보 관철도 어려웠다.

그러는 중에 직원들은 송사(訟事)에 얽혀들기도 했고 시업 다당성에 회의를 품은 도시계획위원회는 현대조선 사업본부를 불러들이기 시작했다.

"조선소는 허황된 꿈이 아니다. 우리는 경부고속도로를 닦은 막강한 건설군단과 막강한 장비를 보유하고 있다. 단양에는 현대시멘트가 있다. 입지조건 또한 완벽하다. 차관 역시 배를 팔 수 있게 되는 즉시 해결된다."

수개월에 걸친 도시계획위원회와의 실랑이는 만만치 않았고 세평도 냉정했다.

그러나 나는 신념이 있었고 신념이 있는 한 멈출 수 없었다.

'71년 9월, 영국의 애플도어사 및 스코트리스고우 조선소와 기술협조 계약을 체결하고 그때까지 별무 신통으로 남아 있던 차관 도입이라는 난제 중의 난제와 승부를 내기 위해, 런던으로 날아가 A&P 애플도어의 롱바톰 회장을 만났다.

"어떻게 버클레이를 움직일 수 없습니까?"

앞서 정희영 상무가 교섭했으나 신통한 반응이 없었던 은행이었다.

"아직 선주도 나타나질 않고 또 한국의 상환 능력과 잠재력 자체에 의문이 많아서 곤란하군요."

롱바톰 회장의 대답에 맥이 쭉 빠졌다.

그런데 그때 바지 주머니 안에 있는 5백 원짜리 지폐가 생각났다. 나는 5백 원짜리 지폐 한 장을 꺼내 테이블 위에 펴 보였다.

"이 돈을 보시오. 이것이 거북선이오."

한때 기선단으로 오대양(五大洋)을 누비며 해가 지지 않는 나라로 불렸던 해운국의 후예 롱바톰 회장이 지폐 위에 그려진 거북선을 물끄러미 내려다보았다.

"우리는 1천 5백년대에 이미 철갑선을 만들었던 실적과 두뇌가 있소. 영국 조선 역사는 1천 8백년대부터라고 알고 있습니다. 우리가 3백 년이나 앞서 있었소. 다만 쇄국(鎖國)정책으로 산업화가 늦어졌고 그 동안 아이디어가 녹슬었던 것이 불행한 일이지만 그러나 잠재력은 그대로 갖고 있습니다."

내 말에 롱바톰 회장이 빙그레 웃었다. 그의 도움으로 다시 버클레이 은행과 차관 도입 협의가 시작되었다.

버클레이 은행은 우선 관계관들을 우리나라에 파견해서 우리가 건설한 화력발전소, 비료공장, 시멘트 공장들을 조사시켰다.

조사 결과, 현대건설의 모든 인원과 기술자의 재교육과 훈련을 전제한다면 우리가 배를 만들 수 있겠다는 판단이 내려졌다.

다시 한 차례 버클레이 은행의 심사가 있은 후, 그쪽 책임자들과 우리 기술진의 대화 요청 연락이 왔다.

세계 금융센터라는 영국 런던 은행계는 짙은 보수성과 고집스러운 원칙주의를 고수하는 곳이다.

신규 차관 신청서를 받아 종횡무진의 정보 분석과 현지 답사, 이사회를 거치는 동안 그들은 이른바 일체의 동양식 막후 접촉이나 정치적 압력을 금기시(禁忌視)하고 배제했다.

시험대에 오르기 바로 전날, 우리는 호텔에 앉아 조마조마하게 시간 가는 것이나 재고 있으니 만사 접어놓고 제대로 쉬기나 하자고 셰익스피어 생가(生家)와 옥스포드대학, 그리고 낙조의 윈저궁 관광으로 하루를 보냈다.

이튿날, 우리는 한 격조 높은 은행의 중역 식당으로 초대되어 나갔다. 해외 담당 총책임자인 버클레이 은행 부총재가 자리를 잡고 앉자마자 내게 물었다.

"당신의 전공이 뭡니까?"

'당신이 지금 은행에서 돈 빌려다 조선소 만들어 배 팔아서 갚겠다는데 전공이 경영학이냐 이공학이냐'는 질문이었다.

소학교만 다녔지만 그동안의 사업을 통해서 많은 경험과 지식을 갖고 있다고 대답해야 우문 우답밖에 안 될 것이다. 나는 되물었다.

"부총재, 당신은 내 사업계획서를 보았소?"

"물론 면밀히 검토했소. 아주 완벽하고 훌륭했소."

"그 사업계획서가 내 전공이오. 사실은 내가 어제 옥스포드대학에 그 사업계획서를 가지고 가서 학위를 달라니까 한 번 척 들쳐보고는 두말 없이 학위를 줘서 나는 어제 경제학 박사 학위를 받았소. 그 사업계획서는 그러니까 내 학위 논문이오."

좌중이 웃음바다가 되었다.

'옥스포드 유머'는 일시에 분위기를 바꿔놓았다.

"옥스포드대학 경제학 학위를 가진 사람도 이 사업계획서는 못 만들 거요. 옥스포드대학에는 석학들이 많군요."

다시 한바탕 웃음이 터졌고 나는 이미 면접시험은 끝났다고 생각했다.

"당신의 전공은 유머 같소. 우리 은행은 당신의 유머와 함께 당신의 사업계획서를 수출보증기구로 일단 보내겠소. 행운을 빌겠소, 정사장."

그렇다.

나는 두 개의 바늘구멍 가운데 겨우 한 개를 빠져나왔지 완전히 빠져나온 것이 아니었다. 또 하나의 넘어야 할 시련이 남아 있었다.

영국 은행이 차관을 줄 때는 영국 수출보증기구(ECGD) 총재의 보증을 받아야 했다. 차관해 간 나라에서 상환받지 못하면 영국 정부가 책임지고 보상해 준다는 보증이었다.

이 보증기구의 승인이 없으면 버클레이 은행이 돈을 빌려줄 수 없는 제도였다.

보상 책임을 보증하는 이 관문을 뚫는 일은 바늘구멍 중의 바늘구멍 뚫기였지만 버클레이 은행 베네트 부장의 도움으로 비교적 수월하게 보증기구 총재와의 면담까지 얻어냈다.

그를 만났다.

그는 나에게 구구절절 옳은 말만 했다.

"우리는 당신이 제출한 조선소 건립 사업계획서에 이의가 없소. 우리 일류 기술회사가 현대의 조선 능력을 인정했으니 나는 그걸 믿겠소. 또 영국 제일의 버클레이 은행이 당신네를 긍정적으로 진단한 것도 믿겠소. 그리고 한국의 우수한 기술진과 창업주의 능력에도 문제는 없는 것으로 판단하오. 그러나 한 가지 의문이 있는데, 만약 말이오, 내가 선주라면 세계 각국의 유수한 조선소가 꽤 많은데 그쪽에 배를 주문하지 왜 그 유수한 조선소들을 젖혀놓고 배라고는 만들어본 적이 없는 현대에 주문하겠소? 그런 경우 당신은 어떻게 하겠소? 물론 주문은 없을 것이오. 설령, 주문 없는 채로 배를 만든다고 합시다. 그런데 그 배를 누가 살 것 같소? 배가 안 팔리면 우리 영국 은행에서 빌려간 돈을 갚을 수가 없잖소. 그러니까 나한테 배를 살 사람이 있다는 확실한 증명을 갖고 오기 바라오. 그 전엔 이 문제는 불가능이오."

너무도 논리정연해서 내가 오히려 설득당해 조선소를 포기할 지경이었다. '바늘 꽂을 땅도 없다'는 속담처럼 그의 말은 한 치의 오차도 없이 정확했기 때문에 나의 어떤 설득이나 변명 따위도 비집고 들어갈 틈이 없었다.

나는 착잡한 심정으로 런던 지사로 들어갔다. '빙설절기부, 풍표무상기(氷雪切肌膚, 風飄無上期)'(얼음과 눈은 살갗을 베는 듯 차디찬데 바람은 불고 불어 그칠 기약이 없구나) …… 실로 그런 느낌이었다.

현실도 마음도 똑같은 느낌이었다. 이제부터 선주를 찾아나서야 할 내 손에 들려 있는 것은(당시는 조선소 땅을 확보해 놓았을 때도 아니고) 아무 구조물도 없는, 황량한 바닷가에 소나무 몇 그루와 초가집 몇 채가 선 초라한 백사장을 찍은 사진이 전부였다.

나는 '봉이 김선달'이 아닌 '봉이 정선달'이 되었다.

세계 유수의 기존 조선소의 엄청난 규모를 알면서도 그 사진만 들고 다니면서 "당신이 배를 사주면 영국 수출보증기구의 승인을 얻어 영국 은행에서 빌린 돈으로 이 사진 속 백사장에 뚱땅뚱땅 조선소를 지어 당신 배를 만들어주겠다."하는 요지의 참으로 어처구니없는 얘기를 길게 하면서, 나는 미친 듯이 배를 팔러 쫓아다녔다.

"나를 의심할 필요는 없다. 다른 조선소보다 싸게 만들어주겠다. 만약 배가 당신 마음에 안 들면 우리나라에서 반대급부 보증서를 떼어 지불보증을 해준다. 우리가 손해보상을 할 때는 계약금, 중간 지불금,

그리고 원금과 이자를 은행에 앉아서 찾게끔 해주겠다……." 이런 식의 설득을 하면서 돌아다니다가 나는 나보다 더 미친 사람을 만날 수 있었다.

1세기 가까이 해운업을 해온 그리스의 거물 해운업자이면서, 한때는 처남이었던 선박왕 오나시스 씨를 능가한 적도 있는 리바노스 씨였다.

영국에서 교육받은 40의 혈기 방자한 그는 그때 마침 부친이 별세한 후 휘하 선단을 확장중이었다.

이 사람이 26만 톤짜리 배 두 척을 우리 현대에 주문했다.

"정사장, 나는 어쩌면 하나의 도박을 하고 있는 것인지도 모르겠소. 그러나 나는 상담을 성사시키기로 결심했습니다. 가격은 척당 3천 95만 달러, 5년 반 후에 배를 인도해 주시오."

그는 계약금으로 14억 원을 지불해 주었다.

신참 조선소는 최초의 선박 수주가 '누구로부터 몇 톤급이냐'가 매우 중요하다.

그 자체가 바로 국제 금융계의 여신과 지급 보증은 물론 다음의 수주 상담, 조선소의 장래에까지 지대한 영향을 미치기 때문이다.

물론 리바노스 씨도 이미 우리에 대한 버클레이 은행의 신뢰감, 그리고 까다롭기로 유명한 영국 수출보증기구에서조차 우리에게 제동을 걸 의사를 갖고 있지 않다는 정보를 입수해 놓고서의 계약이었다.

이젠 됐다.

언제나 그랬듯이 스스로 포기하지 않는 이상 방법은 있게 마련이라는 자신감과 낙관적인 사고방식의 또 하나의 승리였다.

저 무쇠덩이가 과연 뜰 것인가

아무리 엄청난 고난과 역경을 헤치
고 뛰어넘어 만들었다 해도 물에
안 뜨면 배가 아니고, 배가 아니면
우리가 흘린 숱한 땀은 단 한 푼어
치의 가치도 없게 된다.

'72년 3월 23일, 8천만 달러라는 막대한 자금이 소요되는 현대조선소 기공식이 박정희 대통령의 참석 아래 있었다. 다음 해 6월 완공이 목표였다.

안벽(岸壁) 매립, 강재(鋼材) 하치장, 선각(船殼) 공장, 기능공 훈련소, 본관(本館) 공사 등이 한꺼번에 진행되고 작업 인원은 매일 2천 2백 명을 넘게 되었다.

나는 현대의 모든 역량을 조선소 건설에 총집결시키기 위해 국내 공사의 수주 활동을 일체 제한하고 미군 공사는 이미 지난 연말로 종결지었다.

"여러분은 각자 자신이 사장이라는 생각으로 일에 임해 주시기 바랍니다."

기공식 직후 시공 담당자들에게 나는 이 한마디를 당부했다.

공사가 진척되면서 현장 작업 인원은 곧바로 2천 명 선을 넘었다. 총과 실탄만 없었지 전쟁터였다. 매일같이 계속되는 24시간 돌관작업으로 신발끈을 맨 채로 자는 사람이 허다했고, 새벽이면 여기저기 고인 웅덩이의 빗물로 물칠이나 하면 그것이 세수였다.

나 또한 첫새벽에 일어나 준비하고 있다가 통금 해제와 동시에 집을 나서 울산으로 향하곤 했다.

이른 새벽, 집을 나서서 남대문을 지나치노라면 거기서 무수한 사람들을 보게 된다.

한 부부가 그날 팔 물건을 손수레에 받아 앞에서는 끌고 뒤에서는 밀며 시장 골목을 나서는 모습들이 차창을 통해서 희뿌연 안개나 여명 속에 안쓰럽게 보이기도 했다.

그런 광경들을 볼 때마다 나는 뭉클해지고는 했다. 이름도 얼굴도 모르는 그들에게 설명할 길 없는 존경과 유대감을 느꼈다.

우리도 머지않아 잘살 날이 반드시 온다는 확신을 이름 모를 이들에게 보내면서 새롭게 힘을 얻기도 했다.

사실 그때 우리 임직원 모두는 똑같은 사명감과 일체감 속에서 다같이 눈물겹게 분투했다. 정신은 계량할 수도, 눈에 보이는 것도 아니지만 바로 그 보이지 않는 정신이 일의 성패를 좌우한다.

나는 거의 밤잠을 설쳤다. 서울에서 울산으로, 울산에서 서울로, 새벽도 밤도 없었다.

'73년 11월 어느 날, 숙소에서 새벽 3시에 잠이 깼다. 문 밖으로 나서니 비바람이 사납게 몰아치고 있었다. 나는 혼자 현장쪽으로 차를 몰았다. 와이퍼가 작동하고 있었지만 비바람 때문에 시계(視界)는 거의 제로 상태였다.

익숙한 길인지라 그대로 지프차를 몰다 보니 별안간 전날에는 없었던 커다란 바위 덩어리 하나가 불쑥 앞을 막아섰다. 급히 브레이크를 밟으며 핸들을 돌렸으나 훌렁 재주를 넘는 차와 함께 순식간에 바다로 빠져버렸다.

수심이 12미터나 되는 바다였다. 지프차는 다이빙을 한 것처럼 빠르게 가라앉았다. 가라앉는 차 속에서 나는 당황할 것 없다고 생각했다.

내 집 마당만큼이나 훤히 아는 현장 앞바다였고 차에 대한 것도 알고 있으니, 문이 안 열리면 앞유리를 깨고 나가면 된다, 덤벙댈 것 없다는 생각이었다.

액셀러레이터 구멍 같은 곳으로 물이 들어오기 시작했다. 차가 완전히 가라앉기를 기다려 문을 밀었더니 수압 때문에 꿈쩍도 않았다.

한쪽 문에 등을 대고 있는 힘을 다해 문을 밀자, 왈칵 물이 밀려들면서 문짝이 떨어져나가고 콧구멍 속으로 물이 들어왔다. 나는 차 속에서 밀려드는 물살에 나자빠졌다 일어나 밖으로 나왔다.

우리의 점퍼가 수영하기에는 안성마춤이었지만 수면까지는 길고긴 느낌이었다. 수면까지 떠오르긴 했는데 백사장까지 8백 미터 거리였다. 사위가 칠흑 같기는 바닷속이나 마찬가지였고 비바람과 파도는 거세었으며, 나를 구조할 사람이 대기하고 있는 것도 아니었다.

나는 안벽을 향해서 헤엄치기 시작했다. 코와 입으로 사정없이 들어오는 바다의 짠물을 마시며 사력을 다해 헤엄치다, 콘크리트를 치기 위한 철근 하나가 삐죽 나와 있는 것을 붙잡을 수 있었다.

후려치는 파도에 대항해서 그것을 놓치지 않고 버티는 것도 굉장한 일이었다. 구두를 벗어 던지고 싶었지만 그 경황에도 내가 구조될 것은 뻔한데 구두도 못 신은 채 물에 빠진 새앙쥐 모양을 하고 있는 것을 보이는 게 싫어 그대로 신고 있었다.

나는 초소를 향해 "야아!" 하는 소리를 질렀다. 즉각 2백 미터쯤 떨어진 경비초소에서 경비원이 "예!" 하며 달려왔다.

나중에 들은 이야기이다. 내가 늘 새벽에 현장을 돌기는 하는데 그날도 그 빗속에 자동차 헤드라이트 불빛이 비치는 듯하다가 바위덩이 부근에서 갑자기 없어지더란다.

달려와보니 자동차도 불빛도 온데간데 흔적조차 없어서 귀신인가 사람인가, 어쨌든 근처를 어정거리며 찾고 있는 중이었다고 했다.
 바로 그 경비원이 물 속의 나를 내려다보면서 미욱하게도 "누구요?"했다.
 "이놈 자식들, 누군지 알아서 뭐해! 빨리 밧줄 갖고 와!"
 물에 빠진 딱한 입장이면서도 나는 냅다 호통을 쳤.
 그제야 내가 누군지 알아차린 경비원의 그 다음 말이 걸작이었다.
 "밧줄요? 밧줄이 어디 있습니까?"
 밧줄 둔 곳을 현장 경비원이 사장한테 묻는 법도 있나. 화가 머리끝까지 치밀었지만 우선은 구조되는 것이 급해 좋은 말로 밧줄 있는 곳을 가르쳐주었다.
 나중에 들었더니 5분밖에 안 걸렸다는데 밧줄 오는 시간이 1시간도 더 걸린 것 같았다.
 밧줄로 허리를 잡아매고 뭍으로 나왔다. 그대로 주저앉을 지경이었지만 사람들에게 주저앉는 모습을 보일 수 없어 태연히 걷다가 달려온 순찰차에 올랐다.
 누가 빠지래서 빠진 것도 아니고 몰려온 임직원들에게 화를 낼 수도 없어 "물 속이 참 시원하더군."하며 농담으로 넘길 수밖에 없었다.
 그때 만약 죽었더라면 사람들은 태산 같은 빚 때문에 내가 어디로 증발했다고 수군댔을 것이다.
 아무튼 미포항은 하루가 다르게 변모되었다. 하룻밤 새에 정문 옆 임시 판자 초소가 팔각정 시멘트 건물로 바뀌는가 하면, 자갈길이 포장도로로 둔갑해 있었다는 식의 변화가 비일비재(非一非再)했다.
 공사는 비교적 순조로웠다고 볼 수 있었다. 물론 설계는 외국 기술의 감리를 받았지만 배를 큰 탱크 정도로 생각한 우리의 기본 개념을 기초로, 그들에게 휘둘리지 않고 초기 단계부터 우리 의지대로 이끌어 나가 도크도 선박도 최단시일에 완성할 수 있었다.

기술적으로는 필요 이상 까다롭게 구는 로이드 선급협회 검사가 최대의 애로였다. 그때까지 우리 기술자들이 본 가장 큰 배는 조선공사에서 만든 1만 7천 톤짜리가 고작이었고, 26만 톤짜리 규모의 배는 상상으로 그려보지도 못할 정도였다.

그 큰 배의 균형을 잡아주기 위해 배 밑창에 까는 자갈과 조선에 쓰는 소금까지 그들은 수입해 쓰라고 했다. 그러나 비싼 돈 주고 수입한 자갈들을 이번에는 마모율이 높아 못 쓴다고 했다. 별수없이 우리 돌로 대체해 썼는데, 어쨌든 잔돌 하나 쓰는 것까지도 일일이 검사를 거치게 하는 로이드 선급협회 감독은 때려주고 싶을 만큼 철저하고 엄격했다.

그 덕분인지 나중에 배를 인수한 리바노스 씨로부터 울산조선소 최고의 배라는 격찬을 듣기는 했다.

'74년 3월, 제2도크 안에서의 작업이 끝난 1호선의 진수를 해야 할 단계가 되었다. 내일 당장 26만 톤짜리 대형 유조선을 진수시켜야 하는데 도크 밖의 바닷속은 아직 완전 준설도 안 된 상태였다.

밤을 새워 준설작업을 진행시켰다. 준설작업은 제대로 끝났는데 문제는 또 있었다.

우선 우리나라에 26만 톤짜리 탱커를 움직일 만한 선장이 없었고, 설상가상으로 항만청이 엔진 시동 전에 배를 움직이는 것은 항해 규칙 위반이라고 제동을 걸었다. 답답한 법규였다.

배는 선주에게 인도되기 전까지는 완전한 배가 아니다.

제조 공정중의 한 과정인데 무슨 항해 규칙 따위가 적용된단 말인가. 나는 배로 올라갔다. 길이 2백 70미터, 높이 27미터의 배는 배라기보다 거대한 산이었다.

이 배를 만들기 위해 나를 비롯해서 일선 기능공까지 얼마나 많은 땀과 노고를 바쳤던가. 스스로도 대견스럽고 흥분되었다.

그러나 아무리 엄청난 고난과 역경을 헤치고 뛰어넘어 만들었다 해도 물에 안 뜨면 배가 아니고, 배가 아니면 우리가 흘린 숱한 땀은 단 한 푼어치의 가치도 없게 된다.

바람이라도 불면 덩치 큰 유조선이 도크 가장자리에 부딪쳐 배가 망가질 수도 있었다.

어쨌거나 제2도크 안에서 만들어진 유조선을 진수시켜 미포만 제1, 제2 안벽까지 가져가서 1호와 2호를 나란히 정박시켜야 했다.

그래야 박대통령 내외분과 선주 부부를 비롯한 국내외 저명 인사 1천여 명이 운집한 가운데, 조선소 준공식과 대형 유조선 두 척의 명명식을 동시에 거행할 준비가 끝나는 것이었다.

이 거대한 산과 같은 배로 하여금 방파제 입구를 빠져나가게 해서 전하만 안벽으로 가져오는 것은 어려운 일이었다. 아직 엔진의 시동도 완전하지 못한 배라서 어떤 선장도 배를 움직여 볼 용기를 못 냈다.

나는 선장실에 올라가 모든 책임은 내가 진다고 설득해서 무면허 시운전 인원을 총동원했다.

우려한 대로 배의 몸체가 도크 가장자리에 스치기 시작했다.

"로프! 로프 가져와!"

로프를 걸어 양쪽에서 잡아당기게 하여 배의 평형을 유지시켰다.

"가히 움직이는 피라밋이다. 그런데 저 무쇠덩어리가 과연 뜨기는 뜰까."

미포 도크 현장에 와서 1호기를 보고 미래학자 허만칸 박사가 했던 말이 머리를 스쳐지나갔다.

진수를 시작한 지 네 시간만인 새벽 5시, 탱커가 물 위로 밀려나가고 프로펠러가 포말을 만들며 그 거대한 무쇠덩어리를 밀어냈다.

숨도 못 쉬고 지켜보던 사람들의 입에서 일제히 "와아!" 함성이 터졌다. '과연 뜨기는 뜰까'가 도도하고 의연하게 떠준 것이었다.

나는 그때 모여 서서 방관만 하고 있던 선장들에게 전부 시골 가서 농사나 지으라고 호통을 쳤다.

유조선은 제2도크 앞바다를 빠져나가 마지막 겉치장인 외장공사를 위해서, 세 시간만에 반대편 전하만 1호 안벽에 접안되어 정박했다.

같은 해 6월 28일. 미포만의 백사장 사진 한 장 들고 '정선달'이 되어 동분서주했던 때로부터 30개월이 흐른 시점이었고, 또한 울산조선소 기공식으로부터 2년 3개월이 되는 때였다.

우리는 드디어 조선 선진국에서도 유례가 없는 짧은 시간 안에 26만 톤급 유조선 두 척을 성공적으로 건조해 냈다. 조선소 착수에서부터 건조된 배를 인도하기까지 1만 7천 명에 달하는 기사, 기능공, 관리자들 모두가 배우면서, 틀리면서, 고쳐 다시 배우면서 전심전력을 다해 이루어낸 일이었기 때문에 공해상에서 1호선을 인도할 땐 뿌듯한 긍지와 함께 몹시 섭섭했던 기억이 남아 있다.

태산준령을 넘은 느낌이기도 했었다. 아무런 경험도 없이 모든 난관을 불굴의 신념과 불철주야 초인적인 노력으로 극복하면서 함께 태산준령을 넘어준 수많은 이들에 대한 대견함과 고마움도 가득했다.

어떤 신문 기자가 그때 현대조선의 새로운 방향에 대하여 물었을 때, 나는 다음과 같이 말하지 않았던가 싶다.

"우선 외국의 대선주들을 고객 겸 출자자로 해서 대형 선박 수리사업에 착수할 계획이며, 선박 기자재 자급을 서둘러 부품 하청업자들을 발전시키는 것으로 세계적인 종합 조선사업으로 이끌 생각이다. 또 기술개발을 서둘러 한 척에 몇 백만 달러씩 하는 선박 설계를 자체적으로 해결하겠다."

그 대답은 현재 그대로 현실로 이루어졌다.

'오일 달러'를 잡아라 …… 중동으로

1차 오일쇼크가 시작되었다. 원유 값이 2년도 못 되어 배럴당 다섯 배 이상 치솟았다. 흔들리는 이 위기를 극복할 수 있는 길은 중동에 가서 그곳으로 몰려들어가는 오일 달러를 잡아오는 것뿐이었다.

'73년 1차 오일쇼크가 시작되었다. 배럴당 1달러 75센트를 하던 원유값이 2년도 못 되는 사이에 배럴당 10달러까지, 다섯 배 이상이 치솟았다.

원유(原油) 수입국들의 세계 경제는 당연히 어려워졌고 중동 산유국들은 세계 경제를 불황으로 이끄는 원인을 제공하면서, 반대로 자신들은 막대한 오일 달러를 끌어모으면서 일시에 선진국형 경제건설을 시작했다.

'75년 인플레 외에 외채 역시 대외 상환 결제에 쫓기고 있는 위기 상황으로 치달은 한국의 경제는 그야말로 부도 직전이었다.

북한은 이미 국제시장에서 부도를 낸 후였고, 우리나라의 외채 상환 능력과 외채 결제 상황도 각국의 은행들이 매주 점검에 나서는 지경에 이르러 있었다.

국가적으로도, 우리 현대로서도 중대한 결심이 필요했다.

이 위기를 극복할 수 있는 길은 중동에 가서 그곳으로 몰려들어가는 오일 달러를 잡아오는 것뿐이었다.

세계의 막대한 석유 달러가 중동으로 흘러들어가고 있는 상황에서 어느 나라가 먼저 진출해서 발판을 만들고 깊은 관련을 맺느냐, 어느 나라가 먼저 중동과 경제적 교류를 확대하고 그 많은 재원을 겨냥하여 무역을 하고 건설 시장을 개척하는가가 절대적으로 중요하다는 판단이 섰다.
　나는 우리의 경제가 선진 수준에 도달하려면 세계 시장에 뛰어들어 부(富)를 가진 나라와의 거래로 부를 끌어들여야지, 좁디좁은 이 나라 안에서 우리 가난한 사람들끼리의 거래로는 다람쥐 쳇바퀴 돌기로 가난의 악순환에서 벗어날 수 없다는 신념을 가진 사람이다.
　'75년을 나는 중동 진출의 해로 삼았다.
　천재일우(千載一遇)의 기회를 놓칠 수 없었다. 부족한 경험과 능력은 그때까지 그래 왔듯이 적극적인 창의력 동원과 불퇴전(不退戰)의 정신력, 불면불휴의 노력으로 극복하면 반드시 성공한다는 확신이 있었다.
　회사 안에서는 해외건설 담당 부사장이었던 아우 인영을 비롯해서 나의 중동 진출 결심을 너무 큰, 회사를 망하게 만드는 욕심이 아니냐고 근심하는 반대파도 꽤 있었다.
　그러나 안전선을 쳐둔다고 해서 항상 안전한 것은 아니며, 기업에 있어서 제자리 걸음이란 후퇴와 마찬가지이다.
　방어가 공격보다 반드시 더 쉬우라는 법도 없고 공격이 방어보다 반드시 더 어렵다는 법도 없다.
　경제전선에서의 경쟁도 전쟁과 똑같다. 실제 전쟁에서는 방어의 묘도 있긴 하지만 경제전쟁은 선두에 서서 기선을 잡고 공격적으로 밀고 나가 먼저 터를 닦아야 한다. 우물쭈물하다가 남의 꽁무니만 쫓아서는 이미 기득권을 가진 이들에 의해 시장이 분할되고 고정되어, 겨우 부스러기나 얻어먹게 되는 법이다.

더구나 우리는 다른 건설업체에 비해서 이미 많은 인력들이 해외 공사에 경험이 있었다.

물론 어렵고 힘든 일은 안 하면 편하다.

그러나 어렵다고 손 안 대고 주저앉아 있으면서 쉬운 일만 하고자 한다면 회사의 발전은 물론 국가의 발전도 기약할 수 없다.

우리 현대는 창립 이후 국가와 더불어 성장했고, 나는 우리 국가가 현대건설을 꼭 필요로 한다는 자부심을 갖고 국가 경제와 산업에 무한한 활기와 가능성을 불어넣는 역할을 힘껏 해왔다고 생각한다.

세계 경기가 아무리 침체된다 해도 우리나라는 침체되어서는 안 된다는 생각을 늘 해왔다.

모든 일에는 때가 있다.

오늘 못하면 내일 한다는 식으로는 발전이 있을 수 없고, 어려운 일을 피하다 보면 쉬운 일은 아무것도 없는 법이다.

'75년이 되면서 나는 중동 진출에 대비해 아랍어 강좌를 열게 했고 아랍 말로 영화도 만들게 했다.

해외건설 담당 부사장 인영은 끝내 나의 중동 진출 결정에 따라주지 않았다. 그래서 직원들에게 해외 대형 공사 계약 관련자는 파면한다는 위협을 가하며 중동 진출을 막으려는 아우에게 군포에 따로 중장비 생산회사를 만들어 전보 발령시켰다.

나 자신이 중동 공사를 담당, 총지휘하기로 하면서 사내의 반대론자들을 일소하고 진용을 개편했다.

우리의 중동 진출에 대해서 미국, 구라파, 일본 경제계는 처음부터 한국 건설업체들의 기술, 자본, 해외건설 경험 등을 과소 평가하면서 아예 도외시해 버렸다.

그러나 중동의 대형 공사를 수주해서 나라의 외채 위기를 해결하고, 현대건설을 세계적인 기업으로 비약시키겠다는 나의 결의와 목표는 곡절은 많았지만 달성되었다.

창의, 모험, 노력의 대가로 드디어 현대가 국내 최고의 기업으로 부상한 것도 중동 진출을 계기로 해서였다.

그때 국내 모든 경제정책 이론가들의 잡다한 기우를 배제하고 진취적인 건설업자들을 신뢰해, 일관성 있게 정책을 수행했던 고 박정희 대통령의 영단을 높이 평가하지 않으면 안 된다.

한 가정, 한 기업, 한 국가의 위기 극복, 또는 일대 약진의 계기를 만드는 것은 평범한 기업가, 평범한 국가 지도자에게는 기대하기 어렵다. 현철한 기업인의 창의력과 용기 있는 지도자의 결단이 상부상조하면서 사리사욕 없이 하나의 공동 목표를 향해서 줄기차게 매진함으로써만 얻을 수 있는 열매이다.

당시 중동 건설에서 벌어 들여오는 대량의 달러 때문에 원화가 급팽창되어 인플레를 걷잡을 수 없을 것이라는 어설픈 경제 정책자들의 아우성이 대단했었다.

지금 생각해도 쓴웃음을 지을 수밖에 없는 일이다.

2

피를 끓게 한 20세기 최대 공사

> 주베일 산업항 건설. 나는 사우디 모랫벌에 그만큼 큰 일이 있다는 것에 벌써 피가 뜨겁게 끓어오르는 듯했고 딱 하나 남아 있는 자리에 가슴이 뛰었다. 어떻게 해서든 열 개 입찰 초청 회사의 남아 있는 한 자리에 들어가고 볼 일이었다.

평생을 새로운 일에 도취되어 살아왔고 그렇게 살고 있으니 일 이야기밖에 할 것이 없다.

국제 건설업계에서 20세기 최대의 역사(役事)로 불렸던 사우디아라비아의 주베일 산업항 공사는 몇 세기에 한 번 있을 법한 일감이었다.

그것은 당시 공사 금액이 무려 9억 3천만 달러가 넘는 심해(深海) 세계 최대의 초대형 공사로, 국내보다는 해외에서 더 큰 관심을 끌어 모았던 대역사였다.

9억 3천만 달러라는 공사 금액은 계약 당년인 '76년도 환율로 4천 6백억 원 정도로, 그해 우리나라 예산의 50퍼센트에 해당하는 액수였으니 그 공사 규모를 짐작할 수 있을 것이다.

공사 규모는 차치하고도 육상과 해상에 걸쳐 토목 부문의 거의 모든 공정과 건축, 전기, 설비 부문까지를 총망라한 종합 공사였다는 것으로도 특기할 만한 일감이었다.

더구나 50만 톤급 유조선 네 척을 동시에 접안시킬 수 있는 해상터미널 공사는 구조물 제작에서부터 수송의 하역, 설치에 이르기까지 모두 세계 최대의 어려운 공사 중 하나였다.

30미터 바닷속 암반에 30미터 기초공사를 하고 초대형 선박 적하(積荷) 시설을 하는 공사였다.

더구나 전 세계 극소수의 독점분야였던 해상 구조물의 시공 기술을 우리가 습득할 수 있었던 계기가 된 점에서, 또한 기술과 모든 분야에서 우리 현대의 일대 도약의 기점이 되었던 것에서 이 대역사는 큰 의미를 갖는다.

'75년 가을, 사우디 왕국은 야심에 찬 건설계획을 제시한 후 영국 용역회사가 제작한 설계도의 검토를 시작했다.

주베일 산업항 건설.

이 공사는 사우디 왕국의 국가 개발 의욕이 결집된 금세기 최대의 계획이었다. 그들의 야망은 페르시아만 주베일 지역 모랫벌에 대규모 산업항을 만들어, 석유 달러로 축적한 부를 조국 근대화에 퍼부어 세계를 놀라게 하는 것이었다.

그때까지 중동의 건설시장은 선진국들의 독무대였다.

우리가 정보를 입수한 것은 입찰 7개월 전이었는데 미국, 영국, 서독, 네덜란드의 손꼽히는 건설업체들은 이미 몇 년 전부터 공사 수주를 위해 준비 작업을 하고 있었고, 공사 초기 구상 단계에서부터 강력한 입김을 불어넣고 있던 상황이었다.

그해 12월, 공사의 주관 부처인 사우디 체신청은 윌리엄 할크로에게 기술 용역회사 공사에 참가할 열 개 시공 회사 선정 작업을 의뢰했다.

선정 작업은 완전 비밀이었다.

입찰 초청을 받은 것은 미국의 브라운 앤드 루트, 산타페, 레이몬드 인터내셔널, 영국의 코스테인, 타막, 서독의 보스카리스, 필립 홀스만, 네덜란드의 볼카 스티븐, 프랑스의 스피베타놀 등 세계적인 명성을 가진 아홉 회사들이었다.

열 개사 초청에 자리 하나가 남아 있었다.

일본의 대건설사도 하나 못 끼어 있었다.

사우디의 모랫벌에 그만큼 큰 일이 있다는 것에 벌써 피가 뜨겁게 끓어오르는 듯했던 나는 딱 하나 남아 있는 자리에 가슴이 뛰었다.

어떻게 해서든 열 개 입찰 초청 회사의 남아 있는 한 자리에 들어가고 볼 일이었다.

우선 아홉 개 회사가 이미 타고 있는 버스에 뛰어올라 끼어 탈 수 있느냐 없느냐가 문제였다. 열 사람 중에 끼어도 종착역에서 내릴 사람은 단 하나이다. 종착역까지 가는 사람이 내가 되든 딴 사람이 되든 일단은 열 명이 타는 버스에 타기는 꼭 타야 했다.

우리는 불모의 땅 울산 미포만에 세계 최대의 단일 조선소를 만들었다. 우리한테는 그 경험과 활력이 있다.

"우리의 목표는 이 대 수주전에서 승리하는 것이다."

전략회의에서 나는 그렇게 말했다. 그리고 런던 지사의 음용기 이사에게 마지막 승차권 한 장을 따내오라고 명령했다.

"우리는 지난 10월에 중동에 첫 발을 들여놓았다. 바레인 아스리 수리조선이 첫 케이스이다. 이 미지의 땅, 첫 공사에서 우리는 1개월로 동원 준비를 완료했다. 그것은 우리의 기동성을 의미한다. 주베일의 해군기지 건설도 하고 있다. 우리는 단일 조선소로는 세계 제일의 울산조선소를 당신네 영국의 협력으로 조선소 건설사상 최단기에 끝낸 실적을 갖고 있다."

음이사의 설득 골자였다.

우리의 최선을 다한 노력의 결과로 윌리엄 할크로가 솔깃해지기 시작했다. 조선소 건설로 인연을 가졌던 애플 도어와 버클레이 은행의 정보 자료가 현대의 잠재력을 증언해 주기도 했다.

윌리엄 할크로가 사우디 체신청에 우리에게 입찰 자격을 주자는 제의를 했고, 체신청은 이를 받아들였다.

이렇게 해서 우리는 마지막 순간에 입찰 참가 승차권을 손에 넣었다. 그런데 그 승차권이 2천만 달러짜리였다. 입찰 보증금 2천만 달러가 필요했다.

국내의 외환 사정이 바닥인 데다 외환은행은 외국에서의 입찰 보증금 취급에 대한 내규조차 못 갖추고 있던 실정이라, 국내로부터 조달하는 일은 완전 불가능이었다.

게다가 융통할 일도 난감한 입찰 보증금은 2천만 달러라는 액수에 대한 철저한 보안 유지라는 혹을 하나 붙이고 있었다. 입찰 보증금 액수의 정보 누설은 응찰과 낙찰 과정에 대단히 중요한 의미를 갖는다.

액수 비밀 보장까지 하면서 2천만 달러를 빌려줄 만큼 우리를 신뢰해 주는 은행이 있어야 했다.

난감했지만 언제나 그렇듯 난감할수록 해볼 만한 일이라는 투지가 솟았다.

구미쪽 은행은 두말할 것도 없이 제외했다. 이 입찰에 우리보다 먼저 초청된 '유럽 5인조'에 정보가 당장 새어나갈 것이 불 보듯 뻔한 일이었기 때문이다. 아닌 말로 은행쪽에서 제 발로 걸어와 돈을 주겠다고 해도 거절해야 할 판이었다.

1억 3천 8백만 달러짜리 바레인 아스리 수리조선소 공사로 거래를 트고 있는 바레인 국립은행에 지원 요청을 했다.

뜻밖에도 바레인 국립은행은 선뜻 아무 조건도 담보도 없이 입찰 보증금 지원은 물론, 주베일 산업항 공사가 낙찰되기만 하면 그 공사 수행 보증금까지 대주겠다는 약속을 했다. 이상할 정도로 일이 쉽게 풀리는 것 같았다.

그러나 입찰 지휘차 바레인에 도착한 나는 이상하게 일이 쉽게 풀린다는 내 생각이 괜한 것이 아니었음을 알았다.

자본금이 1천 5백만 달러밖에 안 되는 바레인 국립은행으로선 자본금을 넘는 지급 보증은 할 수가 없다는 제동이 걸려 있었다.

그 대신 자기네가 지원해 주겠으니 사우디 국립 상업은행에 지급 보증을 요청해 보도록 하라는 조언을 해주었다.

나는 즉시 참모들을 사우디 국립 상업은행으로 보냈다.

사우디아라비아와 바레인은 특별한 외교 관계로 사우디아라비아는 바레인의 실질적인 후견인 격이었다.

바레인 국립은행의 연락을 받아놓은 사우디 국립 상업은행은 흔쾌히 지급 보증을 약속했다.

그러나 여기에서도 조건은 있었다. 바레인 은행이 자기네가 지정하는 미국의 은행에 1천만 달러를 예치해야 그것을 담보로 2천만 달러를 내준다는 것이었다.

바레인 국립은행이 그 조건을 수락했다.

'76년 2월 12일 나는 '당은행은 주베일 산업항 건설을 위해 2천 6백 40만 달러 한도 내에서 무조건 그 지급을 보증한다'는 지급 보증서를 손에 쥐었다.

입찰 나흘 전이었다.

한편 우리가 주베일 산업항 건설 입찰에 끼게 되었다는 정보가 나가자 긴장한 경쟁자들의 정보 탐색전이 가열되면서, 우리의 입찰을 막으려는 갖가지 회유 공작이 벌어졌다.

컨소시엄 멤버로 참여하도록 해준다는 제의에 심지어는 상당한 현금 보상을 받고 손을 떼어달라는 제의도 있었다.

특히 프랑스의 스피베타놀사에서는 대한항공의 조중훈 씨를 통해서 중간 사람을 내세워 컨소시엄 멤버로 들어와달라는 요청을 적극적으로 해왔었다.

마침 파리에서 리야드로 날아와 나를 설득하는 조중훈 씨에게 나는

"뭐, 컨소시엄에 들어갈 것까지는 없고……입찰 보증금 4천만 달러를 못 만들어 그냥 돌아가야 하게 생겼으니……"하고 헤어졌다.

파리로 돌아간 조씨는 프랑스 회사 사람들을 만나 내가 4천만 달러짜리 지급 보증서를 못 만들어 입찰을 포기하는 것 같다고 전한 모양이었다.

현대가 4천만 달러를 준비하려 했다는 것은 곧 20억 달러에 응찰할 예정이었다는 것을 의미한다.

프랑스 사람들이 놀랐던 모양이다.

주베일 산업항… 그 비장한 낙찰극

> 전갑원 상무는 아무리 생각해도 8억 7천만 달러가 너무 싸다는 생각을 떨쳐버릴 수가 없어, 실패하면 걸프만에 빠져 죽겠다는 결심으로 6천만 달러를 얹어 9억 3천 1백 14만 달러를 써넣고 나왔던 것이다.

    우리의 견적 실무팀은 리야드 여행자 숙박소에서 입찰 1주일 전부터 방 밖으로 한 발자국도 안 나가고 입찰 준비작업에 모든 경력과 지혜를 쏟아부었다.
    응찰을 앞두고는 여러 가지 징크스가 있다.
    배달시켜 먹은 식사 그릇들도 그대로 1주일 내내 방에 쌓아놓았고, 목욕, 이발도 금기여서 무더위 속의 숙소는 악취로 코를 들 수 없을 정도였다.
    견적 서류가 완성되고는 서류들을 방바닥에 늘어놓고 중역부터 차례로 팀 전원이 발로 밟고 지나가는 절차도 치렀고, 서류뭉치를 쌓아놓고 1주일 동안 씻지도 않은 몸으로 깔고 앉아 뭉개는 의식도 치렀다. 이들의 심정은 낙찰만 시켜준다면 두엄더미에 가서 뒹굴라고 해도 그럴 판이었다.
    나는 1백 페이지가 넘는 견적서와 종합된 정보들을 세밀히 검토하고 전체 공사 실비 12억 달러에서 25퍼센트를 깎았다가, 다시 5퍼센트를 더 내려 8억 7천만 달러로 응찰할 것을 지시했다.

10억 달러 이하로 응찰할 회사는 절대로 없으리라는 확신이 있었다.

전갑원 상무가 지나치게 싼 값이라고 불만을 토했지만 나는 입찰에서 2등은 꼴찌라는 점을 강조했다.

다소 밑진다 해도 우리의 많은 기능공들이 나와 달러를 벌어들이게 되고 우리 기능공들이 버는 것은 곧 우리나라가 버는 것이며, 우리나라 자재를 내다 팔 수 있는 것도 국가의 이익이며, 또 우리 현대로서는 이 공사로 국제적인 명성을 얻게 될 것이므로 응찰 가격에 너무 집착해서는 안 된다는 것이 내 생각이었다.

돈으로 남는 것도 남는 것이지만 때로는 돈 아닌 것으로 남는 것이 더 크게 남는 장사일 수도 있다.

2월 16일. 우리는 9시부터 미리 나가서 대기했다.

오전 9시 30분을 전후해서 입찰에 초청된 열 개 회사 대표들이 속속 사우디 체신청 회의실로 모여들기 시작했다.

외국 회사 팀들은 회의실 문을 열고 들어서다 우리를 보고 흠칫, 저마다 한 차례씩 놀랐다.

내가 조중훈 회장에게 흘린 입찰 포기가 정보가 되어 그들 외국 회사들에 들어갔다는 명백한 증거였다.

10시 정각에 체신청 입찰 담당관과 기술 용역회사 관계 직원이 회의실로 나왔다. 5분 이내에 입찰서를 제출해 달라는 입찰 담당관의 말이 떨어지고, 각 입찰팀에서 한 사람씩 투찰실로 들어갔다.

우리 측에서는 전갑원 상무가 투찰실로 들어갔다. 제한 시간 5분을 거의 다 채우고 전상무가 나왔는데 어쩐지 표정이 석연치 않았다.

입찰 결과 발표는 오후 1시였다.

"왜, 입찰 금액을 잘못 썼어, 전상무?"

내가 물었다.

"아닙니다."

'아닙니다' 하는 기색이 수상쩍었다.

"내가 쓰라는 대로 썼지?"

"그대로 안 썼습니다."

있을 수가 없는 일이었다.

업무를 수행하는 과정에서 내 지시를 제멋대로 어긴다는 것은 어불성설(語不成說)이었다. 그러나 이미 엎질러진 물, 화를 내도 소용없는 일이었다.

전갑원 상무는 아무리 생각해도 8억 7천만 달러가 너무 싸다는 생각을 떨쳐버릴 수가 없어, 실패하면 걸프만에 빠져 죽겠다는 결심으로 6천만 달러를 더 얹어 9억 3천 1백 14만 달러를 써넣고 나왔던 것이다.

그것은 우리가 산출한 실제 공사 경비 12억 달러에서 25퍼센트를 삭감한, 전갑원 상무가 끝까지 고집했던 금액이었다.

회사를 위한 충정도 알겠고 그 대담한 용기와 고집도 밉진 않았으나 무슨 일이 있어도 꼭 공사를 따내고 싶었던 나는 기가 막혔다.

일을 저지른 전상무는 내 화가 무서워 가까이 오지도 못하고 저만큼에서 빙빙 돌았다.

오후 1시. 우리 측은 입찰 결과 발표장인 소회의실에 정문도를 들여보냈다.

그런데 오후 3시가 넘어도 꿩 구워먹은 소식, 정문도는 물론 다른 회사 사람도 꿈쩍을 안 했다.

발표 현장 출입이 통제되어 있어서 밖에서 기다리는 사람들은 왜 발표가 지연되고 있는지 전혀 알 수가 없었다.

아마도 나보다 백 배, 천 배는 더 초조했을 전갑원 상무가 마침 소회의실로 커피 쟁반이 들어가는 것을 보고 재빠르게 그 뒤를 따라 들어갔다 이내 다시 쫓겨나오는데 보니 얼굴이 허옇다 못해 퍼랬다.

일이 글렀다는 것을 천치도 알 수 있는 얼굴이었다.

커피 쟁반을 든 사환 꽁무니를 따라 들어갔다 쫓겨나오는 그 짧은 시간에 그가 들은 것은 입찰 결과 발표 중에서도 "미국 브라운 앤드 루트사 9억 4백 44만 달러……"였다.

아무 할 말이 없었다.

오직 무참하기만 했다.

전갑원 상무는 어디론가 사라지고, 내 옆에 있기가 거북하고 민망한 김광명이 전갑원 상무를 찾는다고 자리를 떴다.

나중에 들으니 두 사람은 소회의실 모퉁이 나무 그늘에 주저앉아 "역시 우리 회장이 귀신인데…" 하며 마주보고 앉아 눈물만 흘리고 있었다고 한다.

그런데 소회의실 문이 열리고 나오는 정문도의 표정이 아주 밝았다. 뿐만 아니라 손가락을 치켜들어 브이(V) 자를 만들어 보이고 있었다.

"어떻게 된 거야?"

"됐습니다."

"되다니?"

브라운 앤드 루트사의 9억 4백 44만 달러는 해양 유조선 정박시설 부문에만 국한된 가격이었다. 그것은 무효로 간주되었다.

"현대는 우리가 제시한 네 개 공사를 내역으로 한 주베일 산업항 건설을 9억 3천 1백 14만 달러로 투찰했다. 모든 서류는 완벽하다. 특히 44개월의 공사 기간을 조건 없이 8개월 단축시키겠다는 제의에 감명을 받았다."

이것이 입찰 결과 발표장에서 사우디 측이 한 말이었다.

나는 전날 밤 호텔에서 준비해 넣어두었던 특별 격려금을 참모들에게 나누어주었다.

전갑원 상무는 걸프만의 물귀신이 안 되어서 좋았고, 우리나라는 6천만 달러를 더 벌게 생겨 그 또한 좋은 일이었다.

그무렵 우리의 외환 사정은 최악이었다. 그래서 주베일 건은 박대통령도 지대한 관심을 갖고 있었다.

'76년 2월 5일 현재, 사우디 왕국의 전체 건설 수주고가 10개 업체 23건 총 7억 8천만 달러였다면 9억 3천만 달러짜리 이 공사 규모가 어느 정도였는지 짐작할 수 있을 것이다.

그러나 사우디 발주처에서는 웬일인지 '네고(계약 이전의 협의)'를 언제 시작하자는 연락이 없이 잠잠했다.

경쟁 입찰에 실패한 경쟁업자의 에이젠트들이 왕족들을 동원, 방해 공작이 노골화되리라던 내 예상대로였다. 들려오는 말에 의하면 그 돈으로는 절대로 공사를 해낼 수가 없다는 등, 한국은 아직 후진국이며 현대의 기술, 자본, 경험은 아주 유치하다는 등, OSTT(외항 유조선 정박시설)가 무엇인지도 모르는 엉터리이기 때문에 그 값을 써낸 것이라는 등, 현대가 도대체 해양공사 경험이 단 한 번이라도 있느냐는 등으로 재를 뿌리기 시작했다. 그것이 발주처를 동요하게 만드는 데도 꽤 작용했으리라 생각한다.

사우디 무기 수입상으로서 사우디 왕족들에게 막강한 영향력을 갖고 있는 모 유력자는 "현대가 주베일 산업항 공사를 따면 내 오른팔을 내놓겠다, 잘라라."하고 호언장담을 하며 다닌다고도 했다.

발주처가 찜찜하게 생각한 이유는 역시 우리 현대의 OSTT 시공 능력에 대한 불안과 회의였다.

정직하게 말하면 사실 우리는 OSTT에 대해서는 공사 경험 전무에 지식 역시 깜깜 절벽이었다.

더욱이 30미터 심해저 암반에 30미터의 기초 공사를 12킬로미터나 하는 난공사는 전혀 해본 일이 없었다.

그런 까닭에 브라운 앤드 루트사가 이 부문에만 9억 달러로 응찰한 것을, 우리는 견적도 제대로 뽑을 수가 없어 대충 육상공사 시공 가격에 수중공사 가산비만 계산하는 입찰 견적 적산작업을 했었다.

겸손하게 생각하면 경쟁사들의 중상도 터무니없는 것은 아니고, 발주처의 불안도 그럴 법한 일이었다.

그러나 그 모든 중상 모략은 대단히 경솔한 짓이었다. 왜냐하면 나는 반드시 그 공사를 해내고야 말 심산이었기 때문이다.

나는 리야드에서 곧장 바레인으로 자리를 옮겼다. 힐튼호텔에 들어 있는데 브라운 앤드 루트의 깁슨 사장이 만나자는 연락을 해왔다. OSTT 부문을 하청하자는 이유였다.

우리의 전체 응찰 가격이 9억 3천만 달러인데 OSTT만 9억 달러로 응찰한 그들에게 하청을 주면 나머지 공사를 어떻게 하겠냐고 나는 웃으며 말했다. 그리고 우리 입맛에 맞춰 협조할 의사가 있으면 실무자들과 의논해 보라고 했다.

그들은 자기네 견적이 비쌌던 것을 인정하고, 세부적으로 검토하면 싸질 수도 있다고 했다.

그렇다면 검토해 보라고 한 뒤 서울로 돌아왔는데 그들이 곧장 뒤따라 와서 하는 말이 OSTT는 자기들 아니면 할 데가 없다는 식이었다.

나는 내심 콧방귀를 뀌었다. 협조를 구할 수 있는 통로는 맥토머트도 산타페도 있는 데다, 브라운 앤드 루트사의 집안 사정이 안락하지 못한 것을 알고 있는 터였다.

그들은 호주와 뉴질랜드의 해상 구조물에 투입했던 갖가지 해상 중기 장비들을 공사가 끝나자 곧장 바레인으로 끌고 왔었다.

그 장비의 하루 임대료 5만 달러를 계속 공중으로 날려보내고 있는 형편이었다. 급한 것은 그들이지 내가 아니었다.

그들은 기가 죽었고, 나는 하루 7만 달러의 임대료 요구를 10분의 1로 깎아 그 일부를 쓰기로 결말을 지었다.

브라운 앤드 루트사와 현대가 기술협약을 체결했다는 공문이 사우디 체신청에 접수되자, 비로소 네고조차 않고 있던 그들이 안도하는 얼굴을 했다.

그런데 이번에는 난데없이 '이스라엘 보이콧' 정책이라는 장애물이 또 나타났다.

중동 나라들은 자기네들과 적대관계에 있는 이스라엘을 유리하게 하는 국가나 단체, 또는 개인과는 기존 협력관계 이상의 새로운 협력관계를 맺지 않는다는 '이스라엘 보이콧' 정책을 쓰고 있었다.

요컨대 이스라엘에 직접 투자를 하고 있는 미국 포드사와 자동차 조립 기술제휴를 맺고 있는 현대에 공사를 줄 수 없다는 것이었다.

우리는 그 기술제휴가 현대자동차 초기의 일이며, 이미 오래 전에 계약 해지가 되어 현재 아무 관계도 없다는 증명을 하기 위해 증빙 서류 일체를 제출해야 했다.

2억 8천만 달러 공사 수행 보증금의 지급 보증을 받아내는 것도 그리 호락호락하지는 않았지만, 다행히 많은 오일 달러를 유럽 금융시장에 예치해 두었던 덕택에 커미션을 뜯기고도 40여 일을 런던에서 수많은 애로를 해소하느라고 소비한 끝에 성사시켰다.

마침내 주베일 산업항 9억 3천만 달러의 세기적인 대공사 계약이 체결되었다.

이제 하루 빨리 선수금을 받아내는 일이 급선무였다.

사우디에서는 기성금(旣成金)을 받아내는 데도 서류 제출 후 30, 40일이 예사 통례였고 특히 공사 선수금은 50일은 기다려야 했다. 더구나 발주처 관리들은 선수금 액수 사상 최대인 2억 달러에 배가 아픈 것인지 고의적으로 지급 서류 서명에 늑장을 부렸다.

서류를 들고 다니는 사환 아이들조차 고액 수표권을 보면 일부러 늘쩡거렸다.

서류가 거쳐야 할 사무실이 30여 군데였고, 서명해야 할 사람은 50

여 명이었다. 김주신 상무, 박세용 부장, 오진영 과장이 오전 7시부터 관청 근무가 끝나는 오후 2시까지 아예 발주처 사무실에 눌러앉아 애원하기도 하고 을러대기도 하고 구슬리기도 해서 1주일만에 7억 리알짜리 단일 현금 수표를 받아냈다.

"수고하셨습니다, 정회장님. 오늘 우리나라 건국 후 최고의 외환 보유고를 기록했습니다."

당시 외환은행장의 전화였다.

'현대가 드디어 무모한 객기로 사우디 앞바다에서 침몰하게 되었다'는 걱정인지 기원인지 알 수 없는 말들이 국내에서 한창 시끄러웠던 것을 기억한다.

한국의 달러화 외채는 중동 공사 입금으로 걱정할 필요가 없어졌다. 정부의 외채 관련 정책에 고심하던 관리와 은행들의 얼굴은 환하게 피어났다.

한국 건설업자들의 외채 부도를 해결하는 구국의 장이 펼쳐진 것이었다.

담대한 모험, 기자재 대양수송작전

> 건설업은 즉각적인 결정이 중요하다. 시간이 곧 돈이기 때문이다. 무리한 결정이라 할지라도 성공률에 대한 확신이 있으면 나는 결정에 주저하지 않는다. 공학자의 논리로는 물론 말도 안 되는 막무가내의 결정이다.

주베일 공사는 원화로 3천 5백억 원 규모에, 콘크리트 소요량은 5톤 트럭으로 연 20만 대 분이 동원되어야 하고 철강재만도 1만 톤짜리 선박 12척 분이 들어가는 공사였다.

당시 부산항만 공사 소장이었던 김용재를 주베일 현장 소장으로 뽑아내고, 공사 지원 주관 전갑원 상무를 정점으로 하는 각 부서장 중심의 분야별 기술직과 관리직을 총망라해서 철저한 시공계획 수립을 지시하고 몇 가지 기본 방침을 정해 주었다.

모든 것의 우선이 인력과 자재의 송출이다.

물자의 적기 투입을 위해 국내외의 수송 및 구매선을 재점검할 것, 철구조물과 해상 장비의 적기 투입을 위해 현대조선과 일체적(一體的) 긴밀한 협조 체제를 이룰 것, 계약 공기가 36개월임을 명심할 것 등이었다.

모든 기자재를 울산조선소에서 제작하여 세계 최대의 태풍권인 필리핀 해양을 지나 동남아 해상, 몬순의 인도양을 거쳐서 걸프만까지 대형 바지선으로 끌고 가는 대양악천후(大洋惡天候) 수송 작전이었다.

그런데 가장 근본적인 기초시공 문제가 암담했다.

해안선에서 12킬로미터 떨어진 30미터의 바다 한복판에, 유조선 네 척이 동시에 정박할 수 있는 터미널을 만들려면 해양 심해 구조물 설치 기초공사 전문가를 찾아내야 했다.

우선 암반의 강도 등 지질을 상세히 알아야 공법이 나오고, 공법이 나와야 바다로 뛰어들어 세기적(世紀的)인 구조물을 설계, 제작, 설치할 것 아닌가.

그러나 하늘은 우리 편이었다. 때마침 아람코의 기술 고문으로 해상 유전 발굴을 위해 아라비아만 일대의 해저 토질 조사차 파견된 한 한국인이 자신이 뭔가 도울 일이 없겠는가 스스로 우리를 찾았던 것이다.

'75년 크리스마스 무렵, 나는 서울에서 지질학 박사 김영덕 씨를 만나 우리가 조국을 사랑하고 애국하는 것이 무엇인가에 대해 오랜 시간 이야기를 나누었다.

자기 나라를 사랑하지 않는 이는 없다. 더구나 외국에 나가 고생하면서 일로, 공부로 성공한 사람들은 그 성공이 자신의 조국에 어떤 방법으로든 기여되기를 소망한다.

미국에서 자리잡고 캐나다 북양(北洋) 유전 개발 등 여러 가지 일에 참여해 온 그는 아람코를 그만두고 아예 우리 쪽으로 옮겨 적극적으로 협조해 달라는 나의 제의에, 처음에는 난색을 표했다. 하지만 그가 가지고 있는 애국심을 향한 내 호소도 만만치는 않았다.

마침내 그가 결심을 해주었다.

건설 공사라는 것이 원래 순풍에 돛 달고 노래 불러가면서 할 수 있는 것이 아니긴 하지만 해외 공사에서 겪는 고초는 국내 공사의 수십 배, 아니 수백 배라 해도 지나침이 없다.

더욱이 최초의 해외 대형 해양공사인 데다가, 우리나라에서는 전혀 시공 경험이 없었던 해상의 초대형 유조선 정박 시설 공사였다.
 참고 삼아 말하면, 설계상의 자켓이라는 철구조물 하나만 해도 가로 18미터, 세로 20미터, 높이 36미터로 무게가 5백 50톤이며 제작비는 당시 5억여 원이었고, 웬만한 10층 빌딩과 같았다.
 10층 빌딩만한 이 자켓이 꼭 89개가 필요했다. 뿐만 아니라 그 자켓의 기둥 굵기는 직경 2미터이고, 그 기둥을 지탱하게 하는 파일이라는 쇠기둥 하나가 비슷한 직경에 길이는 65미터가 넘어야 했다.
 그러나 실제적인 작업의 애로나 난이성보다 더 힘든 것은 무경험으로 미지의 공사를 강행해야 하는 정신적인 고초였다.
 사우디의 공사 발주처와 감독 관청은 우리의 기술 능력에 대한 불신과 인식 부족으로 사사건건 설득, 감독하고자 했고, 브라운 앤드 루트 사의 장비를 빌려 쓰면서 그 아니꼬움과 울화통 터지는 서러움도 철저하게 맛보았다.
 하루에 2천만 원이라는 거금을 장비 사용료로 지불하는 우리는 당연히 촌음을 아껴 써가면서 작업을 서두를 수밖에 없는데 브라운 앤드 루트는 이 핑계 저 핑계, 되지도 않는 구실로 작업 진도를 지연시켰다.
 초기에는 장비 운용 방식을 모르니 부아가 터져도 별수없이 따라갔지만 1개월이 되면서는 운용 방식을 체득해서 조금씩 개선시킬 수 있었고, 공사 후반에는 울산조선소에서 제작한 1천 6백 톤급 해상 크레인을 동원해 자켓 설치 작업을 진행했다.
 그러는 한편 나는 다소 무모하다고 할 수 있는, 물론 우리 참모들도 달갑잖아 했고 외국인들은 콧방귀를 뀐, 그런 구상을 행동으로 옮길 결심을 했다.
 공기 단축을 위해서는 신속한 수송수단 체계가 필수적이었다. 내 구상은 이 공사에 소요되는 철구조물 전부를 울산에서 제작해서 해상으로 운반한다는 것이었다.

울산에서 주베일까지는 1만 2천 킬로미터, 경부고속도로를 15번 왕복하는 거리이다. 단 한 사람도 "그것 아주 좋은 아이디어입니다."라고 말해 주는 이가 없었고, 다같이 그저 찜찜한 얼굴들이었지만 나는 우물쭈물할 여유가 없었다.

나는 결정했다.

건설업은 즉각적인 결정이 중요하다. 시간이 곧 돈이기 때문이다. 무리한 결정이라 할지라도 성공률에 대한 확신이 있으면 나는 결정에 주저하지 않는다.

공학자의 논리로는 물론 말도 안 되는 막무가내의 결정이다.

그러나 공학자와 학문적인 경영자들과 창의력을 가진 기업가는 크게 다르다.

공학자들은 우선 돈과는 관계가 없는 사람들이다.

기업을 하는 사람은 돈과 시간에 쫓기는 현실이 있기 때문에 공학자들의 이론과 주장대로만 따라갈 수 없는 고민이 있다.

기업은 그때그때 재빨리 적응할 수 있는 임기응변적 민첩함이 없어서는 안 된다는 내 소신이랄까 철학이랄까를 이해하지 못하는 이들이 많다는 것을 나는 안다.

어쨌든 나는 결정했다. 육상의 탄탄대로가 아닌 거친 풍랑이 잠복해 있는 머나먼 뱃길로 12만 톤짜리 강재 자켓, 강관 파일, 그리고 콘크리트 슬라브를 뗏목 같은 바지선에 실어 터그 보트로 끌어다 시공하는 것으로.

바지선으로 전부 19항차를 해야만 했다.

제1항차 바지선 한 척이라도 전복, 또는 다른 배와의 충돌 사고라도 나면 나의 계획은 완전히 치명적인 실패로 끝날 것이고, 내 무모함은 웃음거리가 될 판이었다. 물론 사업은 종말을 고하게 될 판이었고.

참모들이 막대한 금액의 보험을 권유했다.
"필요 없어. 바지선이 빠지면 보험이 건져줄 게야, 뭐야. 제때 나오지도 않는 보험금, 조사니 측량이니 시간만 질질 끌텐데 그럴 시간이 어딨어."

나는 대신 태풍으로 해난 사고가 나도 대형 파이프 자켓이 해면에 떠 있도록 하는 공법을 강구하여 제작시켰다.

제1항차를 출발시켰다. 무사했다.

편도 1항차에 35일이 소요됐으므로 평균 매달에 한 번씩 바지선을 출발시켰다.

특히 태풍지대인 남양과 몬순 시즌의 파도가 심한 인도양의 위험을 줄이기 위해 컴퓨터 프로그램을 개발시켜 정착하게도 했다.

1만 마력 터그 보트 3척, 대형 2만 톤 바지선 3척, 5척 톤 바지선 3척을 조선소에서 주야로 단시일에 제작했다.

7항차까지는 무사했다. 그러나 8항차가 말라카 해협 싱가포르 앞바다에서 1호선 바지선이 대만 국적 상선과 충돌해서 자켓 중 한 개의 파이프가 구부러지는 불행중 다행인 사고가 났었다. 또 한 번은 대만 앞바다에서 태풍으로 2만 5천 톤 바지선 뒤에 끌려다니는 바지선 한 척을 잃어버렸지만 나중에 대만 해안에 고스란히 그냥 떠밀려 나가 있는 것을 끌고 온 사고가 있었다.

이 두 건의 가벼운 사고가 19항차 동안 우리가 치른 사고의 전부였다.

사람 놀래주는 것이 취미는 아닌데 우리의 철구조물 바지선 해상 수송으로 꽤들 놀라워했었던가 보다.

계속 놀라게 해서 미안한 느낌이 없지 않은데, 발주처와 감독청에서 또다시 놀란 일이 있었다.

자켓 설치 공사 착수와 함께 자켓을 연결하는 빔 제작을 우리가 설계도대로 울산에 제작시킨 것을 알고서였다.

　설계도에는 빔의 길이가 20미터였는데 그건 자켓 설치가 완벽할 경우에 해당되는 것이었다.

　수심 30미터나 되는 곳에서 파도에 흔들거리면서 중량 5백 톤짜리 자켓을 한계 오차 5센티미터 이내로 꼭 20미터 간격으로 심해에 설치한다는 것은 사실 불가능에 가까운 일이었다. 때문에 선진국들도 일단 자켓 설치가 끝난 후에 그 간격을 재서 빔을 제작하던 터였다.

　오차가 5센티미터만 넘으면 빔을 깎아 줄일 수도, 붙여 늘일 수도 없이 그냥 버려야 하는 까닭에서였다.

　역시 우리에게는 인간이 심혈을 기울이면 무엇이든 가능하다는 신념의 대모험임에 틀림없었다.

　공기 단축이 절대절명이었던 우리한테는 모험과 위험을 피할 입장이 아니었다. 감독관들은 당장 빔 제작을 중단하라고 목청껏 호통을 쳤다.

　그러나 우리는 그대로 빔 제작을 진행시키면서 한편으로는 감독들에게 완벽하게 할 수 있다는 자료들을 제시하고 설득해야만 했다.

　결론만 말하자면 우리는 89개의 자켓을 5센티미터 이내의 오차로 완벽하게 설치해 내서 외국의 기술자들을 경악하게 만들었다.

나는 그들을 좋아한다

나는 기회와 시간이 허락하는 한 기능공들과 어울려 허물없이 팔씨름도 하고 술잔도 나누곤 했다. 도시락을 못 싸오는 기능공들이 안쓰러워 점심 제공을 맨 처음 시작한 것도 우리 '현대'이다.

주베일 산업항 공사는 전례 없는 대규모 공사답게 하루 평균 3천 명이 넘는 우리 기능공들이 참여했다.

나라의 경제 사정은 바닥을 긁으며 허덕이고 있었고 기업은 공사 따내기에만 급급한 현실이었으며, 기능공들 또한 우선 해외 공사로 나가는 비행기부터 타고 보는 실정이었다. 또한 정부 역시 한 사람이라도 더 내보내 한 푼의 달러라도 더 벌어들여, 외화 고갈을 면해 보자는 다급한 형편이었기 때문에 노무 관리에 신경을 쓸 겨를이 없었다.

우리 현대도 예외가 아니었다. 그것은 우리의 경제 현실상 언제든 반드시 한 번은 치러야 할 홍역이었고 아직까지도 앓고 있는 중이다.

성격상 노사 분규로 규정될 수는 있었지만 처음부터 뚜렷한 요구 조건을 내걸고 그것을 관철시키고자 하는 계획된 파업은 아니었다.

사건의 불씨는 당시 우리 현장 덤프트럭 운전사들과 근처 동아건설 덤프트럭 운전사들과의 임금 차이였다. 동아건설은 흙 운반을 덤프트럭 운전사 개개인에게 물량 하청식으로 주어, 식사도 흙을 싣는 짬을 내 하면서 하루 16시간 일해서 우리 현대 운전사들 배 이상의 임금을 타고 있다는 소문이 우리쪽 운전사들의 사기를 떨어뜨렸던 것이다.

사기가 떨어지고 불만이 쌓인 운전사들이 20킬로미터 떨어진 석산까지의 왕복 운행을 시속 20킬로미터로 사보타지했다.

시간이라는 호랑이에 엉덩이를 물어뜯길 듯 다급해진 현장의 우리 직원 하나가 옥신각신하다가 홧김에 헬멧으로 한 운전사의 머리를 쳤나 보았다.

이것이 폭동의 구실을 주었다. 덤프트럭 운전사들 4,50명이 사무실에 돌을 던져 유리를 깨고 기물을 부수는 것으로 시작되어, 이에 가세하는 기능공들이 점점 불어났다.

당사자였던 직원이 성의있게 사과하고 대화를 나누었으면 좋았을 것을 분위기가 험악해지자 겁에 질린 그는 알코바로 뺑소니쳐 버리고, 중기 공장장 역시 식사시간을 빙자해 면담 요청을 거절해 버렸다.

인간은 감정의 동물이다. 영문을 모르는 본부 사무실 소장이 무마시키려 나섰다가 돌과 각목 세례를 받자, 사태는 점차 걷잡을 수 없게 악화되어 폭력화되고, 직원들과 기능공들의 대치상태로 들어갔다.

이틀이 지나도 사태가 좋아지지 않자 사우디 당국에서 군부대를 출동시켜 난동자에게는 발포한다는 강경한 표현을 했다.

사태가 심각해지자 우리 정부에서 유양수 사우디 대사를 파견하고, 본사에서는 내가 김주신 상무를 대동하고 현장으로 달려가서 사태 수습에 전력했다.

협상은 2시간도 안 되어 끝났다. 기능공들은 농성을 풀고 곧장 현장으로 복귀했다. 그 소요중에도 인명 피해가 단 한 사람도 없었던 것이 참으로 다행한 일이었으나 한 가지 문제가 남아 있었다.

사우디 국내에서 발생한 사건이니 주동자를 색출해서 사우디 국법에 따라 처벌하고, 관련 직원은 문책 귀국 조치해야겠다는 것이 사우디 내무성의 강경책이었다.

우리 정부 및 현지 대사관, 그리고 현대가 힘을 합쳐 노력한 결과 내무성 특별조사위원회는 한결 누그러져 원만한 최종 결정을 내려주었다.

"금번 소요에 신속하고 기민하게 대처한 현지 한국 대사의 노고를 치하하며 금번 소요가 한·사우디간의 우호관계를 보다 증진시키는 계기가 될 것을 확신하고, 양국간의 지속적인 협력체제를 공고히 하는 뜻에서 일체의 제재를 가하지 않기로 결정한다."

사우디 정부의 이같은 결정에도 우리 정부는 사건의 재발 요인을 제거하기 위해 과격했던 20여 명의 기능공과 불만의 대상이 되었던 직원 다섯 명을 귀국 조치했다.

이 사건이 수습된 뒤 나는 주재 직원들에게 내가 직접 기초한 인력 관리 지침을 시달했다.

①모든 관리 직원간에 평등관념을 고취시키고 근로자에게 인격적으로 대하고 고운 말을 쓸 것.

②근로자이기 이전에 나와 똑같은 기분과 평등관념과 감정을 가진 같은 인간이라는 점을 유의, 인간적인 이질성을 갖지 말 것.

③인간은 누구나 자기 발전과 자기 실현 욕구가 있음을 인식하고 명령 일변도의 작업 진행보다는 작업 의욕을 고취해서 인간적 동기 부여에 힘써 작업이 자율적으로 진행되도록 할 것.

④항상 성실한 대화를 통해 그들의 생활에 관심을 기울이고 그들로 하여금 마음으로부터 감명과 복종을 유발토록 할 것.

⑤작업 과정에 있어서는 관리자 스스로가 집행당하는 심정으로 지도하고 근로자 자신도 가치 있는 일을 수행하고 있다는 점을 강조해서 인식시킬 것.

⑥관리자 자신의 인격적 결함이 작업장의 분위기를 크게 좌우한다는 점을 깊이 명심하고 자기 개발에 노력할 것.

⑦관리자는 권위의식을 버리고 평등한 자세로 대화와 설득을 통해 인내심을 갖고 책임을 다하는 모범적 행동을 보일 것.

주베일 현장 노사협의회에서 나는 또 이런 말로 과격한 근로자들을 선도 지도했다.

"현대는 지금 중동 여러 나라에서 다른 어느 나라 건설회사보다도 많은 신뢰를 받고 있습니다. 사우디 관리들은 우리들의 성실성에 깊은 감명을 받았다고 말합니다. 우리가 만약 그들의 신뢰를 잃는 행동을 한다면 이는 현대뿐만이 아니라 국익에까지 해를 끼치는 결과를 가져 올 것입니다. 현대는 여러 외국 회사들과 치열한 경쟁관계에 있기 때문에 우리가 또다시 불미스러운 일을 저지르면 각국의 경쟁 회사가 그것을 이용해서 우리 한국인의 이미지를 손상시킬 것입니다. 모든 것이 낯설고 힘든 이곳에서 일하는 우리는 개인의 이해 득실보다는 국가의 이익을 앞세워 생각하고, 불만족스러운 점은 노사협의회를 통해서 근로자들 각자의 이익이 충족되도록 원만하게 해소, 처리해가는 슬기를 보이도록 합시다."

근로자는 임금을 어느 수준까지는 보장받아야 자신의 능력을 제대로 발휘한다고 나는 생각한다. 임금을 높이면 채산성이 떨어진다고 생각할 수도 있으나 어느 선까지는 임금 수준을 높임으로써, 오히려 생산성이 향상되고 따라서 기업의 채산성도 올라간다는 것은 필연적이다.

사람들은 자신의 현재 수준으로 받아야 할 임금은 이 정도라는 자기 기준을 갖고 취직을 한다. 취직할 때는 임금 얘기로 취직 자체를 못하게 될까 무서워 저임으로라도 아무 말 없이 응하지만, 그러나 그 사람은 자신이 생각하는 임금 수준이 되기 전에는 절대로 1백 퍼센트 자기 능력을 발휘하려 들지 않는다.

교육을 받았든 못 받았든 마찬가지이다. 사람은 누구나 자신이 속한 사회의 물가 수준, 사회적 위치, 남과의 비교 등으로 스스로를 평가하면서 살기 때문이다.

　기능공들의 임금 인상은 중간 관리자들에 의해 지대한 영향을 받는다. 중간 관리자들이 시설을 개량해 주고 공법을 개선해 주고 장비를 효율적으로 쓰게끔 시설을 개선·지도하고, 간접 인원을 줄여 일선 생산 기능공과 혼연일체가 되면 생산 능력은 자동적으로 향상되고 그러면 임금을 올려도 경쟁력이 유지되는 것이다.

　기술자와 중간 관리자 그리고 기능공들은 생산성을 향상시키고, 최고 경영자는 고임금을 주어야겠다는 자세와 마음가짐으로 재원을 조달, 임금 인상을 회사의 이윤 확대로 연결시켜야 한다.

　나는 기회와 시간이 허락하는 한 수많은 기능공들과 어울려 허물없이 팔씨름도 하고 술잔도 나누곤 했다. 도시락을 못 싸오는 기능공들이 안쓰러워 점심 제공을 맨 처음 시작한 것도 우리 '현대'이다.

　새벽의 남대문 시장에서 리어카를 끌고 가는 낯모르는 이들에게서 느끼는 그 한없는 연대감과 애정을, 나는 내 일에 참가한 기능공들에게서도 언제나 공통되게 느낀다.

　나는 그들의 어려움을 알고 이해하며 그들의 단순함과 우직함을 좋아하고, 또 그 순수함을 신뢰한다. 그런 그들과 나 사이에 격의감이 가로놓이는 것을 나는 원치 않는다.

　"중역용 엘리베이터를 한 대 놓으시죠."

　언젠가 누가 그런 말을 한 적이 있었다. 안됐지만 나는 즉석에서 면박을 주었다.

　도대체 그런 것이 왜 필요한가? 엘리베이터는 기다리면 탈 차례가 오는 것이다. 젊은 사원이 차례를 양보해서 먼저 탈 수 있으면 그게 바로 중역용 엘리베이터이고 회장용 엘리베이터이다.

　현대는 나와 기능공들, 그리고 모든 임직원들이 함께 이룬 것이다. 함께 이루어 만들었으니 근본적으로 우리는 다같은 동지라야 하며, 인간적인 차등감을 느끼게 하는 우매한 행동을 해서는 안 된다는 것이 나의 생각이다.

우리 현대는 큰 공사를 수행할 때 부장 이상에게 독방을 준다거나 현장 소장한테는 큰 차를 준다. 그것은 그들이 우쭐거리라고 주는 것이 아니다. 그가 중요한 자리에 있기 때문에 열심히 생각하며 사고 없이 모든 사람을 제대로 지휘하라는 의미로 주는 것이다.

이라크 철도 부설 현장에서 있었던 일이다. 내가 현장에 간다니까 윗사람에 대한 대접이랍시고 가설 건물에 부랴부랴 카펫을 깔아놓았다. 그 마음을 모르지는 않지만 나는 직선적인 성격이라 참지를 못했다.

"나는 평생 집에서도 카펫 깔고 산 일이 없소. 윗사람은 모범적이어야 해요. 사훈은 '검소'라고 써붙여 놓고 카펫이 검소요? 사치가 뭘 유도하는지 알아요? 부패요. 또 있어요. 다른 사람들에게 소외감을 주는 거요. 사치하고 부패한 사람들이 몰려 있는 회사 치고 잘되는 회사 없고, 사치하는 지도자가 있는 나라 치고 안 망한 나라가 없소. 그 사치가 싫어서 사훈(社訓)을 '검소'로 한 거요. 나는 평생 외국 시계를 차본 적이 없소. 도대체 현장 사무실에 카펫이 뭐요? 기능공들이 어떻게 생각하겠소."

혹자는 나의 질책이 너무 가혹하다고 할 것이다. 그럴지도 모르나 극약이 영약일 수도 있다.

사원과 기능공들 사이에 가로놓여 있던 높은 장벽이 서서히 무너지기 시작하면서 손바닥만했던 새마을 상담실 간판도 문짝만큼 키우고 평사원 상담역을 과장으로 바꿨다. 일찍 그랬어야 할 일이었다.

험악한 욕설이 정다운 인사로 바뀌고 작업 능률은 사태 이전보다 훨씬 향상되었다.

매미는 겨울을 모른다

> 나는 우리가 성공한 것은 철저하게 시간을 관리할 수 있었기 때문이라고 생각한다. 온갖 역경을 헤치고도 철저한 시간 운영으로 공사 기간을 단축할 수 있는 능력을 갖췄고 이 능력은 원가를 줄여주었다.

철자켓을 울산에서 제작해서 바지선에 실어 주베일로 운반했던 구상의 발단은 조선(造船)에서 시작된 것이었다.

울산에서 VLCC(초대형 유조선)같은 배들의 블럭을 만들어 일본은 물론 미국 서해안의 조선소로 수출을 해도 경쟁력이 있다는 생각이, 그야말로 많은 궁리끝에 자연히 떠올랐다. 나중에 알고 보니 미국의 서해안에는 조선소가 없었다.

어쨌든 대형 자켓이든 블럭이든 대양을 운송할 수 있다는 확신은 이 때부터 갖고 있었다.

결과적으로 이제 현대건설은 세계 제일의 인적(人的), 물적(物的) 동원력을 가진 회사로 자타가 공인하는데, 그 배경에는 현대중공업이라는 막강한 해외건설 지원 기지의 역할이 매우 컸다.

그런가 하면 반대로 우리 건설은 해외에 진출하여 화력·수력의 모든 발전소, 각종 석유화학 플랜트, 가스 분리시설, 석유 시추 플랫폼 등 모든 플랜트 공사들을 수주, 세계 최첨단 선진 기술의 시방하(示方下)에 수행하면서 체득한 재산들을 그대로 현대중공업의 기술 축적으로 옮겨 우리나라 중공업 기술 향상에 엄청난 기여를 한 것이다.

이런 점에서 현대의 해외건설은 다른 회사의 해외건설과는 맥이 다르다.

해외건설은 국제수지 개선의 주요한 원천이다.

이점은 국가나 국민들도 이해해야 한다. 우리 현대건설의 해외 시장 진출은 우리 중공업에 자생 능력을 부여해 준 어머니였다.

사실 중공업은 선진 공업국의 전유물이었다. 그러나 중동을 비롯한 산유국(産油國)에의 해외건설로 뛰어들면서 이른바 중화학공업도 발전을 모색할 수 있게 된 것이다.

우리 현대는 중동과 동남아, 그리고 환태평양권의 모든 지역에서 사회 간접자본 시설이든, 해양 시설이든, 플랜트든 앞뒤 안 가리고 전력투구로 뚫고 헤쳐나갔다.

내가 믿는 것은 하고자 하는 의지가 가져오는 무한한 가능성과 우리 민족이 가진 무한한 저력뿐이었다.

주베일 산업항 건설 과정에서 그쪽 사람들과 외국 기술자들은 세 가지에 크게 놀랐다고 한다. 하나는 우리의 창의적이고 담대한 공사 수행 계획이었고, 또 하나는 속출하는 기상천외(奇想天外)의 아이디어였고, 나머지 하나는 우리 한국인의 근면성이라고 한다.

되풀이하지만 주베일 산업항 건설은 그야말로 20세기 문명의 집대성과 같은 창조적 대작업이었다.

신의 뒤늦은 손길과 은혜로 기름이 펑펑 솟으면서 그 오일 달러로 걸프만에 거대한 인공 항구를 만들었던 이 건설이 세기적 대역사였음엔 누구도 반론을 제기할 수 없을 것이다.

나는 우리 현대의 전 직원들이 그 공사에서도 고정관념의 노예가 안 되도록 배전의 노력을 했었다.

내 머릿속에는 '공기 단축'이라는 네 글자 외에는 아무 생각도 없었다. 처음 방파제와 호안공사에 쓸 스타비트 16만 개를 만들 때 일은 지금 생각해도 끔찍스럽다. 하루 2백 개씩 만들어내고 있으니 16만 개면 8백 일 동안 계속 만들어야 한다는 계산이다.

어느 날 현장에 가서 보니, 믹서트럭의 콘크리트를 직접 스타비트 거푸집에 쏟아붓는 것이 아니라 일일이 크레인 버켓으로 퍼넣고 있었다. 이유는 믹서트럭의 콘크리트 출구가 스타비트 거푸집의 높이에 안 맞기 때문이라고 했다.

이럴 때 나는 한심하다 못해 화가 터진다. 연구할 것도 궁리할 것도 없이 그것은 너무나 간단한 일 아닌가.

그렇다면 콘크리트를 쏟아내는 믹서트럭의 구멍을 스타비트 거푸집 높이와 딱 맞게 개조하면 문제는 해결되는 것이다.

그렇게 하면 번거로운 크레인은 안 써도 되고 작업시간 단축되고, 안 써도 좋은 인력도 떼어낼 수 있잖은가.

'고정관념이 사람을 멍청이로 만든다'는 내가 우리 간부들에게 즐겨 하는 말이다.

모두가 하나같이 믹서트럭은 완제품이라는 고정관념에 결박당해서 믹서트럭 개조 같은 것은 상상도 못하고 빈대 머리만큼도 못 되어 우둔한 작업을 하고 있었던 것이다.

믹서트럭을 개조하자 당장 하루 2백 개였던 스타비트 생산량이 3백 50개로 올라갔다.

'77년 6월에 착공했던 쿠웨이트의 슈아이바 항만 공사 때는 경사식 암벽에 블럭을 쌓는 일이 어려웠다. 계획상 하루 80개는 쌓아야 하는데 하루 20개도 쌓기가 힘들었다.

열심히 생각하면 길은 있다.

궁리 끝에 작업 바지선에 특수 스크리딩 장치를 부착해 상부에서 윈치로 조정하게 제작해서, 사람이 물 속에 안 들어가고도 바닥 정리를

나의 삶 나의 이상 167

수월하게 할 수 있도록 만들어 공기를 단축하는 데 큰 덕을 보았다.

현대의 성공을 '운이 좋아서'라고 말하는 사람들이 많다. 설령 운이 좋았다 치더라도, 그러나 운도 공짜로 들어오지는 않는다는 말을 하고 싶다.

나는 우리가 성공한 것은 철저하게 시간을 관리할 수 있었기 때문이라고 생각한다. 온갖 역경을 헤치고도 철저한 시간 운영으로 공사 기간을 단축할 수 있는 능력을 우리는 갖췄고 이 능력은 건설 원가를 줄여주었다.

남들이 1년에 해내는 일을 우리는 9개월에 해낼 수 있는 능력이 있다. 공기를 줄이면 그만큼 금리와 임금 부담을 줄일 수 있기 때문에 남들이 1백억 원에 하는 공사를 우리는 80억 원으로 할 수가 있고, 그게 바로 우리의 경쟁력이며 우리의 성공 요인이다.

'시간은 돈'이라고들 하나 나는 '시간은 생명'이라고 하고 싶다.

또 하나 중요한 것이 견문이다. '고선지부지설(苦蟬之不知雪)'(매미는 겨울에 내리는 눈을 알 수 없다)이라는 말이 있다.

여름에 나와 서늘한 나무 그늘에 앉아 노래만 하다 겨울이 오기 전에 없어지는 매미가 한겨울 펑펑 쏟아지는 눈을 어떻게 알 수 있을 것이며, 누군가가 눈 이야기를 한들 알아들을 수가 있을 것인가.

견문이 좁은 사람은 마음도 좁아서 자기 상식이 전부인 줄 알고 미련하게 낙오되어 살다 불쌍하게 간다.

현대건설의 오늘이 있게 된 것은 국내는 물론 오대양, 육대주를 발바닥에 불이 나게 누비면서, 갖가지 시련에 부딪칠 때마다 진취적인 기백과 용감한 모험심과 불 같은 정열과 피나는 노력으로 극복하고 배우면서 철저하게 경쟁하여 이겼기 때문이다.

약이 된 포드사와의 결별

포드사와 결별하고 3년이 지난 '76년 1월 우리가 탄생시킨 '포니'는 지금 세계 구석구석을 달리고 있고, 현대자동차 공장은 연산 1백만 대의 생산체제를 갖추고 있다.

'66년 4월, 미국 포드자동차 회사가 한국 진출을 겨냥하고 시장 조사차 서울에 나왔을 때 우리 현대는 그들의 접촉 대상자 명단에도 못 끼었다.

장차 포드자동차 조립 공장을 제대로 한번 해보겠다는 것이 오래 전부터의 내 꿈이었지만, 당시 포드측에서는 현대를 자동차와는 아무런 상관없는 건설업체로만 보았기 때문이다.

그무렵 신진공업이 5·16군사정부 주선으로 일본 도요타와 기술제휴, 코로나를 '새나라'라는 이름으로 조립해 내고 있었다.

포드 사람들이 한국의 몇몇 회사와 접촉하고 돌아간 뒤였다. 마침 단양시멘트 1차 확장 공사를 위한 차관 교섭차 미국에 가서 머물던 아우 인영에게 차관은 늦더라도 당장 포드사와 자동차 조립 기술계약을 맺고 들어오라고 일렀다.

내가 일하는 스타일이 항상 그랬기 때문에 그런 것에 이력이 난 아우도 그때는 황당스러웠던 모양이었다. 그런 일이 어떻게 하루 아침에 쉽게 되겠느냐는 반응이었다.

"해보기나 했어?"

이것은 지금도 내가 많이 쓰는 말이다.

인영은 그날부터 내가 원래 유능한 자동차 수리 기술자 출신이라는 점을 앞세워 포드측을 설득했고, 그 설득이 주효해서 그들의 한국측 파트너 후보 명단에 끼어들 수 있었다.

그해 12월에 나는 현대자동차주식회사를 설립해 놓고 포드측이 한 신용 조사 결과를 기다렸다.

포드사의 신용 조사는 그들이 할 수 있는 모든 방법으로 정확한 정보를 모으는 것이었다.

주한 미대사관을 위시해 미국 정보기관, 미국 언론기관, 주한 미국 금융기관, 심지어 주한 미국 상공회의소까지 움직일 수 있는 조사 기관은 모조리 동원해서 무려 16개 처의 조사기관이 관여했다.

그렇게 철저하게 조사한 결과 현대건설의 신용도와 나 자신의 사업에 대한 열의가 단연 첫째였다. 그러나 신용도가 1위라고 해서 그것만으로 곧장 기술계약이 체결되는 것은 아니었다.

'67년 2월, 포드사 국제 담당 부사장 일행이 우리 현대의 최고 경영진과 면담을 하러 왔다. 이를테면 면접시험이었다. 사흘을 예정했던 그들의 면담 스케줄은 단 두 시간만에 끝이 났다.

자동차 엔진 구조에서부터 변속장치, 제동장치, 1만여 개 부품의 명칭들, 그리고 자동차 운전 솜씨까지 이야기하는 동안 그들에겐 아마도 내가 자동차 기술자를 넘어 자동차에 대해서는 만능 박사로 보였던 모양이다.

나는 내가 직접 운전을 해가면서 그 일행을 정성을 다하여 극진히 모시고 다녔다.

그들이 내한한 이튿날인 2월 21일 현대와 포드사는 21(국산 부품)대 79(미국산 부품)로 1차 자동차 조립 기술계약을 체결했다.

예상을 뒤엎은 우리의 자동차업 진출은 우리나라 생산업계의 일대 충격이었다.

경부고속도로 건설에 매달려 자동차 공장에는 전력 투구할 겨를이 없었지만, 그래도 그 시절 우리는 울산(蔚山)의 한촌(閑村) 구석에 진입로를 개척하고 공장을 짓기 시작했다. 그리고 3년은 걸려야 생산이 가능하리라던 포드측의 예상을 깨고 만 1년만에 '코티나'를 조립, 생산해서 시판에 들어갔다.

뒤이어 트럭과 버스도 만들어내다 '69년에 부품의 국산화율을 높여 포드사와의 조립 기술계약에 따른 출자액을 현대 자본으로 바꾸고 포드는 자동차 조립 판매로만 그 이익을 챙겼다.

계약 기간을 '71년까지로 연장했다. 그때 나의 구상은 2차 계약기간이 만료되는 '71년부터는 자동차 생산 기술계약을 합작회사로 맺어 선진 자동차 공업기술을 완전하게 국내에 정착시키기 위해 모든 부품을 점차적으로 우리나라에서 생산하도록 하는 것이었다.

포드사와 합작회사 설립을 본격적으로 추진하기 시작해서 투자 비율을 50대 50으로 하자고 미국을 방문, 여러 차례 제의했으나 헨리2세는 냉담했다.

내 나라에 세우는 합작회사 비율을 50대 50으로 하자는 것은 나로서는 대단한 양보였다.

내가 주인 행세를 하자면 최소 51대 49로 하는 것이 기본 원칙이었으나 포드측이 냉담했기 때문에 주인 행세가 중요한 것이 아니라, 우리나라에 세우는 합작회사는 결국 우리나라 것이라는 생각에서 50대 50으로 합의한 것이다. 그리고 전심전력을 기울였지만, 뜻하지 않은 천재지변(天災地變)으로 자동차 사업이 큰 타격을 입는 것을 시작으로 그만 암담해지고 말았다.

'68년 6백 명이던 종업원이 '69년에는 3천 명이 될 정도로 조립 사업은 호황을 누렸지만 '69년 큰 풍수해가 공장을 휩쓸어가면서 저조해지기 시작하여 '70년에 들어서면서부터는 말이 아닌 지경에 이르렀다.

자연 재해도 큰 몫을 했지만 단순부품 조립생산 단계에서 이렇다 할 기술도 없이 자력으로 완전부품 생산 조립 단계로 접어들었던 우리의 당시 고전과 불황은, 연륜이 짧은 자체 기술 업체로서 당연히 겪어야 했던 진통이었다.

사채(私債)가 숨통을 죄기 시작했다. 설상가상으로 포드사측에서 현대측의 자동차 판매 자금 능력을 문제삼고 나섰다.

할부 판매가 반 이상인 자동차 공입은 다른 제조업에 비해 최소한 두 배 이상의 자본금이 필요하다.

차를 많이 팔기 위해서는 장기 할부 판매가 필수조건인데 현대에 그 뒷받침을 할 만한 판매 자금 동원 능력이 있는가 하는 문제 제기였다.

그들의 요구는 약 1백 20억 원이었다.

나는 시중은행을 동원해서 필사의 노력으로 2백억 원의 자동차 판매 자금 지급 보증서를 만들어 그들 앞에 내놓았다.

2백억 원 지급 보증서를 만들면서 나는 이미 합작회사 설립은 아무리 애를 써도 영원히 불가능하다는 판단을 내리고 있었다.

포드사는 근본적으로 우리나라 같은 좁고 가난한 시장에 발을 들여놓을 뜻이 없었다.

뜻이 없으면서 합작 제의 검토에 응했던 것은 단지 우리와의 기존 조립 기술계약은 그대로 존속시키면서, 자본의 위험 부담 없이 제품만 팔자는 속셈을 감추기 위한 제스처에 지나지 않았던 것이다.

나는 헨리2세와 그 경영진들을 '바보들의 집단'으로 치부하고 합작회사 설립은 벌써 반쯤 체념했다.

2백억 원짜리 지급 보증서를 내놓자 예측대로 그들은 딴소리를 했다. 자금 동원 능력에는 만족하나 본사에서 한국은 투자 가치가 없는 나라라는 판정을 내렸다고 했다.

더 이상의 노력을 중단했다. 솔직하게 한국 시장이 작아서 들어올 마음이 없으면 그만두라고 일갈해 버리고, 그 자리에서 아우 세영에게 당장 우리만의 노력으로 새 모델로 1백 퍼센트 국산 자동차를 만들어 낼 방안을 세울 것을 지시했다.

그것으로 포드사와는 완전히 결별했다.

아우가 이탈리아의 설계 전문 용역회사인 이탈 디자인사에 가서 스타일링 및 설계 용역을 1백 20만 달러에 계약하고 유럽 자동차계의 최고 스타일리스트 지우지아로에게 한국의 미래형, 그리고 장차 수출도 할 수 있는 모델 디자인을 의뢰했다.

그후 영국으로 가서 자동차 공장을 실제로 건설하고 경영하는 자동차 전문인을 찾았다. 마침 BLMC의 사장인 조지 턴블이 신형차 개발 문제로 회장과 갈등을 빚어 회사를 그만두고 놀고 있다는 정보를 얻어 그를 설득하는 데 성공했다.

나는 조지 턴블과 자동차 회사와 엔진, 액셀러레이터, 트랜스미션 등 중요 부품 제작 기술계약을 체결했다. 그리고 '74년 7월, 1단계 조선소 건설비를 훨씬 초과하는 1억 달러를 쏟아부어 연산 5만 6천 대 규모의 국산 종합 자동차 공장을 짓는 데 착공했다.

포드사와 결별하고 3년이 지난 '76년 1월 우리가 탄생시킨 '포니'는 지금 세계 구석구석을 달리고 있고, 현대자동차 공장은 현재 연산 1백만 대의 생산체제를 갖추고 있다.

역설적일 수도 있겠으나 우리의 자동차 국산화를 재촉하고 빠른 시간 안에 세계 시장에 뛰어들 수 있게 한 것은 우리 현대가 자동차 사업을 시작할 당시 겪어야 했던 물리적인 이유를 배제할 수 없다.

지금은 없어진 회사지만 당시의 신진자동차공업사가 권력 기관을 끼고 우리의 사업 시작을 적극적으로 저지하려 했다.

사람을 통해 우리 공장을 닫으라는 무모한 압력을 가하다 그것이 안 통하니까 온갖 거짓 죄명으로 구속한다는 등 허구한날 기술자들이며 직원들이 괴롭힘을 당하고, 그 힘쓰는 기관에 불려다니고 하면서 견디기 쉽지 않은 고충을 겪었다.

그 고충이 오히려 기필코 해내겠다는 굽힐 수 없는 의지를, 지지 않겠다는 투지를 덧붙여 주었다면 그때 그 사람들은 어떤 얼굴을 할지 궁금하다.

지금 와서는 오히려 고맙다는 기분이 든다. 그때 그 사람들에게 향한 고마움 비슷한 감사를 포드사에게도 보내고 싶다.

그들이 만약 별다른 생각 없이 50대 50의 기술협약에 응했더라면 우리 자동차 공업이 국산화를 달성하기까지는 훨씬 늦어졌을 것이다.

기업 공개와 아산재단

> 현재 현대건설의 주식 50퍼센트가 아산재단의 기둥이지만 차차 내가 영향력을 행사할 수 있는 회사의 주식은 많든 적든 전부 기증할 작정이다. 그리하여 세계 최고의 재단을 만들어 어려운 사람들에게 힘을 내도록 도움을 주는 것이 목표이다.

'77년 7월, 나는 현대건설 주식 1천억 원의 반인 5백억 원을 출연해서 아산사회복지사업재단을 설립했다. 당시 현대건설의 재산은 한국 제일의 막대한 것이었다.

그 이전 '75년 10월, 정부에서는 기업 공개 대상업체 1백 5개를 선정 발표한 후 공개를 촉구한 바 있었고, 여론 또한 기업의 사회적 책임을 강조하면서 공개를 독촉하는 분위기였다.

가장 수익률이 높은 업체 중의 하나인 현대건설이 기업 공개를 안하는 것에 대한 비난은 극심했다.

나는 현대건설을 공개할 경우, 현대건설의 주식을 살 사람들이 어떤 사람들인가를 생각해 보았다.

결국 주식을 살 능력이 있는 이들이 살 것이 뻔한 일 아닌가.

소수의 가진 사람들에게 우리 주식의 이윤이 돌아가게 하기보다는 주식을 살 능력이 없는 이들에게 이익을 나누어주는 것이 대의에 맞다는 생각이 들었다.

모든 것의 주체는 사람이다. 가정, 사회, 국가의 주체도 역시 사람이다.

사람들이 건강하고 유능해야 가정, 사회, 국가가 오늘의 안정과 내일의 번영을 이룰 수 있다.

나는 사람을 크게 괴롭히는 것으로 병고와 가난 두 가지를 꼽는다. 이 두 가지 고통은 서로 맞물려 돌아가는 상관관계에 있다.

병치레 때문에 가난할 수밖에 없고 가난하기 때문에 치료를 못 받아 계속 아플 수밖에 없고, 계속 아프기 때문에 더욱 가난할 수밖에 없다는 이야기이다.

건강하고 유능한 수많은 이들의 힘으로 성장한 현대의 재산을 가난하고 고통받는 이들을 위해 가치 있게 쓰자는 것은 나의 숙원이었다.

그렇다면 우리 '현대그룹 내의 복지는 완벽한가' 하는 지적을 받을 수 있을 것이다. 그러나 현대에 모여 있는 임직원들은 다같이 건강하고 유능하다.

개인이나 사회, 단체가 내 볼일 먼저 다 보고 난 뒤 남은 것으로 나보다 불우한 사람을 돕겠다면 생애를 마치는 날까지 단 한 사람도 제대로 돕지 못할 것이다.

일부 재벌들이 소위 복지재단이라고 설립해 놓고 유명무실한 간판만 달고 있거나, 아니면 다른 수단의 절세 등으로 영리 추구를 하는 것을 더러 보아왔기 때문에 나는 아산재단 설립을 발표하면서 우선 향후 3년 이내에 전국의 의료 취약지역인 정읍, 보성, 인제, 보령, 영덕 등 5개 지역에 현대식 종합병원을 건립, 의료 시혜사업을 해나겠다고 못박아 밝혔다.

그러나 국민들은 아산재단 설립을 그저 정부의 기업 공개 방침을 피하기 위한 하나의 편법으로밖에 생각하지 않았을지도 모른다.

나는 정성스러운 마음으로 묵묵히 나의 올바른 뜻을 펼쳐나갔다.

그해 9월 우선 정읍에, 그리고 11월에는 영덕에 약속대로 초현대식 종합병원을 착공했고 이어서 발족 1년 안에 보성, 보령, 인제에도 기공되었다.

그런가 하면 대학 교수 1백 49명에게는 연구비와 지원금을, 매년 1천여 명의 학생에게는 장학금을 지급했다. 그리고 불우한 신체 부자유자 등 어려운 사람들을 위해 봉사하는 사업에 매년 3억 원을 도와주었다.

현대건설이 재무 구조가 좋은 것은 대주주가 창사 이래 배당을 일체 받지 않고 전부 사내 유보로 돌렸기 때문이다. 이 견실한 재무 구조를 바탕으로 어려운 사람들에게 최대의 도움을 줄 수 있는 우리나라 최대의 사회사업 지원 재단으로 아산재단을 만드는 것이 나의 이상이다.

현대건설은 나의 생애 동안 정성과 정열을 기울인 국내 최대 기업이다.

현재는 현대건설의 주식 50퍼센트가 아산재단의 기둥이지만 차차 내가 영향력을 행사할 수 있는 회사의 주식은 많든 적든 전부 아산재단에 기증할 작정이다. 그래서 미국의 포드재단이나 록펠러재단에 버금가는 세계 최고의 효율성 높은 재단, 최대의 재정력이 있는 재단으로 만들어 가장 어려운 사람들에게 힘을 내도록 도움을 주는 것이 나의 목표이다.

나는 그것이 현대를 있게 한 이 사회에의 보답이요, 또한 한 인간으로 태어나 최선을 다해 일하고 뛰고 발전한 나 개인의 생이 느낄 수 있는 최대의 보람이라고 생각한다.

다섯 번 연임한 전경련 회장

'77년 2월 고사를 거듭했으나, 만장일치로 피선된 후 '87년 2월까지 다섯 번이나 연임, 10년 동안 전경련 회장으로 한국 민간경제를 주도하면서, 나름대로 민간 경제인들의 발언권을 강화시켜 한국 경제의 기틀을 공고히 다지는 민간 경제시대로 삼았다고 자부한다.

    5·16 전후의 한국 경제는 경제라고 할 수도 없는 처지였다.
    일제 압제하 36년간의 경제는 일본인들의 독무대로, 그들은 남북한 전 국토의 지하자원을 샅샅이 훑어먹었고, 대륙 고무신, 경성방직 정도가 우리 국민 것이었다는 것은 잘 알려진 사실이다.
    8·15 이후의 미·소 군정 2년여를 거쳐 이승만 박사의 집권 동안에는 6·25 전후 줄곧 외교와 치안에 우선 전념하던 시대였다.
    '60년 4·19 혁명까지 짧다고 할 수 없는 이승만 박사의 통치시절은 한강 다리 하나도 새로 놓을 경제력이 없는 상황이었고 그후 허정 과도정부, 장면 박사의 민주당 통치때는 민권은 크게 신장되었으나 사회 혼란은 극심했다.
    사회 혼란과 민주당의 파벌 싸움을 틈탄 군부세력이 무혈 군사혁명을 성공시킨 5·16이 일어났던 당시 한국 경제는, 일본인들이 남겨놓았으나 6·25 동란 때문에 대부분 못 쓰게 된 다소의 시설들 위에 많은 어려움을 겪은 후 겨우 여러 분야에서 대소의 제조업이 싹트기 시작하던 참이었다.

5·16 군사혁명 정부는 정권을 잡자 후진국들이 정권 초기에 으레 하는 식대로, 거상(巨商)을 잡아 가두는 것으로 엄포를 놓아 국민에게 위세를 보이면서 민심 수습을 시도했다.

당시 이정림, 김용완 씨 등 20여 명의 기업인들이 탈세 죄목으로 수감되었다.

미국 등 민간 자유경제 국가들의 교섭과 압력으로 풀려난 수감 기업인들을 중심으로 정부는 전국경제인연합회를 출발시키면서, 초대 회장으로 이병철 씨를 추천했다.

그 1년 후, 한국양회 이정림 사장이 이병철 회장과 경선해서 2대 회장으로 선출되었다.

박정희 대통령 정부는 당시 한국 경제의 실태를 정확하게 파악한 후, 한국 경제 근대화를 목표로 한 획기적인 용단을 내렸다.

그것은 산업 근대화 자금 조달을 위해서 경험이 부족한 우리나라 경제인들의 사업계획서를 신뢰하고, 정부가 외국 차관 도입의 지불보증을 해주는 제도의 실행이었다.

외국 자본을 정부 보증으로 도입해 근대화 공장을 세워 생산품을 국내외의 시장에 팔아 차관 빚을 갚자는 것이었다.

만일 사업이 계획서대로 달성되지 못해서 부도가 나면 부도를 낸 사업가는 형무소로 직행해야 하는, 사업가의 몸을 정부에 담보로 저당한 제도였다.

우리 경제인들은 정부의 신뢰를 힘으로 삼아 무거운 십자가를 짊어지고 다같이 불철주야 조국 근대화 건설의 임무를 수행하느라 뛰었으나, 개중에는 국내외 시장의 경기 부침에 따른 난관에 부딪쳐 실제로 옥고를 치른 사업가도 있었다.

어쨌든 한국 경제의 근대화는 고 박정희 대통령의 정부 보증 외자 도입의 기발하고 용단 있는 정책의 소산이라고 하겠다.

이 근대화 정책 시대 동안에는 정부와 전국경제인연합회의 충분한 협의를 통해서 민간 경제계의 뜻이 많이 반영된 경제정책이 시행되었다고 할 수 있다.

2대 이정림 씨에 이어 3대 김용완 씨, 4대 홍재선 씨, 5대 다시 김용완 씨가 전경련 회장을 맡았다가 '77년 2월, 고사에 고사를 거듭했으나 만장일치로 내가 피선되었다.

그로부터 '87년 2월까지 5선 연임의 전경련 회장을 10년 동안 맡아 나는 한국의 민간경제를 주도하면서 나름대로 민간 경제인들의 발언권을 강화시켜 한국 경제의 기틀을 공고히 다지는 민간경제 시대로 삼았다고 자부한다.

전국경제인연합회는 선의의 경쟁자들의 집단인 동시에 정변 때마다 권력을 이용하는 크게 잘못된 기업인도 끼어 있는, 다 똑같을 수는 없는 각양각색 개별 기업의 집합체이기도 하다.

그러나 나의 회장 시절 10년 동안에는 전경련 회의 안건 중 만장일치가 아닌 표결 의존으로 처리된 안건은 단 한 건도 없었다.

전경련 회장단에 간섭하는 정부의 인사 압력은 일체 배제했고 각종 압력에도 초연했던 나의 회장 시대였다.

격동의 '70년대 후반

> 개인적인 혜택을 받은 것은 없으나 나는 현대의 성장 자체를, 경제발전에 역점을 두고 강력하게 추진한 박정희 대통령의 덕분으로 생각한다. 오늘의 우리 경제를 이 정도까지 끌어올린 것은 누가 무슨 말을 하든 그분의 업적이며 그 업적에 경의를 표하지 않을 수 없다.

'75년 6월, 이란의 반다르 압바스 동원 훈련 조선소 건설로 중동에 첫발을 들여놓았던 우리는 이어서 그해 10월에는 바레인에 진출, 아스리 수리조선소를 착공했고 12월에 사우디로 진출, 해군기지 해상공사에 들어갔다.

사우디 주베일 산업항 건설은 그 이듬해, 그러니까 '76년도 7월에 착공된 공사였고 10월에는 사우디 해군기지 육상공사를 착공했다.

우리 현대가 미국 경제전문지 '포천'에 세계 5백대 기업 안에 처음 끼어 들어간 것도 '76년도였고 현대건설 10억 달러 건설 수출탑, 현대조선 9억 달러 수출탑을 받은 것도 그해였다.

현대건설은 총매출액이 1천억 원을 넘어 1천 3백 50억 원이 되었다.

'77년 1월 국내의 대청댐 수주, 3월 제네바 국제 자동차 전시회에 현대 '포니'를 출품했고, 사우디의 라스알가르 항만 건설공사와 이어서 바레인 디플로매트 호텔의 기초 및 콘크리트 공사를 했다.

평택 화력 1·2호기 기술 용역 수주, 월성 원자력발전소 3호기 착공, 성산대교, 고리 원자력발전소 2호기 착공, 사우디 아시르 전화 사업, 쿠웨이트 슈아이바 항만 확장공사 등등을 했으며 현대조선은 나이지리아에서 대형 화물선 11척을 수주받고, 미국 멕더모트사와는 대형 특수 해상 공작선 건조계약을 체결하는 등 전년도에 못지않게 바쁜 한 해였다.

'78년, '워싱턴 포스트'지가 우리의 '77년 대외의 계약고 19억 달러 실적이 세계 제4위라는 발표를 했고, 2년 전 세계 5백대 기업에 우리를 끼워준 '포천'은 세계 1백대 기업 가운데 98번째로 우리를 올렸다.

'타임', '뉴스위크'지와 맞먹는다는 프랑스의 '렉스프레스'지는 공업 한국을 소개하는 기사를 실으면서 울산시를 '현대시'로 표기하는 실수를 저지르기도 했다.

망설이던 끝에 국영 적자기업(國營赤字企業)인 인천제철과 대한 알루미늄을 공개 경쟁입찰로 인수한 것도 '78년의 일이다.

기업이라면 덮어놓고 '정경유착'이니 '문어발'이니 하고 기회만 있으면 매도당하는 풍토 속에서, 내가 항상 당당할 수 있었던 이유는 우리 현대는 단 한 번도 남의 기업을 인수받은 적이 없다는 사실이었다.

그때까지의 현대 산하의 모든 기업은 마치 내 아버님께서 돌밭을 하나하나 일구어 옥토를 만드셨듯이 말뚝 박기에서부터 굴뚝 올리기까지 전부 다 우리 힘, 우리 노력만으로 이룬 것이었다.

그럼에도 그야말로 비약적인 우리의 성장을 정치권력과의 결탁에 의해 공짜로 커가고 있는 것처럼 오해하는 일부의 곱지 않은 눈총이 꺼림칙해 주저하던 끝에 인수를 결정한 것은, 조선을 비롯한 국내외 각종 공사에 상당량의 철강재와 알루미늄이 반드시 필요하기 때문이기도 했고 또 정부의 공기업 민영화 방침에 따른 요구를 끝까지 거부할 수 없었기 때문이기도 했다.

'79년도는 2월에 사우디 얀부 액화가스 해상 터미널 건설에 착공하는 것으로 출발해서 역시 열거하자면 장황할 만큼의 일을 국내외에서 해냈고 '포천'은 '78년도 매출액 36억 달러로 우리를 78위에 올려놓았다.

그러나 한편으로 '79년도는 긴장 속에서 출발한 해이기도 했다. '78년 여름부터 가열되기 시작했던 이란의 회교혁명이 점차 수습할 수 없는 소용돌이로 변하고 있었다. 당시 우리는 이란에 전년도 착공한 세 군데의 공사 현장을 갖고 있었다.

외국인들의 철수 상황이 보도되고 있던 1월 7일 아침, 본사 중동사업본부 회의실에 텔렉스가 날아들었다. 긴급히 현장을 포기하고 철수하라는 발주처 및 기술처의 공식 지시를 접수하고 철수하던 중에 안개 때문에 차량이 전복되어 다섯 명이 사망하고 스무 명이 중상을 입었다는 소식이었다.

나는 모든 수단 방법을 가리지 않고 탈출해 나오는 아수라장 이란으로 즉각 해외 공사 관리본부장 박규직 상무를 들여보냈다.

사망자들의 유해와 부상자들의 안전한 대피 후에 남아 있는 인원을 신속하게, 그리고 무사히 철수시켜 오라는 지시와 함께.

무수한 현장에서 사고로 한두 사람 사망하는 일은 드물지 않다. 그 때마다 나는 오직 잘살아보겠다는 일념으로 타관 객지, 만리 타국에서 피땀 흘리며 일하다 불의의 사고로 유명을 달리한 그들 가족의 비통함을 생각한다.

죽은 사람의 불행은 내 힘으로 도저히 돌이킬 수 없는 일이지만, 그 유가족들의 삶에 힘을 주는 일은 내가 할 수 있고 또 그것이 나의 의무이기도 했다.

그래서 우리 일을 하다가 사고로 유명을 달리한 사람의 남은 가족들에게는 현대그룹 산하의 각 기업에 우선적으로 취업할 수 있는 혜택을 주고 있기도 한 것이다.

그로부터 20여 일만인 1월 29일, 4백여 명의 근로자 및 직원들이 대한항공 특별기를 타고 뜨기까지는 영화에서나 보아오던, 그야말로 대탈출작전이었다.

이때의 값비싼 이란 철수 경험을 살려서 우리는 사우디아라비아와 맞먹는 규모의 이라크 건설 시장을 이란, 이라크 전쟁 동안에도 끄떡 않고 최후까지 버틸 수 있었다. 만약의 사태를 대비한 철수계획을 철통같이 세워놓았던 덕택이었다.

2월, 현대건설을 세계 1백대 기업으로 올라서게 했던 주베일 산업항 공사가 세계 선진국 건설업체들의 예상을 뒤엎고 계약 공기 40개월을 8개월이나 앞당기고 32개월만에 성공적으로 준공되었다.

이무렵 국내에서는 울산그룹에 이어서 원진레이온이 도산했다. 게다가 미국 민간 대외원조협회가 한국에서 철수했는가 하면 OPEC는 기준 원유가를 59퍼센트나 인상해서 국내 석유류 값이 폭등하고 날로 심각해지는 인플레로 한국 경제는 누구도 낙관할 수 없는 위기로 몰렸다.

그런가 하면 정치는 또 정치대로 신민당 총재 김영삼 의원 제명이 '부마(釜馬)사태'를 몰고 오고, 20년 가까운 장기 집권이 한계에 부딪치는 갖가지 징조가 잇달아 일어나 불안하기 짝이 없었다.

그러던 그해 10월 26일 박정희 대통령이 김재규 중앙정보부장에게 살해되는 참사가 일어났다.

충격이 컸다.

피차 가난한 농사꾼의 아들로 태어나 우리 후손들에게는 절대로 가난을 물려주지 말자는 염원과 무슨 일이든 '하면 된다'는 소신에 공통점이 있었던 그분과 나 사이에는, 말로 표현하지 않으면서도 서로 인정하고 신뢰하는 부분이 많았다.

개인적인 혜택을 받은 것은 없으나 나는 현대의 성장 자체를, 경제 발전에 역점을 두고 강력하게 추진한 박정희 대통령의 덕분으로 생각한다.

 오늘의 우리 경제를 이 정도까지 끌어올린 것은 누가 무슨 말을 하든 그분의 업적이며 그 업적에 경의를 표하지 않을 수 없다.

 현대가 이란에서 철수하고 사우디아라비아의 수주 제한 조치에다, 청와대에서 밀어주던 박대통령이 타계했기 때문에 이제 현대는 망할 것이라고 생각하는 사람들이 꽤 있었다.

 그러나 한국의 경제 성장률이 마이너스 5.7퍼센트로 위축됐던 '80년도에 우리는 오히려 전년도 총매출액 6천 66억 원의 배 가까이 되는 조(兆)대로 껑충 뛰어넘어 1조 5백 6억 원을 기록해서 현대가 망할 것이라던 사람들을 무색하게 만들었다.

'국보위'와 기업 통폐합

5공 동안 어렵지 않았던 때가 별로 없었지만 특히 '국보위'시대, 창업자인 둘째 아우 인영이 옥고까지 치르면서 일 전 한 푼 못 건지고 창원중공업 공장을 강탈당했던 사건은 내 머릿속에서 지울 수가 없다.

'79년 10월 26일, 박정희 대통령이 서거하자 누가 헤게모니를 잡느냐 하는 군부의 권력 다툼 끝에 당시 보안사령관 전두환 씨를 중심점으로 한 세력이 12·12사태를 일으키는 것으로 계엄사령관 정승화 씨를 축출하고 정권을 장악했던 것은 주지의 사실이다.

'80년 5월 31일, 국가보위비상대책위원회가 발족된 후 국보위시대는, 국보위위원장의 비상대책에 따라 진실한 기업은 위축되고 권력에 편승해 이권을 차지하려 드는 기업이 날뛰었던 경제계의 혼란 시대요, 나에게는 암흑의 수난 시대였다.

한때 국민들 사이에 "박정희 대통령이 죽어라 고생해서 차려놓은 밥상을 5공이 지저분하게 먹어치웠다."는 말이 돌아다녔다시피, 불미스러운 사건이 어느 때보다 많이 터졌던 것이 그 시대였다.

5공은 고 박정희 대통령이 잡아놓은 경제성장 질서와 근면한 국민의 여력에 의해 그나마 지탱된 것이다.

5공 동안 어렵지 않았던 때가 별로 없었지만 특히 국보위시대, 창업자인 둘째 아우 인영이 옥고까지 치르면서 일 전 한 푼 못 건지고 창원중공업 공장을 강탈당했던 사건은 내 머릿속에서 지울 수가 없다.

참으로 암울했던 시기였다.

국보위는 언론 통폐합과 함께 경제 산업의 구조 개편이라는 구실로 기업 통폐합에도 손을 댔다.

나는 그것이 국보위에서 자체적으로 연구 검토해 세운 시책이 아니라 경제라는 것도, 기업이라는 것도 모르는 물색 없는 국보위가 어떤 기업가의 건의를 받아들여 만든 급조 시책이었다고 생각한다.

어쨌든 어느 날 국보위가 나오래서 정세영, 이명박, 이현태 등 사장들 몇과 함께 국보위로 갔다. 가보니 대우(大宇)의 김우중 회장이 먼저 와 있었다.

경제 산업 구조 개편을 위해서 자동차 산업과 발전 사업을 통폐합하겠다는 설명 끝에 국보위 사람이 대뜸 "김우중 회장 찬성합니까?" 하자, 김우중 회장이 "예, 저희는 찬성합니다." 하고 대답했다.

그 다음은 "정주영 회장도 찬성하죠?" 나에게 물었다.

한 마디로 "나는 찬성 안합니다." 했다.

국보위 사람이 안색을 바꿨다.

나라가 비상에 걸려 개혁을 하려는 마당에 김우중 회장은 이의 없이 찬성하는데 왜 국책에 순응하지 않느냐는 몰아세움을 받고 내가 말했다.

"김우중 회장이 여기 이 자리에 있지만 김우중 회장과 나는 산업을 발전시켜온 기본 정신과 그 과정이 완전히 다릅니다. 좀 길어도 내 이야기를 들으시오. 나는 이날까지 어느 공장이고 땅을 마련하는 데서부터 시작해 말뚝을 박고 길을 닦아서 그 위에 내 손으로 내가 지어서 시작하지 않은 공장이 없고, 또 이날까지 불경기로 어렵다거나 누가 돈을 많이 준다거나 해서 중간에 팔아넘긴 것도 단 하나가 없을 뿐 아니라, 이날까지 실패한 공장도 없는 사람이오. 김회장은 지금 이 자리에

같이 있지만 어느 것 하나도 나처럼 지은 공장이 없소. 서울역 앞 본사 건물 대우 빌딩 하나가 있는데 그것도 정부 것을 수의계약으로 사서 만든 것이고, 이 사람은 수단이 좋아 인수 기업들도 전부 경쟁 입찰이 아닌 수의계약으로 차지한 것인데, 이제 시국이 변하니까 권력을 업고 또 뭘 어째 보려는가 본데 나는 그런 방식을 증오하오."

김우중 회장은 시인도 부인도, 내게 항의도 못하고 가만히 있는데 국보위를 어떻게 보는 것이냐고 난리가 났다.

자동차와 발전 공장 둘 가운데 하나를 선택하라는 선택권을 주는 것도 특별한 대우를 해서라는 말이었다.

내가 먼저 자동차, 중공업 중 하나를 선택하고 남는 것을 김우중 회장이 맡도록 한다는 것, 이를테면 심지를 먼저 뽑게 해주는 대접까지 해주는데 불복이 있을 수가 없다는 으름장이었다.

나는 절대로 못 한다고 버텼다. 하다 안 되니까 그들은 각개격파로 작전을 바꿔 정세영, 이명박, 이현태와 나를 각각 다른 방으로 떼어놓고 따로따로 협박했다.

나는 중공업은 모르지만 대우자동차는 절대로 당신네 마음대로 통폐합이 안 될 것이라고 말하고, 2주일의 생각할 시간을 요청해서 1주일 여유을 받았다.

당시 대우자동차는 미국의 제너럴모터스와 50대 50의 합작회사였다.

우리나라 국보위의 기업 통폐합 국책에 미국 제너럴모터스가 50퍼센트의 주식과 권리를 내놓는다는 것은 우선 있을 수 없는 일이었고, 나는 전두환 씨를 따로 만날 수 있으면 어떻게 설명해 볼 심산이었다.

며칠 후 아현동 모처에서 전두환 국보위위원장을 만나서 대우자동차는 제너럴모터스가 50퍼센트를 갖고 있는데 통폐합은 불가능할 것이라고 말했더니, 상공장관이 이미 제너럴모터스의 양해를 받아 결재까지 했다는 대답이었다.

결재까지 했다면서 체면 운운하는데 믿을 수도 안 믿을 수도 없었다. 틀림없이 제너럴모터스가 내놓는다고 했느냐, 책임지겠는가 다짐을 하고 나는 중공업과 자동차 중에서 자동차를 선택했다.

그들은 당시 자동차 산업이 그다지 잘되고 있지 않은 상황이었기 때문에 아마도 내가 자동차를 내놓을 것으로 계산하고 있었던지 허를 찔린 듯한 반응이었다.

당시 대우는 중공업을 갖고 있지 않을 때였다.

우리가 막대한 자본을 들여 건설했던 창원중공업은 당시 부분적으로만 가동되고 있는 상황이었고 그로부터도 많은 투자가 필요했었다.

어쨌든 내가 자동차 산업을 선택함으로써 창원중공업은 김우중 회장에게, 김회장의 대우자동차는 나에게 통합되게 되었는데, 미국의 제너럴모터스가 자기네 권리를 포기할 까닭이 없었다.

결국 대우자동차는 그대로 대우자동차로 남아 있으면서 어처구니없는 우리 창원중공업만 대우로 넘어가게 되었다.

다음 순서는 창원중공업을 당장 대우에 인계하라는 엄포였다.

대우의 자동차도 약속대로 안 되었고 창원중공업에 투자한 돈도 안 내놓았는데 무슨 인계냐고 버텼다.

그랬더니 대우가 국보위에 본사 빌딩을 팔아 청산해 주겠다고 했으니, 선(先) 인수 후(後) 청산으로 하라면서 공인회계사를 내보내 자산평가를 하겠다고 했다.

그렇게는 안 된다고 버텼더니 이번에는 공수부대를 들여보내 내치겠다는 협박이 날아들었다. 별수없이 문서나 한 장 써달래서 받아들이고 창원중공업을 내주어야 했다.

1원 한 장 안 내고 선 인수 후 청산이라는 유례 없는 특혜로 나한테서 창원공장을 가져간 김우중 씨는, 힘에 부쳐 그후 창원공장을 다시 정부에 내놓게 되었다. 결국 정부는 허둥지둥 한전과 산업은행에 출자

시켜 국영기업으로 만드는 과도기의 한 토막 촌극을 연출했다. 바로 그것이 계속되는 경영 부실로 다시 민영화하느냐 마느냐 설왕설래하다가 만 지금의 한국중공업이다.

그후 국영화가 되고 나서 대금 청산을 요구했더니 공인회계사 자산평가가 정당하지 못하다는 이유로 거절당했다.

우리는 정부 상대 소송을 제기해서 공인회계사의 평가가 정당했다는 판결을 받았으나, 정부의 불복으로 아직도 법원에 계류중인 형편이며 정부에 수천억 원의 이자 안 무는 빚을 주고 있는 셈이다.

나는 인간에게 가장 어려운 고난은 전쟁이라고 생각한다. 전쟁 이상의 고난은 없다고 생각하며 살아왔다. 그러나 법에 의해 나라를 다스리는 원숙한 정치가 이루어지지 않고 있는 대한민국에서 기업을 하면서 살아오는 동안, 굳이 고통과 고난을 찾는다면 정권이 바뀔 때마다 치러야 하는 홍역이다.

올림픽 유치 책임을 떠맡고

> 5월 어느 날 문교부 체육국 국장이 프린트한 올림픽 유치 민간 추진위원장 사령장을 가지고 왔다. 물론 나한테는 사전에 일언반구 의논도 없었다……. 이규호 문교부장관의 제안이었다고 한다.

올림픽 유치는 동북아와 한반도의 평화 정착에의 기여, 한국의 경제 발전과 국력의 과시, 공산권 및 비동맹 국가와의 외교관계 수립 여건 조성으로 분단상황 극복, 국제적 행사를 통한 국민의 집결력 유도 등의 시대적 배경과 필요성으로 거론되기 시작한 것이었다.

제24회 올림픽대회를 서울로 유치하겠다는 정부 방침 발표는 '79년 박정희 대통령에 의해서였다.

올림픽 유치로 개발도상국에서 선진국으로 부상하는 계기를 삼으려 했던 의지였다.

그러나 그해 10월 박대통령은 불의의 죽음을 당하고 군부의 권력 다툼과 세력 확장을 위한 회오리 속에 국민들은 극도로 위축되고 긴장된 불안 상태에서 '80년도를 맞았고, 살았다.

그런 와중에도 정부는 12월에 올림픽 유치 의사를 정식으로 IOC 본부에 신청 통보했고 '81년 3월부터는 NOC, IOC, ISF 조사단이 내한하여 개최 여건까지 조사했다.

그런데 올림픽 유치 관련 주무부서인 문교부 체육국이 유치 활동에 소요되는 예산 및 제반 사항을 당시 총리에게 상신했다가 올림픽 망국론자였던 총리에게 일축당하자 그때부터 상황이 고약스러워졌다.

올림픽 유치 반대론자인 총리는 아무리 우리가 거국적으로 유치 활동을 해도 일본을 젖히기는 절대로 불가능하고, 만의 하나 무슨 일이 잘못되어 유치에 성공한다 해도 올림픽을 치르면 경제 파탄으로 나라가 망한다는 지론을 갖고 있었다.

그러니까 국무위원들도 총리와 같은 태도를 취했다.

세계 IOC 위원 82명의 82표 가운데 몇 표나 얻겠느냐. 대만 표 하나 얻고 미국 표도 둘 중 하나는 캐나다 동계 올림픽 유치에 쓸 것이고 우리 표까지 합쳐 기껏 얻어봤자 서너 표라는 당시 한국 IOC 위원의 비관적인 전망까지 가세해, 아무튼 절대로 나고야(名古屋)를 이길 수 없다는 분위기가 지배적이었다.

어쨌든 올림픽 유치 신청서를 접수했고 조사단이 개최 여건 조사까지 마쳤으며, 더구나 올림픽 개최 추진 의지의 재확인까지 한 상황에서의 올림픽 유치 신청 철회는 국가적인 위신문제가 걸려 쉽게 생각할 수도 없었다. 그렇다고 그냥 밀고 나가자니 강력한 경쟁 후보 나고야와의 표대결에서 누구의 말처럼 서너 표만 얻은 채 형편없이 패배할 경우 그 망신과 비난을 감수해야 되는 진퇴양난이었다.

상황과 분위기가 그런만큼 올림픽 유치 업무 수임에 따른 책임이 두려워 모두 의도적으로 올림픽 유치와 관련되는 것을 기피하게 되었다. 심지어는 올림픽 개최 신청 당사자인 서울시장까지도 수수방관이었다. 단지 주무부처로 지정된 문교부만 모든 일을 떠안고 끙끙 앓았던가 보다.

5월 어느 날 문교부 체육국 국장이 프린트한 올림픽 유치 민간 추진위원장 사령장을 가지고 왔다. 물론 나한테는 사전에 일언반구 의논도 없었다.

내용을 알고 보니 시일이 촉박해지면서 가진 이규호 문교부장관 등 올림픽 유치 관계 장관 회의에서, 나고야와 표 대결에서 정부가 망신을 당하지 않는 방안으로 유치 도시 관할 시장이 맡게 되어 있는 유치 추진위원장을 민간 경제인에게 맡긴다는 유례 없는 결정을 한 것이었다.

이규호 문교장관의 제안이었다고 한다.

무에서 유를 창조하고, 강인한 추진력과 기지로 현대를 세계적인 기업으로 키운 저력과 해외에서 갖가지 신화를 남기면서 한국 기업의 위상을 제고시킨 능력을 높이 평가해서라는 듣기 달콤한 말을 겉치레로 내세웠다.

하지만 한마디로 말하면 결과적으로 표 대결에서 망신을 당해도 대한민국이 아니고 '정주영이 네가 당하라'는 뜻이 아니었나 생각되었다.

당시 경제인연합회 회장이 나였기 때문에 민간 경제인들의 단체장으로서 떠맡긴 책임이었다.

올림픽 유치에 대한 정부의 의지와 이를 뒷받침해야 할 제반 후속 조치의 경과, 그리고 대체적으로 부정적인 시각과 분위기를 알고 있던 나는 어찌 되었든 한번 모여서 얘기나 나누어보자고 정부와 체육 단체 등의 관련 인사들을 호텔 롯데로 모아 첫 회의를 가졌다.

88올림픽 유치 민간 추진위원회 위원장 밑에 각부 장관들이 전부 위원으로 들어 있었는데, 회의장에 나온 장관은 이규호 문교부장관뿐이었고 IOC 위원도 불참, 서울시에선 국장을 한 사람 내보냈다.

이미 5월인데 9월 20일부터 열리는 바덴바덴에서의 동계, 하계 올림픽 유치 활동기간에 마련되는 전시장에 낼 홍보영화, 홍보책자 준비가 시급했다.

대략 1억 8천만 원의 예산이 필요했다.

당연히 서울시가 내야 하는 것인데 서울시에서 나온 국장이, 올림픽과 관련된 당해 연도 예산이 없어 불가능하고, 총리한테 추가 예산 신청을 한다 해도 올림픽을 하면 국가 재정이 파탄난다고 주장하는 총리가 결코 인정을 안해줄 것이라고 난처해했다.

할수없이 정경유착이라는 의혹 방지 수단으로 다음 해 예산으로 변제한다는 조건을 달아 내가 1억 8천만 원을 입체해 주어 영화를 제작하도록 했다.

그러고도 나는 정부의 유치 의사가 어느 정도인가, 추진위원으로 되어 있으면서 회의에는 불참한 국무위원들이 과연 협조할 것인가를 이규호 문교부장관에게 확인했다.

문교부장관의 대답은 대통령의 지시라고 했고, 안기부에서는 여러 측면으로 협조할 것을 다짐하고 특히 당시 안기부 부장의 적극 지원 약속을 받았다.

조상호 체육회장, 최만립 총무 등은 체육회로서는 밑져야 본전으로 손해볼 것 없고 또 혹시 소가 뒷걸음질치다가 쥐 잡는 수도 있으니까, 쥐를 잡으면 좋은 일이고 못 잡아도 본전인 입장으로 나와 있었다.

8천억 원의 경비가 소요되는 올림픽은 당시 우리나라의 형편으로 부담스러운 액수였던 것은 확실하다. 거기에다 그 전 올림픽을 유치했던 캐나다가 올림픽을 막대한 적자로 끝냈던 전례도 있었다.

그러나 내 생각은 달랐다.

나는 모든 일은 인간이 계획할 탓이라고 생각하는 사람이다.

인간이 적자가 나도록 계획하면 적자가 나고 국가 재정이 파탄이 나도록 계획하면 그렇게 되는 것이다.

올림픽을 유치 못하는 것이 병신이지 유치만 하면 우리에게 주어진 형편 안에서 우리에 맞게 계획해서 적자 안 나게 얼마든지 해낼 수 있다고 나는 생각했다.

우선 경기장이라든지 숙소 등은 모든 민간 시설을 동원해서 해결하면 되지 않는가.

대학이나 각 도시의 경기장들을 규격에 맞게 개수해서 활용하면 되는 것이고 선수촌, 프레스센터, 기자촌 등은 새로 지어서 한 번 쓰고 팽개칠 것이 아니라 좋은 부지에 민간 자본을 끌어들여 아파트를 지어 미리 팔면 정부는 정부 돈 한 푼 안 들이고 선수 숙소가 해결되는 것이다. 그리고 기자촌, 프레스센터들도 예를 들어 한전이 새 빌딩을 지을 예정이면 그 빌딩을 지어 기자들이 먼저 쓰고 난 뒤 한전이 쓰면 되고 하는 식의 굵은 구상은 이미 다 되어 있었다.

국제시장에서 우리 기업이 거래하는 각국의 기업인들을 통한 그 나라의 IOC 위원 접촉을 염두에 두고 안기부 부장의 지원 다짐을 다시 받았다. 바쁘다는 핑계로 되지도 않을 일에 돈 쓰고 시간 쓰는 일을 피하려고 하는 우리 경제인 동원을 안기부 부장이 확약했다.

지금도 과히 달라지지 않았겠지만 당시의 안기부 위력은 대단한 것이었다.

나는 우리 기업인들이 현지에 와 합심해서 협조해 활동하고 우리가 온갖 정성을 기울이면, 올림픽 유치에 필요한 82명의 과반수 득표는 반드시 확보할 수 있다고 확신했다.

그렇지만 확신은 내 가슴에만 묻어두고 정말 서너 표만 나오면 나라가 웃음거리가 되니까 나라의 체면 유지가 될 만큼만의 표는 얻도록 하자고 했다. 최선을 다하면 설마 그만한 표야 못 얻겠는가라고만 말해 두었다.

바덴바덴에서의 "쎄울 꼬레아!"

> 올림픽을 주도했던 사람들이 자기의 공을 확대하기 위한 조작일 뿐, 올림픽은 흑자가 아니었다. 또 올림픽은 흑자가 나서도 안 되고 흑자가 날 수도 없는 행사이다. 원래 적자가 아니면 고마운 것이 올림픽임을 알아야 한다.

    바덴바덴으로 출발할 무렵 나는 정부에서 지명한 추진위원 가운데 안이한 사고방식으로 여행이나 즐길 것 같은, 우리의 목적에 도움이 안 될 일부 위원을 제외시키고 대신 유창순 씨와 이원경 씨 등 유능한 몇몇 인사들을 영입했다. 통역으로라도 따라가서 돕겠다는 김운룡 태권도연맹 총재도 동행했다. 사적으로는 몽준이가 학교 때 독일어를 좀 했기에 행여나 쓸모가 있을까 따로 데리고 가기로 했고, 독일에서 유학생 시절을 보냈던 다섯째 계수도 함께 가자고 했다.
    나는 유럽을 돌아 바덴바덴에 들어가기로 했고 전상진 대사는 남미 지역을 경유해서 합류하기로 했으며, 예상대로 올림픽 유치가 불가능하다는 판단으로 미온적이었던 일부 기업인들을 안기부가 나서서 전부 바덴바덴에 모이도록 협조해 주었다.
    출발에 앞서 나는 현대 프랑크푸르트 지점에 긴급 전문을 보내 급박한 일정 계획 아래 현지 도착 후 관련국과의 로비, 각종 지원에 대한 만반의 준비 명령을 내렸다.
    9월 15일 IOC 총회 참석차 유럽에 도착하여 런던에서 데니스 풀로 영국 올림픽위원장을 만나고 16, 17 양일간은 벨기에에서 한(韓)·EC 심포지엄에 참석하고, 룩셈부르크에서 장 드 황태자와 만찬을 하는 등 올림픽 유치와 관련된 유럽 순방 로비 활동을 마치고 20일 육로로 바덴바덴에 도착했다.

 나의 지시대로 현대 프랑크푸르트 지점의 전 직원과 그 부인들, 또 밥하는 아주머니들까지 이미 바덴바덴으로 아예 지점을 옮겨 집결하고 현지 사무소 준비와 임대 저택 확보를 끝내놓고 있었다.

 나는 임대 저택을 근거지 삼아 현대 프랑크푸르트 전 직원을 상주시켜 유치 활동을 적극 지원하도록 하고, 대표단은 별도로 얻은 시내 사무실에서 본격적인 활동을 할 수 있게 했다. 철저한 사전 정보 입수 및 개별 로비 활동 전개, 제 경비 지원체제 구축, 치밀한 사후 관리 및 일일 점검 등 수주 전략과 똑같은 득표 전략을 수립했다.

 그러나 각국의 IOC 위원들에게 앞장서서 유치 교섭을 해야 할 우리나라의 IOC 위원과 올림픽 유치 주최인 서울시장은 우리 유치 대표단이 전부 집결한 20일에도 모습을 나타내지 않았다.

 일본의 나고야시는 그동안 꾸준히 유치 활동을 계속 추진해 왔을 뿐 아니라 이미 개막 이틀 전인 18일부터 나고야 시장까지 도착해서 자기네 IOC 위원을 동원, 왕성한 활동을 하고 있는데 우리는 개막일이 지나도 우리 IOC 위원이 나타나지 않아 본격적인 활동을 전혀 할 수 없었다.

 세계 각국의 IOC 위원들이 묵고 있는 브래노스 파크호텔 출입은 IOC 위원들에게만 허용되었기 때문에 우리의 IOC 위원이 와서 그 호텔에 투숙해 주어야 그를 만난다는 구실로라도 들어가 다른 나라 IOC 위원들을 접촉할 수 있었다. 그런데 IOC 위원이 오지 않았으니 답답한 노릇이었다.

 본국에 연락했더니 우리 IOC 위원은 이미 현지에 도착해 있어야 한다는 대답이었다. 부인과 함께 파리에 가 있는 그를 급히 수배해 바덴 바덴에 도착시킨 것이 23일이었다. 서울시장도 24일에야 나타났다.

IOC 위원이 대단한 영광이라는 말은 들었지만 우리나라 IOC 위원은 뒤늦게 도착해서도 대표단의 열성과 봉사에 찬물을 끼얹곤 했다.

"서울시는 세 표밖에 못 얻는다. 한 표는 내 표, 한 표는 대만, 한 표는 미국."

모두의 사기를 죽이는 이런 예언을 그는 서슴지 않았다.

어쨌거나 나는 내 할일은 하는 사람이다. 우리 IOC 위원에게, 모두 객지니까 우리 IOC 위원 이름으로 각국 IOC 위원들에게 꽃바구니를 하나씩 보내자는 제안을 했다.

의외로 그는 펄쩍 뛰며 완강히 거절했다. 이유인즉 대등한 IOC 위원인 자기가 무엇 때문에 체면 깎이게 꽃바구니 같은 것을 보내느냐는 것이었다.

올림픽을 유치하자는 국가의 IOC 위원으로서 호의를 가져달라는 의미 이상이 아닌 꽃바구니가 애교스러우면 애교스러웠지 체면 깎일 일은 아니잖은가. 설득했으나 절대로 안 되고, 싫다고 했다.

그럼 꽃바구니는 내가 준비할테니까 이름만 빌려 달라고 했더니 그것도 절대 싫다고 했다. 이 사람은 되지도 않을 일에 왜 이러느냐는 식이었다.

그래서 별수없이 내 이름으로 꽃바구니 하나씩을 각국 IOC 위원들 방으로 넣어주었다. 우리 활동을 돕기 위해 동원된 부인들이 일일이 하나하나 정성스럽게 고르고 선택해서였다.

그런데 그 꽃바구니의 반응이 대단했다. 그 다음날 IOC 위원들이 회의를 끝내고 로비에 모였다가 우리를 보고 모두 반가워하며, 아름다운 꽃을 보내주어 감사하다는 인사를 진심으로 해주었다.

그때 경쟁 시(市)인 나고야시는 IOC 위원 부부들에게 최고급 일제

손목시계를 선물했던 모양인데 시계 선물에 대한 인사는 없고 꽃바구니에 대한 감사인사만 했던 걸 보면, 역시 값비싼 선물보다는 마음과 정성이 담긴 작은 선물이 인간적인 따스함을 전달시키고 부담도 안 주었던가 보았다. 아무튼 우리는 꽃바구니로 가는 곳마다 환영받고 고맙다는 인사를 받았다.

투표 전략에서 주효했던 것은 각국 IOC 위원들에 대한 세밀한 신상 파악으로 성향 분석을 하고, 경쟁 유치국의 활동 상황까지 분석해서 개별 로비를 한 것이었다.

조상호 대한체육회 회장, 최만립 총무 등 몇몇 인사와는 매일 새벽 6시와 밤 9시나 10시에 조석회의로 일일 점검을 했다. 또 북한의 방해로 한 표라도 떨어져 나가지 않도록 그곳에서 부딪치는 북한 사람에게도 웃는 얼굴, 부드럽고 호의적인 말로 최고의 예우와 친절을 다해서 그들의 감정을 다치지 않도록 각별히 유념했다.

한편 우리는 선진국들에 비해 상대적으로 위축되어 있는 중동 및 아프리카 등 저개발국가 IOC 위원들에게도 겸허하게, 그리고 성심으로 우리의 유치 의사와 개최 능력을 소개하고, 후진국도 언젠가는 올림픽을 개최할 수 있다는 희망을 북돋워 줌으로써 우리에게 호의적인 방향으로 그들을 선회시켰다.

우리 경제인들도 만사를 젖히고 달려와 자기 호주머니 돈을 쓰면서 참으로 열심히 활동해 주었다. 대한체육회 조상호 회장과 최만립 총무의 활동도 절대적인 힘이 되었다.

1백여 명의 대표단이 프랑크푸르트에서 온 우리 아주머니들이 해주는 점심을 먹으면서 처음 새로 만난 사람들끼리 혼연일체가 되었다. 열흘 동안 각자 정성을 다해 한 가지 목표를 향해 함께, 그야말로 최선을 다해 활동한 결과가 서서히 나타나기 시작했다.

나고야의 선풍이 차츰 힘을 잃어갔다.

그럼에도 9월 30일 발표 전날 실시된 각국 기자단 모의 투표 결과에서 서울시보다 나고야가 우세하다는 결론이 나왔다. 그 바람에 나고야시는 미리 샴페인까지 터뜨렸다고 한다.

그러나 나는 그동안의 로비 활동을 통해서 서울 지지가 확실한 것으로 판단된 IOC 위원들을 적어도 46명으로 계산해서 46표의 확고한 지지표로 올림픽 서울 유치는 확실하다고 주장했다.

마침내 9월 30일 오후 4시. 사마란치 IOC 위원장이 불어로 "쎄울 꼬레아!"를 선언했다. 모두, 너나 할 것 없이 얼싸안았다. 얼싸안을 수밖에 없었다. 우리의 득표는 나의 예상 46표에서 여섯 표나 추가된 52표였다. 나머지 3표는 무효, 결석 등이었다.

7시부터 서울시 주최 축하 리셉션이 열렸다.

일본과 나고야시는 자기네들이 유치하는 것을 당연지사로 알고 본국에서부터 비행기로 샴페인과 축포를 잔뜩 준비해 왔다가 못 쓰게 되자, 우리에게 샴페인 쓸 일 있으면 가져다 쓰라는 제의를 해왔다. 나는 말만으로도 고맙다는 인사로 대신했다.

바덴바덴에서의 10일간은 갖가지 애로 속에서도 전원이 하나로 단합되어 그 힘으로 불철주야의 노력을 기울여 얻어낸 대승리였다.

6·25 동란의 참화를 딛고 일어섰으나 아직도 전쟁으로 얼룩진 분단국으로만 통하던 한국이 예상을 뒤엎고 올림픽 개최 국가가 된 소식에 세계가 다 함께 깜짝 놀랐고, 내가 생각해도 통쾌한 일이었다.

지극히 정성을 다하면 못 이룰 일이 별로 없다.

사족을 달자면, 88올림픽이 세계의 주목 속에서 성대하게 끝난 후에 몇 천억 원 흑자를 보았다는 발표와 함께 올림픽을 주도한 사람들에게 훈장이 주어졌다.

나는 대한체육회장 시절 올림픽복권 발행을 국민의 요행심만 조장한다는 이유로 반대했었다. 국가의 형편에 맞도록 총력을 기울여 개최하면 되는 것이지 복권 발행까지 할 필요가 없었다.

그러나 올림픽복권은 발행되었고, 후에 올림픽으로 남았다는 몇 천억 원 흑자는 사실은 복권 발행으로 거두어들인 국민의 돈을 올림픽 흑자로 돌려서 주장한 것이었다. 순수한 올림픽 흑자가 아니었다.

올림픽을 주도했던 사람들이 자기의 공을 확대하기 위한 조작일 뿐 올림픽은 흑자가 아니었다. 또 올림픽은 흑자가 나서도 안 되고 흑자가 날 수도 없는 행사이다.

원래 적자가 아니면 고마운 것이 올림픽임을 알아야 한다. 다행히 적자는 아니었던 것 같으니 천만다행이나, 국민에게 복권 팔아 모은 돈을 올림픽 흑자로 치부하는 것은 정당하지 못하다.

또 하나 훈장 이야긴데, 올림픽 유치때 바덴바덴에서 우리 기업인들이 자기 돈, 자기 시간 쓰며 그토록 열성으로 협력했는데 별로 한 일도 없는 장관들에게는 모조리 금탑훈장을 주면서 기업인들 중에 금탑훈장은 나 한 사람에게만 주어졌을 뿐이다.

국록을 먹는 각 부처 장관이 당연히 해야 하는 것이 나라 일인데 도대체가 그들이 훈장이라는 것을 받을 명분이 무엇인가.

국난을 극복하는 데 특별한 공을 세워 나라를 위기에서 건졌다거나 하는 예외의 경우도 아닌데, 올림픽을 별탈 없이 잘 유치하는 것을 국내에 앉아서 챙겼다고 장관들이 줄줄이 서서 훈장을 받은 사건은 아무래도 머리 나쁜 나로서는 수긍이 안 간다. 바덴바덴 현지에서 정말 열심히 뛰고 활동한 다른 사람들을 젖히고서 말이다.

그 때문에 나는 아직도 그때 자기 일 다 팽개치고 바덴바덴으로 달려와 힘껏 활약해 주었던 우리 기업인들에게 말할 수 없이 미안하고 빚을 진 기분이다.

"자리가 낮아 안 한다는 겁니까?"

> '82년 7월 어느 날 대통령이 임명한 체육회장에 적임자가 아니라고 고사했다. 그런데 그 이튿날 예고도 없이 체육부장관이 청와대로 들어오라고 해서 함께 가서 자리에 앉자마자 대통령이 말했다. "아 정회장, 자리가 너무 낮아 안 한다는 겁니까?"

바덴바덴의 올림픽 서울 유치 성공 다음 해인 '82년 7월 어느 날 당시 무임소장관이었던 노태우 씨, 체육부장관 이원경 씨, 체육부차관인 이영호 씨와 함께 하는 저녁 식사에 초대를 받았다. 약속 장소는 호텔 롯데 일식집 벤케이였다.

인사를 나누고 자리에 앉자 누가 먼저였는지는 모르나 머리도 꼬리도 없이 "정회장 축하합니다."했다.

영문을 모르는 나는 축하는 갑자기 무슨 축하냐고 반문했다.

"대통령께서 정회장을 대한체육회 회장으로 임명하셨습니다."

그래서 그 사실을 알려주려고 만나자고 했다는 대답이었다.

나는 그 임명은 잘못되었으니까 다른 적임자를 임명하도록 말씀드리라는 말을 했다.

대통령이 이미 결정한 일을 바꾸도록 하는 것은 말이 안 된다고 고개를 흔들었다.

나는 체육에 대해서 아는 것도 없고 생각해 본 적도 없는 사람이다, 체육회장이라는 자리는 체육을 잘 알고 또 체육에 대해서 열심히 많은 생각을 해왔고, 하고 있는 사람이 적임자이다, 그러니 나는 적임자도 아니고 할 의사도 없다는 요지의 사양과 대통령이 한번 결정한 일이니 받아들여야 한다는 요지의 권유로 6시부터 시작되었던 저녁자리가 11시까지 계속되었다.

나는 끝끝내 사양 의사를 굽히지 않았고 그날은 그런 채로 헤어졌다.

그런데 이튿날 10시경 이원경 체육부장관이 예고 없이 내 사무실로 와서 대통령이 청와대로 함께 들어오래서 왔다고 했다.

나는 "아니 안 하기로 했는데 청와대는 왜 들어갑니까?" 했지만 청와대에서 부르는데 안 들어갈 수는 없었다.

이원경 체육부장관과 함께 청와대로 들어가서 자리에 앉자마자 대뜸 대통령이 말했다.

"아 정회장, 대한체육회장 자리가 너무 낮아 안 한다는 겁니까?"

내가 대답했다.

"그건 대통령께서 내 성격을 잘 몰라 그러시는 건데, 나라는 사람은 평생 자리가 높고 낮은 것에 대해서 생각하며 세상을 산 적이 없습니다. 내가 할 수 있을 때 그 일을 맡지, 내가 맡는 것이 다른 사람이 맡는 것보다 좋지 않을 때는 그런 일을 맡아본 적이 없습니다. 때문에 회원들이 그렇게 권했지만 대한 건설협회 회장도 끝내 안 맡았습니다. 이유는 나는 건설일을 많이 해야 하는데 건설협회 회장을 맡으면 공직을 이용해 번영한다는 소리를 듣게 될 것이 싫어서입니다. 그래서 건설협회 일은 회장이 아닌 그 밑의 기획위원회 기획실장직을 맡았었습니다. 또 나는 무슨 일이든 이름을 걸면 이름을 안 건 것보다 잘 되어 나갈 자신이 없으면 안 합니다. 안 하겠습니다."

이것이 대통령에게 말한 나의 체육회장직 사양 이유였다.

그러나 대통령에게 나의 말이 통하지 않았다.

"대한체육회 산하 경기연맹도 전부 국회의원들에게 맡기려 하는데 국회의원들은 서로 하려고 해요. 그러니까 그 자리가 낮은 자리가 아닙니다."

"나는 국회의원을 다룰 능력도 없고 다룰 생각도 없습니다. 그러니 안 하겠습니다."

"이제 앞으로는 국회의원 다 내보내고 각 기업의 기업체 장들을 시키려고 하니까 아, 거 뭐 기업체 장들 데리고 전경련 회장 하는 거나 다를 바 없잖습니까. 거, 자리가 그렇게 낮은 게 아닙니다."

끝내 안 한다고 사양했으나 옆에 있던 체육부장관이 우선 얼마 동안이라도 맡아달라고 요청하기도 하고, 별수없이 그렇다면 1년만 하겠다는 단서를 달아 체육회장직을 맡았다.

1년만 하겠다고 말았던 그 자리는 LA올림픽 때문에 좀더 앉아 있게 되었다.

LA올림픽이 있었던 해인 '84년 9월 30일, 한국에서 국제경기단체회의가 있었다. 그때 당시 서울올림픽을 앞두고 유도협회 회장을 국제유도협회 부회장으로 피선되게 도우려고 회의에 참가한 국제 유도인들을 한 자리에 모아 접대를 했는데, 모두 체력들이 좋은 이들과 독주를 마시다 보니 과음이 되었던지 위경련이 나서 이튿날 집에 누워 있었다.

집에 누워 있다가 받은 것이 체육부차관의 "오늘, 대한체육회장 해임입니다."하는 통고였다.

대한체육회장 재임기간 동안 내가 두루두루 만족스럽지 못한 체육회장이었을 것은 당연하다.

다 생략하고 두 가지 일만 들어보기로 하겠다. 먼저 체육인으로서 최대의 영광이라는 올림픽 선수단 단장 선정을 청와대 뜻과 달리해서 내 생각대로 결정했다. 결정 전에 청와대는 청와대 의중의 사람으로 결정해 주기를 희망했으나 나는 그럴 의사가 없었고, 그렇다면 복수 추천을 해 올리라는 요청마저 거절했다. 그리고는 신문에 먼저 내가 적임자로 결정한 사람을 발표해 버렸다.

청와대로선 신문에 발표된 이상 더 어쩔 수 없었고, 그런 일이 못마땅했을 건 불문가지이다. 그러나 올림픽 선수단 단장을 선정하는 것은 당시 체육회장이었던 내 권한이다.

나는 청와대에 들어가서도 분명하게 말했다.

"나는 내 이름을 걸고 일하는 한 내 권한을 양보도 안 하는 대신 다른 이에게 책임 전가도 안 한다."

그 다음 IOC 위원 문제이다. IOC 위원도 체육회장에게 추천권이 있다. 당시 청와대 뜻은 지금은 고인이 된 박종규 씨였다.

나는 그때 청와대에 들어가서 "나는 최소한도 88올림픽을 치러야 하니까 과거에 체육과 관련이 있는 인사로서 국제 외교에 감각이 높은 사람이 적임자라고 생각하는데 박종규 씨는 염두에 없습니다."했었다.

그랬더니 그후에 자기들끼리 박종규 씨를 IOC 위원으로 임명해 버렸다. 그 문제로 청와대와 더 불편해질 필요가 없다는 판단으로 박종규 씨 IOC 위원 임명은 그대로 넘어가고 말았는데 지금까지도 나의 공직생활 중에 유일하게 꺼림칙하고 불만스러웠던 대목으로 남아 있다.

이런저런 껄끄러움 위에 아들 몽준이가 울산에서 국회의원 출마를 한 것이 나의 대한체육회장 해임의 직접 이유였다고 나는 생각한다.

몽준이는 무소속으로 출마했었는데 청와대 경호실장에게 불려가서 출마를 포기하라는 압력을 받았던 모양이다. 이유는 출마해서 당선도 안 되겠지만 공연히 여당 표만 깎아먹으니 그만두라는 것이었다.

미국 교육을 받은 아이한테 그런 압력이 통할 수가 없었고, 또 자기네 정당인도 아닌 국회의원 입후보자에게 출마 포기 강요는 우리 법률에도 있을 수 없는 횡포이다.

항상 그랬듯이 만약 출마 포기를 안 하면 현대의 모든 사업을 문 닫게 하고 매장시키겠다는 위협까지 받았단다.

2년 2개월 남짓의 체육회장직에서 쫓겨나면서 체육회장 당연직인 대한올림픽 위원장직에서도 자동적으로 내려졌지만 '81년 11월에 맡겨진 올림픽조직위 부위원장은 계속했다.

체육회장 재직시 올림픽조직위 부위원장으로서 23회 LA올림픽대회 참가와 86아시안게임 준비, 또 성공적인 88서울올림픽 개최를 위해 나는 최선을 다했다고 생각한다.

우리 현대는 올림픽조직위원회에 해외 경력이 있는 간부급 직원들을 정예 사무 요원으로 파견했으며 한강 치수 정비사업과 한강변의 기적을 시사할 여건을 조성해 주었다. 또한 양궁협회 운영과 지원으로 최다 금메달을 획득했고 올림픽 관련 정보처리 시설 및 전시물을 기증했다.

또 88공식 자동차 공급업체로 경기 진행용 전 차량을 무상 공급했으며 대회 관계자 및 해외 유력 인사를 초청, 산업체 견학과 정성어린 대접도 했고 해외 현지 지점장을 통한 전 세계 올림픽 유력 인사 접촉 및 참여 유도도 게을리하지 않았다.

마지막으로 짚어두고 싶은 것은 우리 현대의 주도로 유치했던 88서울올림픽 준비 과정에서 나는 단 1원의 올림픽 수익 사업에도 간여하지 않았다는 것, 또 한 푼의 올림픽 시설 공사도 하지 않았다는 것이다.

지도를 바꿔놓은 대역사

필경 바다처럼 넓은 자신의 농토가 소원이었을 아버님의 한에 가까운 염원이 어쩌면 내 핏속에까지 스며들어 아버님 대신 아버님의 원풀이를 해드리고 싶은 잠재의식을 발동시켰고, 그것이 간척지 구상의 씨앗이 되었을지도 모른다.

나는 농촌에서 자라났고 농사일도 직접 해보았던 사람이기 때문인지 지금도 들판에서 자라고 있는 곡식들을 본다든지, 해질녘 농촌 마을에서 피어오르는 굴뚝의 연기를 보는 것이 어떤 아름다운 경치를 보는 것보다 기분이 좋다.

농사 짓는 부모 슬하에서 키가 지리고 뼈가 굵은 나의 정서는 늦가을 벼를 베어 쌓아둔 농촌의 논둑만 보아도 가슴이 설렐 정도로 행복을 느끼고 그처럼 마음의 위로가 될 수가 없다.

외국 여행중 끝없이 넓은 들판에서 트랙터를 몰고 있는 농부들의 모습을 보노라면 그것이 그토록 부러울 수가 없기도 했다.

그러므로 나의 간척사업 구상은 어느 날 갑자기 생각나서도, 또 하루 이틀, 어제 오늘 정도의 궁리로 된 것이 아니다.

내 아버님은 밭 한 뙈기를 만들기 위해 날이면 날마다 새벽부터 저녁까지, 때로는 폭양 아래서 허리를 펴지 못하고 손이 갈퀴가 되어 자갈을 추리고 괭이질을 하셨다. 가난한 농민의 '내 땅에 대한 그 절실한 집착과 무서운 노력'을 나는 안다.

필경 바다처럼 넓은 자신의 농토가 소원이셨을 아버님의 한에 가까운 염원이 어쩌면 내 핏속에까지 스며들어 아버님 대신 아버님의 원풀이를 해드리고 싶은 잠재의식을 발동시켰고, 그것이 간척지 구상의 씨앗이 되었는지도 모른다.

그러나 물론 아버님의 한풀이가 목적이었던 것은 아니다. 그저 이 나이가 되어 더더욱 돌아가신 부모님 생각이 자주 나다 보니 살아 계셔서 내가 이루어놓은 서산 간척지를 바라보실 수 있다면 하는 아쉬움의 다른 표현일 뿐이다.

우리의 입장에서 국토 확장, 국토 개발의 필요함과 당위성은 두말할 나위가 없다. 태(胎) 안에 들어 있는 토끼 새끼만한 국토는 그나마 허리가 잘려 반쪽인데 인구는 다른 나라 못지않고 당시는 식량 자급량도 절대 부족이었다.

서남해안에는 바다를 막아 옥토를 일굴 수 있는 적지가 얼마든지 있다. 그런 천혜의 조건을 적극적으로 활용해서 국토를 확장해 우리 후손들에게 물려줄 옥토를 한 뼘이라도 더 만들어내는 것도 우리의 할일이다.

언제부턴가 나는 굴곡 많은 서해안의 해안선을 일직선으로 바꾸어놓는 꿈을 꾸기 시작했고, 그 첫 단계 사업으로 착안한 것이 우리나라 최대의 천수만 간척이었다.

'78년 하반기부터 해외건설 경기가 서서히 퇴조를 보이기 시작했다. 해외건설 수주가 줄어들면 해외건설 현장에 투입됐던 노동력의 일자리도 문제가 된다.

나는 당시 박정희 대통령에게 해외에 있는 우리의 건설 장비들을 들여다 국토사업 확장에 쓰면서 유휴 노동력을 흡수하는 것이 좋겠다는 건의를 했다.

'78년 여름, 부동산 투기 종합대책이 발표되고 토지개발공사가 설립

되는 한편 국토개발연구원이 개원되는 등 이른바 토지 문제를 에워싼 진통이 거듭되었다.

 정부에서는 사업의 경제성과 유휴 인력 집중 활용의 효율성을 이유로 가능한 한 간척사업을 민간기업에 맡기려 했고, 실제 정부가 직접 한 간척사업은 거의 지지부진한 상태였다.

 그해 11월, 우리는 정부로부터 매립 허가를 따내고 중동의 중장비 3백 50대를 단계적으로 들여왔으나 점차 가중되는 정치적인 불안과 자금 사정 등으로 이내 착공으로 연결시킬 수는 없었다.

 그러다가 정권이 바뀐 후인 '82년 4월에야 B지구의 방조제 연결 공사를 먼저 착공했고 그 이듬해 '83년 7월에 A지구를 착공했다.

 민간기업으로는 최초로 시작했던 이 공사는 몇 천억 원이 투입되어야 할는지는 차치하고, 처음부터 간척이 결코 용이하지 않은 악조건과 맞서 싸워야 하는 기술적인 어려움을 갖고 출발했다.

 이 지역은 조석으로 간만의 차가 심할 뿐만 아니라 특히 썰물 때는 물오리의 다리가 부러질 정도로 물살이 세어, 방조제 공사가 거의 불가능한 것으로 알려진 곳이었다.

 예로부터 장연(長淵)의 장산곶, 강화(江華)의 손돌풍(孫乭風), 태안(泰安)반도의 안흥만(安興灣)은 간만의 차가 심하고 유속(流速)이 거세어 배들이 자주 침몰, 좌초하던 수로로 유명한 곳이다. 그래서 그때 조정에서는 이 세 곳의 수로에는 관선(官船)은 투입하지 않고 사선(私船)만 들어가게 했던 것이다.

 조선시대에는 서산과 태안 사이의 좁은 목에 수로(水路)를 뚫어 천수만(淺水灣)과 가로림만(加露林灣)을 맞닿게 해 서해로 멀리 비켜가는 수로의 노정(路程)을 단축하려 굴착하다, 너무나 거센 유속 때문에 실패하고 그대로 매립한 곳이기도 하다.

 사업 승인 신청서를 접수했던 농수산부는 물론 회사 중역들도 이 사업에 회의적인 반응이었다.

개략적인 공비 예산을 산출한 결과 그 돈이면 당장 내년부터라도 다른 곳을 개간해서 씨를 뿌려 수확할 수 있는 상당한 땅을 사고도 남을 액수였기 때문이다.

채산성이 전혀 없는 사업이었다. 이 공사는 순전히 기업의 차원에서 이익 추구만을 목적으로 한다면 아예 착수할 필요가 없는 일이었다.

그러나 나는 착수했다. 방조제 공사에서 가장 큰 난점은 밀물 썰물 때의 유실(流失)을 어떤 방법으로 최소화하느냐에 있었다.

그것이 곧 공사비의 절감과 연결되고 공기 단축의 관건이었다.

서산군 부석면 창리와 남면 당암리를 잇는 1천 2백여 미터의 B지구 방조제 최종 물막이 공사 때는 조수속(潮水速)을 극복하기 위해서 4.5톤짜리 바위에 구멍을 뚫어 철사로 두세 개씩 묶어 바지선으로 운반해서 투하했다.

현장에서 30킬로미터나 떨어진 곳의 석산(石山)을 개발해서 15톤짜리 덤프트럭 1백 40대를 동원해 부족한 돌을 실어 나르기도 했다.

A지구 방조제 공사는 서산군 창리 지역 석산 돌을 썼고 부근 5개 섬의 토석도 채취해 썼다.

당시 어떤 기자가 나에게 물었다.

"울산 조선소를 세울 때와 지금 중에 언제가 더 좋습니까?"

나는 간척지 만드는 일이 더 행복하다고 대답한 기억이 있다.

"조선소 지을 땐 뭐 아는 게 있어야지. 그땐 긴장의 연속이었지만 지금은 다 해본 일들이니까 모험이 없어 '니나노'해가면서 할 일이야."

그러나 사실 '니나노'를 부를 만큼 그렇게 쉬운 일은 없다.

'84년 2월 25일에 있었던 A지구 방조제 최종 물막이 공사는 만만치 않았다. 총연장 6천 4백여미터의 방조제는 2백 70미터 최종 물막이 공사가 난관이었다. 멀찍이 서서 바라보기만 해도 몸이 빨려들어갈 것만

같은, 초속 8미터의 무서운 급류였다.

이때의 물살이 얼마나 거센가는 위험 수위 때의 한강 유속이 초당 6미터인 것으로 짐작하면 된다. 승용차만한 바윗덩이도 들어가자마자 흔적도 없이 쓸려내려갈 정도였고 15톤, 30톤짜리 덤프트럭들이 철사로 엮은 돌망태들을 가득 싣고 와서 계속 방조제에 부렸지만 코끼리에게 비스켓을 먹이는 것과 다름없었다.

현대식 장비를 전부 갖추고도 손쓸 방법이 없었다. 그러나 항상 벽이다 싶을 때면 번쩍하고 '이것이다', 떠오르는 아이디어가 다시 떠올라 주었다.

해체해서 고철로 팔아먹을 생각으로 30억에 사들여 울산에 정박시켜 두었던 스웨덴 고철선 워터베이호를 끌어다 물줄기를 막아놓고, 양쪽 방조제에 바윗덩어리를 투하시키면 성공적으로 물막이가 마무리 되리라는 생각이었다.

항간의 화제가 되었던 '유조선 공법'이었다.

최종 물막이 공사의 난관을 어떻게 돌파할 것인가 고심하던 끝에 유조선 공법을 생각해낸 나는 즉시 현대정공, 현대상선, 현대중공업 기술진들에게 그때는 천수만호로 바꾸어 명명되어 있던 폭 45미터, 높이 27미터, 길이 3백 22미터의 23만 톤급 고철 유조선을 안전하고 평평하게 최종 물막이 구간 사이에 가라앉힐 수 있는 방법을 연구하도록 지시했다.

'84년 2월 25일, 유조선 공법의 성공 여부에 많은 관심을 가지고 있었던 보도진들이 지켜보고 있는 가운데 천수만호를 이용한 최종 물막이 공사가 시작되었고 이튿날 성공적으로 끝을 냈다.

유조선 공법도 물론 반대하는 이들이 있었다.

대학에서 이론만 조금 배우고 졸업해서 현장에 나가면 이론만 신봉하면서 모두 어찌 할 바를 모르고 자신 없어 한다. 학교에서 가르친 이론대로만 따랐다가는 돈도 시간도 엄청난 낭비를 피할 수 없다.

이 물막이 공사는 '뉴스위크'와 '타임'지에 소개되었고, 그후 런던 테임즈강 하류 방조제 공사를 맡은 세계적인 철구조물 회사에서 유조선 공법에 대한 문의를 해오기도 했었다.

이 공법으로 나는 2백 90억 원의 공사비를 절감했다.

이 대역사로 나는 지도를 바꾸고 3천 3백만 평의 개펄을 얻었다. 담수호 면적을 포함하면 모두 4천 7백만 평이며 간척지 면적은 여의도의 33배에 해당된다.

우리나라 최대 곡창지대인 전북 김제(金堤)평야보다 넓고, 이미 간척사업이 끝나 농사를 짓고 있는 계화지구 간척지의 세 배 반에 해당하는 넓이다.

우리 국민 1인당 한 평씩 돌아가는 이 땅에 본격적인 영농이 시작되면 연간 33만 7천여 섬의 쌀이 생산된다는 계산이었고, 그것은 가격으로 치면 4백억 원에 50만 명의 울산 시민들이 1년 동안 먹을 수 있는 식량이다.

직접 손으로 농사를 짓는 우리나라의 쌀값은 현재 기계농을 하는 미국의 두 배나 된다.

나는 우리나라 사람들의 근면성이라면 우리도 대규모 기계농으로 전환할 경우, 미국의 일기(日氣) 등 좋은 조건을 따라갈 수 없지만 우리 쌀값은 현재보다 낮춰질 수 있다고 생각한다.

우리나라는 명색이 농업국가였고, 농업은 세계의 산업 형태가 어떤 방향으로 변화하든 절대로 소홀히 해서도 포기해서도 안 되는 우리 인간의 필수 자산이다.

세계 경제가 어떻게 되든, 국제 관계가 어떻게 되든, 전쟁이 터지든, 평화가 지속되든 우리가 먹는 식량만큼은 어쨌든 우리 스스로 자급자족할 수 있어야 한다.

계화도는 사업이 끝난 지 13년만에야 농사를 짓기 시작했지만 나는 5년 안에 벼농사를 시작할 작정이었다.

방조제 공사가 끝나면서 곧장 제염작업에 들어갔다.

염수의 비중이 담수보다 무거운 점을 이용해 무동력 사이폰 시설을 하고 A, B지구 인공호수의 염분을 제거해가는 한편, 개펄의 염분은 트랙터로 땅거죽을 갈아엎고 자연으로 내리는 비와 인공 양수로 토양의 제염작업을 추진했다.

이 제염작업은 계획대로 7년만에 끝을 냈다.

나는 또 강당리와 사기리를 잇는 횡단 제방을 쌓아 석포리에서 사기리까지의 도로를 만들었다. 이 도로는 담수호와 농토를 구분하는 방조제 역할을 하면서 농경 장비가 다니는 주(主)도로 역할도 한다.

담수호는 셋으로 나누어 막았다. 맨 위의 담수호부터 담수가 되게 해 그 물을 가지고 먼저 제염하면서 한편에서는 농사를 시작할 수 있게 하기 위해서였다.

담수호 가장자리에 서서 보면 물만 있는 것 같고, 땅만 있는 곳에서 보면 만주벌판과 같다.

이 벌판을 나는 말을 타고 달리고 싶었다. 송아지는 많이 타봤다. 격식을 갖춰 탔던 것은 아니지만 말의 맨 등허리에 탄 적도 있다.

아우 세영이가 미국에서 대학원을 마치고 돌아왔는데 몸이 말할 수 없이 허약해져 있었다. 건강해지라고 값싼 말을 한 필 사줬다. 그 말은 사람이 올라타기만 하면 펄쩍펄쩍 뛰어 털어버리곤 했다.

어느 일요일은 내가 맞서보았다. 고삐를 바싹 당겨 쥐고 올라타자마자 말은 길길이 뛰어 나를 떨어뜨렸다. 떨어져서도 고삐를 감아쥔 채 질질 끌려가면서 놓지 않았다. 세워서 다시 타고 떨어지고 끌려가고 다시 세워 또 타고 또 떨어지고 끌려가고를 몇 십 차례 반복하는 동안 말도 나도 함께 물에 빠진 것처럼 땀투성이가 되고, 기진맥진해졌다.

그리고는 말이 먼저 포기해 그 다음부터는 사람이 올라타도 조용히 가만 있었다.

동대문 시장에 일수 얻으러 다니느라 정신 없을 때인지라 말을 타본 경력은 그것으로 끝이지만, 만주벌판 같은 농지를 바라보고 섰노라면 말을 타고 제대로 한번 달려보고 싶은 기분이 이 나이에도 든다.

'87년에 B지구 3만 5천 평 시험답에 통일계 다섯 종, 일반계 여덟 종 등 13종의 벼를 심을 수 있게 되었다. 그 결과 염분이 가장 많았던 지역 1만 5천 평에 심었던 벼는 신통치가 않았으나 염도가 낮은 2만 평에서는 평야지대보다 수확이 많았을 뿐 아니라, 염분 때문에 오히려 병해 발생이 적었던 것이 특징으로 나타났다.

나는 이곳을 미국에서 가장 수확량이 높은 캘리포니아보다 더 높은 생산량을 내는 농지로 만들겠다는 꿈을 갖고 있다. 이곳의 영농방식은 못자리를 설치해서 모를 내는 재래식이 아닌 비행기 볍씨 직파에서부터 재배, 수확까지가 완전 기계화된 방법이다.

은퇴한 후 트랙터를 몰며 이곳에서 여생을 보낼 꿈으로 나는 다른 어떤 일에 못지않은 열성으로 이 일에 매달렸다.

착공에서 오늘까지, 새벽 6시면 청운동 집에서 매일 공사 진척 상황 보고를 받으면서 1주일에 이틀 이상은 현장에 내려가 공사 감독을 했었다. 현장에 없을 때도 내 방에 설치된 대형 간척지도 위에 불도저, 포크레인, 그레이더 등 공사 현장의 각종 중장비 투입 지점을 표시해 놓고 잘못된 곳이 있으면 전화로 즉각 수정시키곤 했다.

'88년도 서산 간척지가 대규모 기계화 영농단지로 탈바꿈하고 그 결과 식량 증산과 국토 확장이라는 직접 효과는 차치하고도 그때까지 연 6백 6십만 명이라는 고용 증대 효과를 보았다.

이래저래 빗나간 '일해재단'

> 일해재단은 목적사업 확대라는 미명하에 당초의 설립 목적을 부대사업의 일부 항목으로 전락시키고, 국가의 안전보장과 평화통일을 위한 외교전략 연구 및 국가 발전을 위한 제반 연구를 재단의 주목적 사업으로 내세웠다.

태평양시대의 주도적 역할을 하자는 제5공화국 전두환 대통령의 서남아, 대양주 6개국 순방길의 첫 방문지 버마의 수도 랭군에 일행이 도착한 것이 '83년 10월 8일이었다.

도착 이튿날인 10월 9일 대통령과 정식 수행원들은 오전에 아웅산 묘소 참배, 오후엔 관광 등으로 공식 스케줄이 잡혀 있었으나 공식 수행원이 아닌 우리 기업인들은 아무런 스케줄이 없었다.

우리끼리 관광을 할래도 오후에 대통령 일행이 관광하게 되어 있는 장소를 앞질러 돌아다닌다는 것도 결례인 것 같고 께름칙해서 전날 밤 서석준 부총리에게 미리 말했었다. 아무 할일 없이 방에만 우두커니 앉아 있을 순 없잖은가, 여기도 골프장이 있다니까 사회주의 국가 골프장은 어떤가 구경도 할 겸 우리 기업인들은 골프를 치러 가겠다고 했더니 서석준 부총리가 그러는 것이 좋겠다고 했다.

이튿날 골프장에 가 골프를 치는 도중에 대통령이 아웅산 묘소 참배 후 우리들과 점심을 같이 하잔다는 연락이 왔다.

우리는 중간에 골프를 그만두고 부랴부랴 샤워를 하고 호텔로 돌아왔다. 그런데 호텔 분위기가 심상치 않았다. 피 묻은 와이셔츠를 입은 경호원들이 황망하게 왔다갔다하고, 우리에게 상부 지시니 일체 밖으로 나가지 말고 방으로 올라가 짐을 싸고 한 군데 모여 대기하라고 했다.

아웅산 참사가 일어난 직후였다. 아웅산 묘소 암살 폭발 사건은 개성에 있는 인민군 정찰국 특공대 소속의 진모 소좌, 강민철 상위, 신기철 상위 등 세 명에 의해 저질러진 만행이었다.

그들은 그해 9월 9일, 북한 서해안의 옹진항에서 선박을 타고 22일께 랭군에 도착, 버마 주재 북한대사관 전창위 정무 담당 참사관 집에 은거하고 있다가 전대통령 일행 도착 하루 전인 10월 7일 새벽 2시에 아웅산 묘소에 잠입해서 지붕에 폭탄 2개를 설치했던 것이다.

서석준 부총리, 이범석 외무장관, 서상철 동자장관, 김동휘 상공장관, 함병춘 대통령 비서실장, 이계철 주버마대사, 김재익 경제수석, 하동선 기획단장, 이기욱 재무차관, 강인희 농수산차관, 김용한 과기처차관, 심상우 의원, 민병석 주치의, 이재관 비서관, 이중현 기자, 한경희, 정태진 경호원 등이 아웅산 묘소 폭발로 사망하고 15명이 중경상을 입었다.

우리가 타고 갔던 747 대통령 전용기에 올라 대통령을 기다리던 그 충격과 비통함은 이루 말할 수가 없었다.

전두환 대통령은 사후 수습 지시와 처리를 하고 오후 4시인가 5시쯤 비행장에 왔다. 어느 지점을 날고 있는 중인지 알 수 없는 비행중에 전대통령이 보자고 해서 경제 단체장들과 함께 기내 대통령실에 모였다.

전대통령은 참사로 희생당한 유가족들을 돕는 데 경제계가 협조해 줄 것을 요청했다. 살아서 귀국하는 것이 오히려 민망하고 죄스러운 심정이었던 그 상황에서 경제 4단체장들은 모두 기꺼이 동의했다.

귀국 후 청와대의 구상에 따라서 유족 지원 자금이 20억 원 정도로 책정되고, 전경련 산하 대기업들이 협력해서 23억 원이 갹출 모금되었다. 그러나 이 갹출금을 기금으로 유가족의 생계, 자녀 교육 등을 보장하려던 구상은 유가족들의 즉시 분배 요청에 부딪쳤다.

유가족의 요청대로 직접 분배할 경우 세제상 증여로 간주되어 세액공제를 하고 난 미미한 액수가 실 수혜금이 된다는 불리함이 대두되어 '83년 11월 25일, 청와대 안가(安家)에서 가칭 '일해재단'을 창립하게 된 것이 그 탄생의 전말이었다.

23억 원은 일해재단의 유가족 지원 사업금 명목으로 유가족들에게 배분 지급되었다.

삼청동 안가에서 있었던 일해재단 창립 총회에서 최순달 전 체신장관이 이사장으로 선임되고 나를 비롯한 경제계 인사들이 이사로 선임되었다. 재단의 사업계획은 경제계가 모금할 기본 재산의 이자 수입으로 순국 외교사절 및 국가 유공 유자녀 장학금, 우수 체육인, 과학 기술자 양성, 영재교육, 학·예술 및 체육 연구활동 및 연구지원 등에 쓰고 그 규모는 1차연도인 '84년에 4억 8천만 원, 2차년도인 '85년에 9억 6천만 원이었다.

재단 설립 후 청와대 경호실에서 정수창 대한상공회의소 회장을 불러서 기금 모금을 요청했고 '84년 4월말께는 모금에 관한 협의를 하자는 정수창 회장의 연락을 받고 전경련 부회장들과 몇 사람이 함께 프라자호텔에서 1차 모임을 가졌다.

여기서 논의한 것은 구체적인 모금 방법과 절차 문제였다.

같은 달 호텔 롯데에서의 2차 모임에서는 전경련 중진 회원사를 중심으로 매출액과 수익을 참고해서 형편에 맞게 기금 할당액을 배정했다.

당시 매출과 이익이 가장 컸던 현대가 15억 원을 내기로 하고 삼성에도 15억 원이 할당되었다.

보람된 일에 대한 성금의 취지에 맞도록 부실기업은 제외하고, 30대 기업을 중심으로 한 기금 모금은 1백억 원이면 재단 운영 기금으로 충분하다는 생각으로 미수를 감안 1백 10억 원을 배정했다.

그런데 실제로 경호실에서 거두어진 기금은 1백 85억 원이나 되었다. 1백억 원이면 충분히 일해재단의 뜻과 정신을 살릴 수 있다는 것은 나만이 아닌 모금 배정시 참석했던 사람들 대부분의 견해였다.

그러나 최순달 이사장과 청와대 경호실 측에선 모금이 1차로 끝나는 것이 아니라 1백억 원씩 2차, 3차, 3년 계속 내기로 했었다는 듣지도 보지도 못한 말을 하면서 정권을 업은 막강한 힘과 분위기로 2차, 3차 모금을 밀어붙였다.

"어느 기업이든 내 마음 먹기에 달려 있다."

이런 말을 공공연히 하는 분위기 때문에 기업은 항변은커녕 반대 의사조차 표명할 입장이 아니었다.

재단 이사장과 청와대 경호실 측의 억지로 2차 모금이 시작되었으나 일부 어려운 기업들이 기금 납부에 미온적이 되면서 납부 지연 등으로 어음이라도 내라는 독촉을 받기 시작했다.

그래도 생각처럼 잘 걷히지 않자 정수창 회장은 나에게 삼성, 삼환 등 몇 개 기업에 빨리 기부금을 내도록 부탁해 달라는 등 기금 끌어모으기에 전력을 다했다.

다음은 성남시 시흥동 소재 15만 평 부지를 일해재단에 넘기게 된 경위다. '84년 6월, 청와대 경호실장이 일해재단 연구소 건립 부지를 물색하러 다니는데 같이 가자고 해서 동행했다. 경호실장은 자기가 미리 보아둔 부지가 작다면서 나한테 좋은 자리를 하나 추천하라고 했다. 그러면서 우리가 현대전자 연구소를 지으려고 청와대에 신청했다가 퇴짜맞은 바로 그 부지 주변을 빙빙 돌았다. 나는 경호실장이 이미 우리 현대 소유의 그 토지를 목표로 하고 있다는 판단을 했고, 써보았자 몇천 평이면 족할 것으로 생각해서 그 부지 이야기를 했다.

그는 바로 적지라고 흡족해하면서, 그러나 크기가 부족하니 더 흡수·확보해야겠다고 말했다. 그것은 전량 차출하겠다는 뜻이었고 나는 그대로 포기할 수밖에 없었다. 매매형식을 취해야 했기 때문에 6억 5천만 원짜리 영수증을 써주고 말았다. 후일 청문회에서 그는 토지 대금을 나한테 건네주었지만 내가 사양했다고 증언했으나 그것은 사실이 아니다. 토지 대금을 준다는 말을 한 적도 없고 받은 적도 없다.

한편 일해재단은 목적 사업 확대라는 미명하에 당초의 설립 목적을 부대 사업의 일부 항목으로 전락시키고, 국가의 안전보장과 평화통일을 위한 외교전략 연구 및 국가 발전을 위한 제반 사항 연구를 재단의 주목적 사업으로 내세웠다.

아웅산 유족과 영령을 위해서라는 취지로 민간 기업인들로부터 모금을 시작해서, 시간이 흐르면서 점점 강제성을 띠어 필요 이상의 대금을 권력으로 모아 쥐고 기본 취지를 완전히 망각한 것이었다. 법인 주무 관청을 문교부에서 외무부로 이관하고 유족 돕기, 순지 관료에 관한 추모사업 등 아웅산 관련 사항은 정관에서 완전히 제외되었다.

당시 나는 정관 변경에 국가의 경제 분야에 관한 연구와 산업경제 개발을 위한 경제정책 연구사업 추가를 역설, 강조해서 반영시키기는 했으나 한 마디로 일해재단의 목적 사업 확대란 자신의 권력 지속 목적을 은폐하기 위한 치장에 불과한 것이었다.

퇴임 후에도 국정자문위원회 위원장으로 대통령의 위에서 국정에 강력한 영향력을 행사할 꿈을 갖고 있던 전두환 대통령의 일해재단 연구소는 아방궁, 제2의 청와대로 불렸을 만큼 호화스러운 영빈관과 부속건물들을 지었고 집무실은 석조전으로 설계되어 지어졌다.

국회 '5공비리 청문회'

> 국회 '일해청문회'에서 나는 모든 질문에 사실대로 떳떳하게 증언했다. 나는 내가 지금까지 살아온 길이 국민들로부터 존경까지는 못 받을지 모르겠으나 미움이나 증오의 대상은 아니라고 생각하고 산다.

'87년 '6·29선언'이 있고 일해재단에 대한 여론의 비판이 거세지면서 야당과 재야 세력, 국민들도 일해의 실상에 대해서 관심을 보이기 시작했다.

8월에 김기환 소장이 나를 찾아왔다. 찾아와서 하는 말이 나와 정수창 대한상공회의소 회장만 기업인 대표로 남기고 다른 기업인들은 모두 퇴진시킨 다음 대통령이 내정한 사람들로 새 이사진을 구성하겠다는 것이었다.

나는 상식적으로 이해할 수 없으며 만일 그대로 실행된다면 나도 재단에서 손을 뗀다고 말해 돌려보냈다.

재단 설립에 직접적으로 거금을 출연한 기업인들을 제거하고 전대통령 측근으로 새 이사진을 구성함으로써 재단을 장악하려는 시도였다.

8월 14일, 대한상공회의소에서 기업인 이사진을 퇴진시키고 새로운 이사진으로 개편하기 위한 최종 해체 이사회가 열렸다.

그 자리에서 나는 전·현직 장관 일색인 새 이사진들에게 새로 선출될 이사장은 기금을 낸 기업인들을 대표해서 전경련 회장을 당연직으로 해야 한다는 주장을 건의 형식을 빌려 했다. 당시 전경련 회장은 구자경 씨였다.

그 얼마 후 김기환 소장이 나한테 와서 전대통령이 정수창 대한상공회의소 회장을 새 이사장으로 결정했다면서 그 결정을 알리러 왔다고 했다. 나는 '일해재단에 단 한 푼도 안 낸 사람이 어떻게 이사장이 될 수 있는가'라고 반대 의사를 명백히 하고, 그런 비합리적인 일을 강행할 경우 큰 후유증이 생길 것이라는 경고를 덧붙여 돌려보냈다.

다시 얼마 후 김소장이 찾아와서 이번에는 구자경 전경련 회장이 이 난국을 수습하기에는 미흡하니 나에게 이사장직을 맡아달라는 전두환 대통령의 전갈을 갖고 왔다고 했다.

나는 이제 퇴임하는 사람이 이사장을 결정하는 것은 이치에도 안 맞을 뿐 아니라 따르지도 않겠고, 건의했던 대로 나는 전경련 회장을 추천한다는 의사를 확인시켜 돌려보냈다.

9월 28일, 재단 연구소 회의실에서 대통령이 지정한 임원으로 구성된 임시 이사회가 열렸다. 나는 소신대로 구자경 전경련 회장을 이사장에 추천했지만, 사회자인 김기환 소장이 내 의견은 토의에 부치지도 않고 정수창 이사가 나를 추천한 것만 놓고 만장일치 박수 형식으로, 이를테면 날치기로 통과시켜버렸다.

결국 일해의 구도는 전대통령의 의도대로 임원의 8할 이상을 전대통령 사람으로 만들어놓고 실질적인 운영은 연구소장이 하도록 만들어, 무슨 일이든 자신의 뜻대로 원격 조정이 되도록 짜여졌다.

나는 별수없이 일단 이사장직을 맡았다. 우선 전두환 대통령 체제의 일해재단을 순수 민간단체로 전환시켜 안정이 되면 구자경 회장에게 이사장직을 맡길 수 있도록, 일해재단의 모든 정관을 순수 민간 출연 재단 형태로 변경시키겠다는 나름대로의 계획을 세웠다.

그동안 이미 네 차례에 걸친 정관 수정으로 재단 본래의 설립 취지와 정신은 완전히 소멸되고 전대통령의 권한 강화와 소장의 운영 관리권만 강화, 보강된 정관을 변경시키기 위해 나는 수 차례의 이사회를 열었으나 전대통령 측근 8할의 이사진들의 통일된 반대 작전으로 정관 수정은 불가능했다.

되는 일이 하나도 없었다. 예를 들어서 일해재단의 이름을 바꾸자는 것은 합의가 되었는데 새로운 이름을 무엇으로 하느냐는 결론은 나오지 않았다. 역사적으로 학문 연구의 표본은 세종대왕이 아닌가 해서 세종연구소로 개칭하자는 의견을 내놓았더니 전원 반대였다.

반대할 이유가 하나도 없는데도 전원 반대였다. 좋은 이름을 내놓아 보라고 하면 엉뚱하게 동네 이름이 나오기도 했다.

몇 차례에 걸쳐서 논의를 거듭했으나 여전히 반대였다. 누군가가 표결에 부치자는 말도 했다. 나는 말했다.

"좋게 말해서 선의의 경쟁자들이라고 하나 상적(商敵)들임이 분명한 기업인들의 단체인 전경련 회장을 하는 10년 동안, 내가 의견을 내서 표결에 부친 일은 단 한 번도 없었습니다. 내가 내는 의견은 언제나 공정했기 때문에 표결이 필요 없는 만장일치 의결이었고 내 평생 표결은 앞으로도 없습니다. 끝까지 만장일치가 될 때까지 몇 번이고 회의를 엽시다."

현재의 이사진은 사회의 지탄을 받는 이사진들이니까 참신한 인물로 이사진을 바꾸자는 의견을 내놓았으나 역시 또 반대였다.

아무튼 되는 일이 하나도 없었다.

'88년 4월 18일에야 '일해'라는 떳떳지 못한 이름을 버리고 '세종'으로 재단 명칭이 바뀌고 총재직도 사라졌으나 6백 20억 원이 넘는 자산 규모만으로도 세계 굴지가 될 수 있는 이 연구소가 명실상부한 역할을 하려면, 무엇보다 우선 뚜렷한 대의명분에 입각한 환골탈태를 하지 않으면 안 된다.

부도덕한 정권이 아웅산 묘소에서 순직, 사망한 이들의 영령과 유족들을 내걸고 빼앗아간 경제인들의 돈이 헛되게 쓰이는 것은 좌시할 수 없다는 생각이 들었다. 재단은 6백 20억 원의 기금을 헌납한 경제인들의 염원과, 애초 재단 설립 취지와 이상에 맞게 운영되어야 한다.

'88년 11월 4일부터 닷새 동안 진행된 '국회 5공비리 일해청문회'에 나도 증인으로 불려나갔다.

청문회를 통해서 모금의 강제성, 청와대 기금관계 운영주도, 전대통령의 재단 사저화, 청와대·보안사·경호실 등 관련기관의 횡포 등등이 어지간히 드러났던 것을 TV 생중계로 전 국민이 보았다.

나는 모든 질문에 사실대로 떳떳하게 증언했다. 나는 내가 지금까지 살아온 길이 국민들로부터 존경까지는 못 받는지 모르겠으나 적어도 미움이나 증오의 대상은 아니라고 생각하고 산다.

일해청문회에서 나를 신문한 의원들은 초점을 정경유착에 맞추었다. 일해재단에 돈을 낸 것이 떳떳하지 못하다는 질타도 있었으나, 그때 나는 그 상황에서 돈을 안 내고 그 보복으로 파산했다면 그것이 떳떳한 것이냐고 반문했다.

"일해에만 돈을 냈는가, 정치자금으로 얼마를 냈느냐?"는 질문도 있었다. 나는 대답했다.

"정치자금이라면 비단 전정권에 뿐만이 아니고 우리나라에 선거라는 것이 시작되면서부터 지금까지 역대 모든 정권, 지도자가 유능하거나 그렇지 못하거나 간에 둘째 가면 서러울 만큼 많이 낸 사람이 납니다. 어느 나라든 선거에는 많으나 적으나 돈이 필요한데 정치인이 돈을 만들기 위해 정당치 못하게 이권 개입을 한다거나 하는 행위를 방지하기 위해 선거 자금으로 주었고, 또는 연말이나 추석에 통치자로서 가난하고 소외된 사람들을 위해 쓰라고도 주었습니다. 장래성 있는 국회의원들에게도 주어왔고 앞으로도 물론 정치자금으로 통치자나 국회의원들을 계속 도와줄 것입니다."

그러면서 "정치자금을 누구에게 얼마나 주었는가를 질문할 것이 아니라, 정치자금을 내고 어떤 이권을 차지했느냐를 물어야 한다."고 말했더니 어떤 이권을 차지했는가 질문해왔다.

나는 단 한 가지도 없어 당당하다고 대답하면서 "있다고 생각하면 내놓아보라."고 했더니 들고 나온 것이 '일해재단에 낸 돈으로 서산 간척지를 받았다'는 문제였다.

서산 간척지는 5공이 아닌 박대통령 시대에 노동자 숙소까지 지어놓고도 몇 해를 끌다가 정부 능력으로는 도저히 막을 수 없으니 나더러 맡아서 해달라고, 그야말로 사정하다시피 해서 모든 시설을 평가해 돈으로 갚고 맡았던 것인데 무슨 정경유착이냐고 반박했다. 또 서산 간척지는 내가 아니면 못 막았을 일이고, 세계 어느 회사도 해내지 못했을 일이라는 말도 했다.

다음으로 내놓은 것이 원자력발전소 건설이 정부가 준 특혜가 아니냐고 따졌다. 몰라도 한참 모르는 소리였다.

원자력발전소는 정부가 미국 웨스팅하우스에 설계부터 건설까지 몽땅 맡긴 일거리였다. 웨스팅하우스는 한국의 어느 회사에 맡기면 자기네들이 기술 지도를 하면서 사고 없이 일을 해낼 것인가 엄격히 심사해서 우리에게 맡겼었다.

웨스팅하우스가 우리한테서 돈 받아 챙기고 일거리를 주었겠는가.

일해재단과는 아무 관련 없는 질문을 한 국회의원에게 나도 모르게 "이거 봐." 했더니, 국회의원에게 "이거 봐." 했다고 그게 말거리가 되기도 했다.

경제인의 협력 없이 나라 발전은 있을 수 없다.

5공은 경제인들에게 너무나 고통스러운 시대였다.

소련 첫 방문기간의 비망록

> 시베리아를 새로운 천지로 만들 수 있는 능력을 가지고 있다고 자부도 하고 공상도 계속하면서 시간을 보내고 있다. 나의 여생은 시베리아 개발이 전부일 수 없다고도 생각했다.

1989년 1월 6일

서울을 출발하여 모스크바로 향하기 위해 김포공항에 도착했다.

공항에는 TV 카메라맨을 위시하여 국내외 기자들 50여 명이 벌써 나와 진을 치고 있었다.

소련과 우리나라는 아직 국교가 없는 나라이다. 나는 소련 정부의 장관급인 소련 상공회의소 회장의 초청으로 시베리아 개발 문제를 비롯하여 한국과 소련의 경제교류 등 여러 문제를 협의하고, 경제 외교 정치 통로의 신뢰를 굳건히 하며 사회주의 체제 국가들과 평화를 견고히 하는 데 소련 방문의 주요한 의의를 가지고 출발한다.

당일 토쿄(東京)에 도착해서 7일 모스크바행 소련 비행기를 기다리며 토쿄 제국호텔에서 1박했다.

1월 7일

나리타(成田)에서 모스크바행 소련 비행기의 탑승 수속을 마쳤다. 오후 1시에 소련 비행기는 토쿄 나리타공항 활주로를 떠났다.

고공(高空)으로 비행하는 도중 식사 서비스를 받았다. 식사는 생각보다 좋았다.

비행기는 10시간을 일본 북해도(北海島)와 오호츠크해 상공을 거쳐서 시베리아 대륙 상공을 향하여 북으로 북으로 날아갔다.

허름한 소련제 제트 4발 여객기는 순조롭게 잘도 날아갔다.

1등석에는 우리 일행, 나와 이명박(李明博) 현대건설 회장과 현대중공업의 부사장인 안충승(安忠承) 박사 3인뿐이었다.

2등석에는 많은 손님이 차 있었다. 시베리아 대륙 상공은 구름 한 점 없는 맑은 날씨라 광막한 산하가 잘 내려다보여 지루한 줄 모르고 날았다.

하오 4시. 해는 서쪽 지평선을 넘어가고 황혼이 잠깐 사이에 지나가서 칠흑의 어둠이 시베리아 천지에 차버렸다.

모스크바 현지 시간으로 6시 반쯤 모스크바 비행장 활주로에 비행기가 안착했다.

현지 초청 인사들과 우리 회사 선발대 임원들의 영접을 받아 45분 가량 북극 겨울 도시의 눈길을 달려 모스크바 최고의 호텔로 안내되었다. 우리 일행은 장거리를 날아온 여장을 풀고 소련 활동 일정을 초청 인사들과 협의한 후, 호텔 내 일식당(日食堂)에서 저녁식사를 함께 했다. 이곳 소련에서도 일본인들이 재빨리 크고 작은 사업을 하고 있어 나를 놀라게 하였다.

1월 8일

새벽 2시.

기차가 덜컥거리며 흔들리는 바람에 잠이 깨어, 다시 잠을 이룰 수가 없었다.

기차 실내등은 작은 글씨의 책을 보기에 알맞지 않다.

나는 흔들리는 차중에 엉망의 글씨로 일기를 쓰며 지루한 시간을 소모하고 있다.

어제 장거리 비행으로 너무 피로하여 식사를 하는 둥 마는 둥하였더니 배가 대단히 고팠다.

차 안에는 물 한 모금 마실 것도 준비되어 있지 않았다.

서울 집의 사과, 배 등이 눈에 선하도록 먹고 싶다.

소련에서의 일정을 생각하면서 시간을 보내고 있다. 시베리아를 새로운 천지로 만들 수 있는 능력을 가지고 있다고 자부도 하고 공상도 계속하면서.

나의 여생은 시베리아 개발이 전부일 수 없다고도 생각했다. 여러 가지 생각을 되새기면서 레닌그라드 도착 시간을 기다리고 있다.

나는 과거 프랑스 여행중에 베르사이유 궁전을 관광하면서 제왕의 장엄한 호화생활이 프랑스 혁명을 자초(自招)했다고 느꼈었다. 이번 레닌그라드의 하궁(夏宮)박물관과 동궁(冬宮)미술관을 관광하면서는 제정 러시아 혁명의 필연성을 실감했다.

국민의 고혈(膏血)을 짜내 호화장엄한 사치의 극을 이루었으니 혁명은 일어난 것이 아니라 제왕이 자초한 것이었다.

저녁은 88올림픽 때 한국에 왔던 저명한 오페라 가수 넬리 리(李)씨 부부를 초청해 즐거운 시간을 보내고, 밤 11시에 헤어져 잠자리에 들었다.

1월 10일

9일 밤 11시 45분에 레닌그라드에서 모스크바행 침대열차에 올랐다. 열차 침대칸은 한 방에 두 사람씩 잘 수 있도록 되어 있었다.

나는 3대(三代)째 이곳에서 산다는 통역원 이기자(李記者)라는 사람과 함께 자기를 청했다.

두 사람은 피곤해서 새벽 4시까지 자고 일어나, 가정생활에서부터 인생관, 남북한의 국가관 등에 관해 많은 얘기를 했다.

이씨는 북한도 수없이 드나들고 금년 평양의 세계평양대회(세계 청소년 축전을 일컫는 듯)에도 참석한다고 한다.

금년 1월 24일에 3인 1조로 서울에 가게 되었다고도 한다.

열차는 8시에 모스크바에 도착했다.

오전 10시 30분 소련 연방정부 모스크바 상공회의소 주최 회의에 참석해 시베리아 개발의 타당성과 저가전력(低價電力) 개발 문제, 그러니까 저가로 선력이 개발될 경우 그 전력으로 많은 전력을 소모하는 각종 산업을 일으키는 데 어느 정도 타당성이 있을까 하는 문제(전기제철소, 알루미늄 공장, 펄프 공장 등)를 상담했다. 또 연해주 중심의 여러 가지 산업 문제와 임산물 중심의 제재소, 가구 공장 등 석유 가스, 석탄의 저가 생산으로 산업 전력이 싸게 공급될 수 있는지 여부를 검토할 생각으로 관련 부서장들을 종일 예방하면서 상담했다.

1월 11일

새벽 4시 기상.

7시 30분 우리 일행은 극동문제 연구소 소장 일행과 함께 호텔식당에서 조반을 들면서, 남북한 정치 및 경제 전망에 대하여 조심스럽게 의견을 교환했다.

상오 9시에 '이즈베스티야'지(紙), '타스'통신, 그밖에 이곳 매스컴과의 기자회견 요청에 응했다.

나의 모스크바 방문을 필요 이상 중요시하는 인상이다. 진지한 질문과 응답이 있었다.

점심은 가져온 라면을 끓여 먹고, 크렘린 광장을 잠깐 돌아본 뒤 상호 관련 산업 협의차 석유성을 방문했다.

10시 이후엔 중진 교포들과 별실에서 대단히 즐거운 주연을 가졌다.
남북한 이야기며 고향 노래며 정다운 화제로 즐겁고 행복하게 밤이 깊도록 다같이 즐겼다.

1월 12일

새벽 5시 30분 기상했다.

분주하여 밀린 이틀간의 일기를 정리하고 라면을 끓여서 조반을 들었다.

시베리아 개발의 자금 동원 가능성에 대하여, 소련 중앙은행이 발행한 지불 보증서의 대외 신용도에 대하여, 일본을 위시한 대외 공신력 문제에 대하여 협의하였다.

40년 만에 밟은 평양과 고향땅

> 지금도 북한에서는 여러 경로를 통해서 다시 나를 부르고 있다. 그러나 지금은 적기가 아니라는 생각이다. 아마도 '92년 가을쯤이면 다시 가서 중단되었던 금강산 개발 문제 등에 대한 대화를 계속할 수 있지 않을까 기대한다.

'89년 1월 6일부터 12일까지의 첫 소련 방문을 마치고 돌아온 나는 그 10여일 후인 1월 23일 노동당 서열 제4위였던, 지금은 고인이 된 허담(許湛) 씨의 초청으로 북한 방문길에 올랐다.

한핏줄, 한동족이면서도 40년을 적대관계에 있는 북한을 방문하면서 사실상 어쩔 수 없는 우려도 전혀 배제할 수 없었다. 만의 하나 북한에서 나를 붙잡아놓고 내가 '고향에서 늙어 죽겠다고 하더라'고 발표하면 속수무책 아닌가.

평양 방문 직전 소련 첫 방문에서 한·소경제협력위원회가 만들어졌고 내가 한국측 위원장을 맡음으로써 이를테면 북한에서 나를 쉽게 어찌지 못하게 하는 하나의 신분 보장 장치는 되었던 것이다. 그리고 또한 세계 언론이 나의 신분 보장 배경이 되었다.

북한 방문 기간 동안 나는 선의와 진심으로 그들을 대하고 설득했다.

허담 씨는 아주 세련된 신사에다 노련한 외교관이었다.

전금철 씨는 북한측 대표로 과거 우리의 채문식 국회의장과 회담장에서 수 차례 대좌했던 사람이고 최수길 씨는 북한의 통상경제, 공업 경제 담당이라는데 요즈음 신문에서 보니 북한의 일본에 대한 대일청구권 문제의 주역을 맡고 있는 것 같다.

그는 두뇌가 아주 명석한 사람이었다.

북한 방문시 정치관계 안내는 전금철 씨가 맡았고 경제관계 안내는 최수길 씨가 맡았었다.

나와 다섯 가지 협정을 체결한 그들은 북한인민위원회에 합영법을 통과시켰던 세상 물정을 아는 사람들이었다.

북한에도 북한이 세계에서 고립되지 않기 위해서는 개혁이 필요하다고 생각하는 사람들이 상당수 숨 죽이고 있다.

내가 북한에서 그들과 맺은 다섯 가지 협정은 다음과 같다.

첫째가 금강산 개발인데, 그들은 자금 문제는 걱정할 것 없다고 했다. 나는 그들의 자존심을 건드리지 않도록 부드럽게 회유했다.

"당신들도 할일이 많을텐데 금강산 개발에 모두 투자해 놓고 외국에서 관광객이 안 오면 어떻게 하겠소."

이렇게 서두를 시작해서 나는 외국 관광객을 끌어들이려면 세계의 돈을 모아 써야 한다고 말했다.

내 경험으로 보면 만약 내가 미국에 물건을 팔 목적으로 공장을 지어야 할 경우, 내 돈만으로도 충분히 지을 수 있어도 일부러 미국 자본을 끌어들인다, 그래야만 자기 나라에 그들이 광고도 하고 관심을 갖는다는 말도 했다.

며칠 동안 논의가 계속되었고 결국 순조롭게 풀려나갔다.

다음은 원산에 있는 철도 차량공장에 현대가 기술을 제공해서 생산을 확대시켜 수출을 하고 싶다였고 셋째, 원산에 있는 수리조선소의 도크를 파달라 넷째, 시베리아에 함께 가 코크스 공장을 건설, 자기네도 쓰고 중국에 팔 수도 있게 해달라 다섯째, 소련에 암염(岩鹽)이 있는데 그것을 개발해서 자기네도 쓰고 중국에 팔고도 싶다였다.

나는 그 모든 제의를 다 받아들여 "좋소, 타당성 조사 후 경제성만 있으면 합시다."하고 약속했다.

평양에 열흘 있는 동안 매일 아침 9시부터 12시까지는 회의를 했다. 어제 회의했던 내용을 위에 보고해서 다음 날 문제점을 가지고 나오면 다시 설명하는 식이었다.

오후에는 관광을 했다. 그들이 안내하는 코스는 정해져 있었다.

나한테는 공업시설들을 보여주었는데 내가 보기에 시멘트를 제외하면 경생력 있는 제품은 전혀 없었다. 그러나 노력은 대단하다고 격려해 주었다.

전금철 씨는 토의중에도 중간중간 미군 철수니 팀스피리트 훈련 중지니 하는 정치적 주장을 하곤 했다. 나는 "내가 그런 권한을 갖고 왔다고 생각합니까? 왜 쓸데없는 일로 아깝게 시간 낭비를 합니까?" 하고 좋게 설득해 넘겼다.

북한의 생활상은 내가 이 지면에서 이렇더라 저렇더라 말하지 않아도 우리가 익히 알고 있으며, 또 굳이 그들의 힘든 생활에 대해서 말하고 싶지도 않다.

그것이 초청받아 남의 집에 다녀온 사람의 예의이며 또 미워도 고와도 한핏줄, 한동족 아닌가.

단 몇 가지만 얘기하자면, 내가 도착했을 때 비행장에 나의 친척들이 모두 마중을 나와 있었는데, 북한 정부에서 시켜 다같이 나온 것이 확실했고, 여인네들 옷이 다 똑같았던 것으로 보아 옷까지 정부에서 마련해 입힌 듯했다.

고향집에 가보았더니 우리 친척들이 전부 방 한쪽 구석에 함께 서서 "위대한 수령님 덕분에 쌀밥을 배불리 먹으며 행복하게 산다."는 말을 합창했다.

40년 분단 민족의 비극과 체제의 이질성을 실감하면서 착잡하기 이를 데 없었다.

공산당원들이 부엌에 들어가 차려낸 음식과 소주를 먹고 놀았는데, 놀면서 부르는 노래는 우리가 여기서 부르는 것과 같은 노래가 많았다. '노들강변', '아리랑'을 함께 부르면서는 이념이 다르고 체제가 다르고 남북이 가로막혀 있어도 역시 우리는 어쩔 수 없는 동족이구나 싶어 앞서와는 또 다르게 착잡했다.

북한은 한 마디로 지구상에서 일요일이 없는 유일한 나라이다.

다음 날 고향집에서 원산으로 가면서 고저라는 마을의 병원에 잠깐 가보려고 차를 타고 지나가는데, 동네 사람들이 모두 나와 삽과 곡괭이로 언 땅을 파고 삽질하고 있었다.

양력 정월, 우리 같으면 삽과 곡괭이로 언 땅을 파게 해보았자니까 땅이 녹을 때까지 쉬게 할텐데, 그들은 그때 원산에서 금강산까지 고속도로를 닦는다고 했다.

내가 아주 조심스럽게 하루도 쉬지 않고 일을 하면 오히려 비능률에 빠지니까 1주일에 하루 정도는 쉬게 하는 게 어떠냐고 했더니 날더러 "정회장 선생은 모르시는 말씀이오." 하면서 북한 국민들은 "위대한 수령님의 은혜에 감복해서 충성을 다하기 위해, 자진해서 일요일을 반납하고 노는 날 없이 일하는 것."이라고 말했다.

북한이 개인의 자유가 허용되지 않는 극히 엄격하게 통제된 사회라는 것은 분명한 사실이다.

그들은 하면 안 되는 말은 일체 한 마디도 하지 않았다. 나도 일체 불필요한 말은 한 마디도 안 했다.

우리 일행 4명에 그들은 늘 40여 명씩 따랐기 때문에 다른 말을 할 수도 없었다.

그래서 나는 내 고향 친척들에게도 내가 무엇을 하는 사람인지조차도 말하지 않았다. 아마도 친척들과 고향 사람들은 내가 그저 남쪽에서 무슨 장사를 해서 쌀밥을 배불리 먹으며 행복하게 사나보다 정도로 생각할 것이다.

그들은 그때 4월 초에 다시 올 수 없겠느냐고 했다.

북한 문제는 내 나름대로의 판단과 분석으로 때와 분위기를 기다렸다가 계속할 생각이다.

지금도 북한에서는 다른 경로를 통해서 비공식으로 나를 부르고 있다. 그러나 지금은 적기가 아니라는 생각이다.

아마도 '92년 가을쯤이면 다시 가서 중단되있던 금강산 개발 문제 등에 대한 대화를 계속할 수 있지 않을까 기대한다.

인상 좋은 고르비와의 만남

'북한이 어려우니 대통령께서 좀더 자유롭고 평화롭게 번영할 수 있도록 도와달라'는 나의 요청에, 고르비는 '소련과 남한이 함께 밥을 지어 북한과 셋이 한솥밥을 나누어 먹는 날이 올 것'이라고 대답했다.

'90년 6월, 소련 방문때 페트라코프 대통령 경제 특별보좌관의 요청에 의해 크렘린궁에서 경제 특별보좌관과 3시간 반 동안 얘기를 나누었었다.

그는 소련 경제에 대해 언급한 후 주로 한국 기업인이 소련 경제를 어떻게 내다보고 있는지를 궁금해 했다.

나는 소련의 경제 전문가들의 시장경제 체제 도입에 대한 낙관론은 이론적으로는 가능하나, 실제 뿌리가 내리는 데까지는 많은 어려움이 있을 것이라고 말했다.

70년간 계속해온 공산주의식에 젖어 있는 국민이 시장경제를 이해하는 데는 시간이 걸릴 수밖에 없다.

국민의 요구도 많고 시장경제가 뿌리를 내리는 데도 어려움이 많은데, 그럼 이를 극복하고 정착시키는 데까지는 시간이 얼마나 걸릴 것 같으냐고 그가 물었다.

나는 15년은 걸릴 것으로 생각하지만 그가 실망할까봐 최소한 10년은 걸릴 것이라고 대답했다.

강제로 공산주의 이념을 정착시키는 데도 20, 30년 걸렸으니 자율을 바탕으로 한 시장경제의 정착엔 시간이 더 걸릴 수도 있다. 그러나 소련은 2억 8천만의 인구를 먹여 살릴 수 있는 공장을 갖고 있고 기초과학도 발달해 있기 때문에 국민들의 마음가짐에 따라 10년이면 가능할 것이라고.

소련의 어려움은 국민이 자발적으로 일하려 들지 않는 것에 있다. 70년간의 공산주의 체제는 국민의 창의와 개선 의지를 죽여버린 것이다.

이런 등등의 얘기 끝에 그가 다음 방문 때는 고르바초프 대통령을 만날 수 있게 하겠다고 말했다.

그런데 그해 10월 고르바초프와 만나게 되었다.

우리측에서는 나와 이명박 회장, 통역자와 KBS기자 및 카메라맨이 참석했고 고르바초프는 소련 경제정책 일인자이며 당서열 3위인 메드베데프 경제 특보를 배석시켰다.

약 열댓 평 전후의 고르비 집무실에는 10명 정도가 앉을 수 있는 회의 테이블이 있는데 거기서 회담을 가졌다.

고르비의 인상은 매우 좋았다. 그는 우리에게 먼저 사진을 찍자는 등 부드러운 분위기를 만드는 데 상당히 애를 썼다.

약 15분에 걸친 고르비 자신의 정치담이 시작되었다.

나는 주로 현실적이고 실질적인 얘기를 했다.

세계 경제학자들이 '소련의 경제 전망은 어렵다, 또는 실패할 것'이라고 말하고 있지만 나는 이것은 이론적인 수치로 계산될 문제가 아니라고 말했다.

인간의 신념과 투지, 정신력은 불가능을 가능으로 바꿀 수 있고 가난한 나라가 경제성장을 이루면 흔히 기적이라는 말을 하는데 종교라면 몰라도 경제에는 기적이 없다고 강조했다. 또 소련은 수많은 어려움을 안고 있는 대신 그와 동시에 잘될 수 있는 여건도 많이 갖추고 있다. 지도자가 이 여건을 어떻게 슬기롭게 활성화시키느냐에 따라서 정치, 경제의 진퇴여부와 발전 속도가 가름날 것이라는 말도 했다.

알려진 대로 고르비는 이상보다는 현실 위주의 정책을 펴는 사람이고, 나도 경제인이기 때문에 현실적인 사람이다.

대화는 아주 흥미롭게 진행되었다. 나의 말에 그들은 대부분 수긍했고 나도 그들의 말을 진심으로 경청했다.

시간 가는 줄 모르고 많은 이야기가 오고갔다. 40분 정도의 회담 끝에 나는 고르비에게 "북한이 어려우니 대통령께서 그들이 좀더 자유롭고 평화롭게 번영할 수 있도록 도와주십시오."라고 요청했다.

나의 요청에 고르비는 "소련과 남한이 함께 밥을 지어 북한과 셋이 한솥밥을 나누어 먹는 날이 올 것."이라고 대답했다.

그 자리에서 내가 주로 강조한 것은 '소련의 시베리아 개발은 한국 기업이 주축이 되어 할 수 있다'였다.

자원개발은 세계 시장에서 한국의 건설업계가 가장 성공한 견본이라고 말했다. 중동을 예로 들어 산유국가가 침체되었을 때 외국 기업들은 다 철수했어도 한국 건설업계는 전쟁중에도 남아 일했으며, 시베리아 개발은 한국 건설업계만이 성공적으로 수행할 수 있다고 강조했다.

고르비는 동석한 메드베데프 대통령 경제 특보에게 노대통령의 초청장을 지참시켜 한·소 경제협력위원회가 주최하는 서울세미나에 보내겠다고 말했다.

고르비를 만나고 돌아온 한 달여 후 노태우 대통령이 모스크바를 방문해서 정식으로 한·소 수교가 이루어지고 국교가 정상화되었다.

무슨 일을 할 때든 회의론자와 신중론자가 없었던 적이 없다.

경제협력 부담만 가중시켰을 뿐 실익이 있겠느냐는 등, 너무 서두른 것이 아니냐는 등의 이론(異論)이 지금도 분분하나, 나는 남북통일의 앞당김을 위해서, 통일 후 아시아에서의 중추 역할을 담당해야 할 때를 위해서도 대소관계의 충실한 진전 속도는 결코 늦춰서는 안 된다고 생각한다.

세계는 급변하는데 이것저것 따지고 재다보면 아무 일도 할 수 없다.

나는 소련과의 적극적인 교류를 통해서 북한을 개방시키는 것이 통일의 지름길이라고 믿는다.

설레임의 신천지 '출장일기'

> 저녁엔 우리 일행과 이곳 지점 간부들, 블라디보스톡 시장과 그쪽 간부 등 20여 명이 북한과 소련 합작으로 한식집을 신축해서 경영하는 '모란봉'이라는 음식점에서 대주연이 벌어졌다.

1991년 3월 8일 (금요일) 맑음

오전 10시, 김포공항을 출발해서 일본 나리타공항을 거쳐 소련 하바로프스크를 거쳐 20인승 소형 제트기를 타고 블라디보스톡으로 가는 날이다.

새벽 4시에 기상해서 여러 가지 크고 작은 상상을 즐기고 조간신문을 본 뒤에 새벽 목욕을 했다.

아침을 같이 하려고 모여든 아이들과 의견을 나누며 조반을 마치고 새벽길을 걸어서 출근했다.

영하의 찬 새벽이었으나 어느새 초봄 기운이 겨드랑 밑과, 바짓가랑이 밑으로 스며드는 것이 상쾌했다.

회사에서 미진한 일을 챙기고 10일간의 공백에 따른 사내외 일의 정리를 하고 9시에 김포로 달렸다.

KAL기는 10시 정각에 김포를 출발, 12시에 일본 공항에 도착, 지점 직원 일행과 교포 식당에서 불고기와 된장국을 먹었다. 오후 3시 반에 소련 비행기로 갈아 타고 서북을 날아 오후 6시 반에 하바로프스크에 도착했다. 약 2시간에 걸쳐 통관을 시키느라 난리 북새통을 겪고 우리는 소형 전세기에 올랐다.

그곳은 백설이 대지의 지평에 가득차서 북국의 정서를 만끽하기에 족했다.

우리 일행 9명이 탄 소형 제트기는 불안한 야간비행이었지만 2시간 동안 칠흑의 상공을 날아 무사히 블라디보스톡에 안착했다.

연해주 공산당집행위원회 부위원장의 영접을 받아 영빈관에 여장을 풀었다.

영빈관에서 베푼 소련식 저녁을 즐기고 설비가 잘 갖추어진 소련식 한증탕에서 긴 여로의 피로를 풀고 단잠이 들었다.

3월 9일 (토요일) 맑음

새벽 5시에 일어나 지점 사람들과 함께 북국의 삼림 속 새벽길을 한 시간 가량 산책했다. 북국은 아직 춥다. 영하 7도의 찬 공기가 더욱 마음을 상쾌하게 했다.

토, 일 공휴일인데도 이곳 공직자들은 우리 일행의 일정에 맞춰 새벽부터 밤까지 연해주 전체의 경제개발 문제와 블라디보스톡 시의 경제개발 문제를 진지하게 협의, 협조했다.

오전엔 극동 제일의 수산회사와 어류가공 생산공장 건설, 합작회사를 50대 50 자본 지분으로 설립하기로 합의 협정했다.

과거 일본이 했던 소련 생산 어류가공품을 한국이 직접 가공생산 직수입하는 길을 처음 연 대단한 일이다.

오후엔 토요일인 데다가 또 이곳의 '여성의 날'인데도 연해주 집행위원장 회의실에서 이곳 각 산업별 전 대표자들이 집합해, 저녁 늦도록 대단히 화기애애한 분위기 속에서 회의가 열려 많은 유익한 문제들을 검토했다.

저녁엔 연해주 집행위원장 부부, 부집행위원장 부부, 블라디보스톡 시 시장 부부, 집행위원회, 시 간부들과 밤 늦도록 즐거운 주연이 벌어져 자정을 넘겼고 나도 대취했다.

3월 10일 (일요일) 흐림

새벽 5시에 깊은 잠에서 깨었다.

일요일의 이곳, 모든 회의를 효율적으로 치룰 생각을 하며 지점의 몇 사람과 새벽 산책을 즐겼다.

아침 7시에 이명박 회장, 현대자원개발회사 채 부사장과 김비서, 그리고 수산공사 간부 둘과 지점 간부 네 다섯과 함께 조반을 먹었다.

주 영빈관 식사는 대단히 좋았다.

우리는 예약된 대로 오늘은 시장 회의실에서 시장 휘하의 간부들과 회의를 했다.

오전중의 모든 회의를 순조롭게 끝내고 우리는 연해주 경제개발에서 일본을 제치고 선제하기 위해, 블라디보스톡에 비즈니스센터를 신속히 건립하는 계획을 상호 원만하게 합의했다.

시장과 그 일행의 초청으로 그곳 수산물 요리를 자랑하는 식당에 가서 대낮부터 술이며 안주를 포식했다.

그후 비즈니스센터 건립 부지와 어물 가공공장 부지를 돌았다.

저녁엔 우리 일행과 이곳 지점 간부들, 시장과 그쪽 간부 등 20여 명이 북한과 소련 합작으로 한식집을 신축해서 경영하는 '모란봉'이라는 음식점에서 대주연이 벌어졌다.

평양에서 왔다는 미모의 여자 종업원 둘은 휴일인데도 우리 일행을 환영하느라 한복으로 단장하고 온갖 친절을 다했다.

우리 일행과 시장 동료들은 다같이 대음(大飮)하면서 즐거움을 만끽하며 밤 12시가 되도록 남북 사람과 소련 사람이 어우러져 합창, 합창으로 밤이 깊어가는 것을 아쉬워했다.

밤 12시 반에 아쉽게 헤어져 영빈관으로 돌아와 한증탕에서 만취를 풀고는 부랴부랴 여장을 챙겨 비행장으로 달렸다. 새벽 2시 반 비행기를 타고 모스크바로 떠나야 했기 때문이다.

시장이 비행장까지 따라나와 배웅해 주는 정성에 감사했고, 나의 대인관계에 좀더 정성을 기울여야겠다는 교훈을 얻었다.

3월 11일 (월요일) 맑음

첫새벽인 2시 30분, 소련 비행기는 블라디보스톡 상공을 날아 칠흑의 밤하늘을 서북으로 서북으로 날았다. 하늘에는 찬 별만 반짝거렸다.

비행기는 완벽하게 만원이라 화장실 앞마다 줄을 서 있었지만 새로 제작된 비행기라서 깨끗했고, 내 기분도 편했다.

예정보다 한 시간 빨리 모스크바에 도착했다.

비행장에는 소련 상공회의소에서 대형 최고급 승용차를 갖고 마중나와 있어서 기분이 좋았다.

지점의 안내로 모스크바 방문시 항상 머무르던 비즈니스센터에 여장을 풀었다. 새벽 6시 반에 옷을 갈아 입고 1시간 동안 산책을 즐겼다.

10시 칼믹 공화국 부수상의 내방을 받아 상호의 숙원인 석유개발과 정유사업에 관한 추진 설명을 들었다.

그간 러시아 공화국과 소련 연방공화국을 찾아다니면서 많은 일을 해놓은 것을 자세히 보고받았다.

4월 20일께 다시 방소하는 길에 칼믹 공화국을 방문해 원유개발과 정유사업 합작회사 문제를 완결짓기로 했다.

점심은 러시아 공화국의 수상 비서실장과 함께 들면서 여러 가지 관심사를 알아보았다.

고르바초프 대통령과 옐친의 현재 알력, 3월 17일 고르바초프의 신임 국민투표와 3월 27일 옐친 러시아 공화국의 러시아 의회 신임투표에 관한 그의 견해를 들을 수 있었다.

오후엔 소련 연방정부 대통령 측근들과 저녁을 들면서 우리의 대소 투자 협력 문제를 상의했다.

3월 12일 (화요일) 흐림

새벽 4시 기상. 명상에 잠겨 미래를 긍정적으로 상상하며 공상을 즐겼다.

6시에서 7시까지 호텔 주변을 속보로 산책하고 오전 11시엔 벨리치코 연방정부 제1부수상을 예방, 연해주의 수력발전소 건설과 알루미늄 제철소 문제를 협의해서 좋은 반응을 얻었다.

제1부수상은 소련의 석유생산을 부활시키기 위한 5억 달러의 원유생산 기자재 차관 문제를 간곡히 부탁했다.

사할린 지방의 원유 가스 생산문제의 상호협력을 진지하게 검토했다. 모든 문제를 아주 긍정적으로, 가능한 방향으로 검토하는 인물을 만나서 장시간의 협의가 기쁘고 유쾌했다.

소련연방 원유 가스 생산의 한 지점에 참여할 수 있는 기회를 만들어 한국의 어려움을 해결할 것이다.

오후 3시, 메드베데프 대통령위원회 위원을 예방, 소련 연방의 정치, 경제, 사회 등에 걸친 문제에 대한 설명을 들었다.

3월 17일, 고르바초프 대통령의 국민 신임투표와 3월 27일 옐친 국민 대표의 신임투표 등 정치적으로 소련은 다사다망한 한 달이 될 것이다. 오후 5시에 연방정부의 어업성을 방문했다. 장관은 와병중이라 차관과 소련 영해에서의 어로 문제 등 수산물 가공산업의 보증과 지원 문제를 협의, 좋은 보증을 얻었다.

저녁에는 칼믹 공화국 부수상 주최로 모스크바의 미녀들과 밤 늦도록 시간을 보냈다.

즐거운 추억이 될 저녁이었다.

3월 13일 (수요일) 비

새벽에 모스크바에는 찬 비가 내렸다.

북국에 봄이 스며드는 정경이었다. 6시부터 교외 산책을 하고 부랴부랴 조반을 먹은 후 8시에 러시아 공화국 수상을 예방했다.

3월 27일, 옐친 러시아 공화국 대통령의 신임투표 여하로 거취가 좌우되는 사람인데 그러나 담담한 인품으로 모든 상호 관심사에 대해서 열심으로 협의했다.

9시 30분, 연방정부 가스 프롬의 체르노 미르딘 회장을 방문해서 천연가스로 무공해 휘발유 생산 기술 개발 문제를 상호 협력하는 문제를 협의, 완결지었다.

점심은 모스크바 소재 '평양식당'에서 냉면으로 먹고 3시에 철도성으로 가 철도 차량 연산 1만 대 생산공장 건설 합작 문제를 협의했다.

외자 조달 해결이 난제였다.

실무자들이 검토하기로 하고, 4월 25일 다시 소련을 방문할 때 풀어보기로 했다.

저녁 9시, 소련 방문의 업무를 모두 마치고 모스크바발 토쿄행 비행기에 올랐다.

3월 14일 (목요일) 눈

모스크바에서 토쿄로 가는 중에 14일의 반이 지나가고 14일 정오 12시 15분 토쿄에 도착, 제국호텔에 여장을 풀었다.

저녁엔 주식회사 일본 유센(郵船)의 네모도(根本) 사장 주최 만찬에 참석하고 호텔에서 그동안 궁금했던 서울 소식을 듣고 9시 취침했는데 시베리아 강산의 백설이 눈에 선했다.

3월 15일 (금요일) 맑음

새벽 5시에 일어나 궁성 주변을 속보로 산책하며 새벽 공기를 만끽했다. 6킬로미터의 궁성 솔밭 숲을 바라보며 호수를 끼고 걷는 코스는 참으로 좋은 경치였다.

토쿄에서의 바쁜 일정이 시작되었다.

스미토모(住友) 상사 회장을 예방해서 미래 소련 자원개발 합작사업을 협의하고, 일본 경단연(經團連) 히라이와(平岩) 회장을 방문해서는 한일 경제협력 문제를 진지하게 상의했다.

오후엔 미쓰비시 전기 회장을 비롯한 임원 전원과 우리 현대전자 일행이 반도체 4KD램 기술 지원 문제를 협의, 1·2단계로 검토해서 점진적으로 이전받기로 합의했다.

저녁은 미쓰비시사의 초청으로 가와자키(川崎) 요정에서 전례 없는 ~~융숭~~한 환대를 받았다.

10시 취침.

3

한국인이 환영받는 이유

오늘날 한국 기업과 경제는 우수하고 근면한 창업주의 불굴의 의지, 진취적인 실천력, 그리고 우수하고 근면한 근로층의 혼신의 힘을 다한 국가 발전에의 열성에 의해 성장했다. 사람의 힘만으로 말이다.

나는 경제 활동을 하는 사람인지라 외국의 기업가나 경제정책 전문가들을 접할 기회가 많다.

그럴 때마다 그들이 한결같이 내게 하는 질문이 있다. 도대체 자원도 자본도 없는 한국이 무엇으로, 어떻게 그토록 비약적인 경제 발전을 이루었는기 하는 것이다.

나는 그들에게 간단하고 분명하게 대답한다. 우리가 경제 발전을 이룬 비결은 바로 세계에서 가장 우수하고 근면한 민족인 우리 국민, 즉 사람에게 있다고.

근대 공업의 역사가 일천한데도 우리는 기능올림픽에서 계속 우승하고 있고, 미국 LA 고교 우등 졸업생 70명 가운데 20명이 한국계 학생이며, 더구나 5백 40명 전체 학생 가운데 우리 한국인 학생은 불과 50명이었다면 우리가 얼마나 우수한가.

나는 외국에 나갈 때마다 우리 한국인만큼 우수하고 근면한 민족은 없다는 확인을 거듭한다.

이제 우리 한국인은 아프리카에까지 진출해서 아프리카 어느 지역에 가도 한국인이 없는 곳이 없고, 또 한결같이 모두들 잘산다.

한국 원양어업 기지가 있는 라스팔마스에는 7, 8년 전부터 이미 6, 7천 명의 한국 교민이 살고 있었는데 전부 다 자가용을 굴리고 살면서, 그곳에 오는 한국인들에게 여러 가지 편의를 다투어 제공하고 있었고 나도 그곳 교민의 차를 얻어 탔었다.

그곳의 우리 교민들은 구라파 어선단들이 다같이 적자를 면치 못하는 가운데서도 모두 흑자를 내면서 일하고 있었는데, 한국인의 근면성과 우수성은 그곳에서도 인정받아 구라파 어선단 중에 머리가 빠른 이는 한국 선원을 고용하고 있다. 또 재미있는 현상은 한국인을 고용하면 그 어선단은 신통하게 바로 흑자를 낸다고 했다.

얼마 전 캐나다에 갔을 때 그곳 상공회의소 회장이 말했다.

"캐나다에서는 실업자에게 실업 수당을 지급하는데 한국 교민 중에서 실업 수당을 타먹는 사람은 하나도 없습니다."

당시 실업 수당이 4백 달러였는데 한국인은 자신의 벌이가 4백 달러가 못 되어도 일해서 벌어 먹지 실업 수당은 안 타먹는다는 이야기였다.

그 사람은 그런 한국인에게 크게 감명받았다면서 이민을 받아들일 수 있는 국민은 한국인밖에 없다는 말도 했다.

세계 도처에 우리 근로자들 몇 십만 명이 나가 일하는데, 우수하고 근면하다는 칭찬을 안 하는 나라가 없다.

현재 1만 명 정도의 한국 선원이 외국 상선을 타고 있는데, 한국 선원의 우수성은 세계 해운업계에도 자자해서 한국 선원을 확보하려는 해운업자들이 줄을 서는 형편이다.

한국 선원을 쓰면 배가 고장나도 당장에 고쳐낼 뿐 아니라 한시도 안 쉬고 배 안의 정리 정돈까지 해치워, 배가 정박했을 때 으레 다른 일손들을 써서 해야 하는 청소며 뒷손질도 필요 없다고 한다.

우리는 태어날 때부터 우수하다. 우리는 5천 년 대대손손 문화를 숭상하는 조상의 자손으로, 뛰어난 두뇌를 가지고 선천적으로 지혜롭게 태어난 민족이다.

그렇지 않다면 대부분 소학교, 기껏해야 중학교 정도 나온 창업주들에 의해 한국의 많은 기업들이 세계 무대에까지 나가 겨루고 뛰면서 오늘날 이토록 국가 경제 발전에 이바지하고 있는 성과에 대한 설명이 안 된다.

우리는 우수한 인적 자원만으로 여기, 이만큼까지 왔다.

오늘날 한국 기업과 경제는 우수하고 근면한 창업주의 불굴의 의지, 진취적인 실천력, 그리고 우수하고 근면한 근로층의 혼신의 힘을 다한 국가 발전에의 열성에 의해 성장했다. 사람의 힘만으로 말이다.

이 인적 자원의 위력은 여타 물적 자원과 비교될 수가 없다. 때문에 나는 경제란 돈이 아니라 진취적인 생명력에 한 민족의 정기를 불어넣어서 만드는 것이라고 확신한다.

국가의 부존 자원은 유한한 것이지만 인간의 창의와 노력은 무한하다.

자원에 의존한 경제 발전은 자원이 고갈되면 발전도 멈추고 말지만 일을 통해서, 자신의 노력을 통해서 성취하는 발전은 나태해지지 않는 한 영원히 지속될 수 있다. 또한 땅 속에서 치솟는 기름을 팔아 태산 같은 돈을 은행에 넣어 그 이자로 잘 먹고 잘사는 것은 진정한 의미로 잘사는 것도 아니며 진정한 의미의 발전도 아니다.

그런 의미에서 우리의 경제 발전은 대단히 뜻 있고 가치 있는 것이다.

꿈꾸는 이들의 '견본'이 되리

> 신문 지상에 개인 소득 랭킹 1위다 어쩌다 하는 발표가 있을 때마다 나는 가난한 사람들에게 죄책감을 느낀다. 저 사람은 그 많은 돈을 어디에 쓸 것인가 하겠지만 실상 나의 생활은 중산층과 비슷한 범위를 벗어나지 않는다.

나더러 '회사에서는 종이 한 장도 앞뒷면으로 쓰게 하고, 공사 현장에서 자갈 몇 개가 허투루 버려져도 나무라면서, 어떻게 성금은 뭉턱뭉턱 내는지 모르겠다'는 말을 하는 이들이 꽤 있는 것으로 안다.

내가 돈을 가진 사람이라는 이유 때문에 이렇게 저렇게 오해되고 말해지고 하는 일이 나는 부담스럽다.

체육회 일만 해도 그렇다.

체육에는 문외한이면서 어찌어찌 체육회장직을 맡게 되었을 때 주위에서는 내가 무턱대고 돈을 펑펑 쓸 것으로 생각했다.

동의할 수 없는 기대였다.

그 자리가 욕심나 돈으로 자리를 사서 들어가 앉았던 사람이 아닌 바에야, 내가 가진 능력과 진실로 최선을 다해서 국가 체육 발전에 기여하는 것으로 직분을 다 해야지 돈은 왜 쓰나. 돈이 있는 사람이니까 돈을 써줄 것이라는 기대로 떠맡긴 자리라면 그것은 그 자리와 나를 함께 모욕하는 짓이다.

체육회장 자리는 명예직이며 시간을 바쳐 봉사하는 자리이다. 인격

과 능력 때문이 아니라 돈으로 선택됐다면 처음부터 말을 필요가 없었
던 자리였다.
　짧은 재직기간 동안 그다지 유쾌하지 않은 구설, 시시비비 속에서도
나는 타고난 성격대로 열과 성을 다해 일했으나 줄곧 몸에 맞지 않는
옷을 입고 있는 것 같은 기분이었다. 또 몸에 실리지 않는 일을 하는
것처럼 거북하고 어려운 일은 없다는 생각을 절실하게 했다.
　어떤 이는 공공기관에 나가서 나 보라는 듯 돈을 쓰고, 어떤 이는
고양이만큼 쓰고 호랑이만큼 쓴 것처럼 과장해서 으스대기도 하나 나
는 돈으로 생색내고 돈으로 자랑삼는 사람의 인격엔 하자가 있다고 생
각한다.
　돈이란 큰 돈도 작은 돈도 드러나지 않게 쓰는 것이 원칙이다. 예를
들어 음식점에서 팁을 줄 때도 다른 사람 모르게 주는 것이 예의지,
기생 이마에 돈을 붙여주는 따위의 행동은 한 인간이 한 인간을 멸시
하는 작태이다.
　신문 지상에 개인 소득 랭킹 1위다 어쩌다 하는 발표가 있을 때마다
나는 가난한 사람들에게 죄책감을 느낀다. 저 사람은 그 많은 돈을 어
디에 쓸 것인가 하겠지만 실상 나의 생활은 중산층과 비슷한 범위를
벗어나지 않는다.
　내가 생각하는 중산층 개념은 우리 직원과 비슷하다는 뜻이다. 다만
집은 대지 3백 평에 건평이 1백 평 가량이라 다소 크지만 자동차도 스
텔라나 그라나다, 쏘나타를 타다가 지금은 그랜저를 타고 있는 것도
면구스럽다.
　하루 세 끼 식사도 접대가 없는 이상 평범한 사람들과 큰 차이 없이
먹는다.
　커피는 싫어하고 돼지고기는 식성에 안 맞아 안 먹고 무우생채와 두
부가 좋다.

나의 삶 나의 이상　253

채식 위주로, 동료들과 가끔 불고기를 먹거나 서양 사람들을 만날 때 먹는 양식이 육류 섭취의 전부인데도 어렸을 때의 학질과 나도 모르게 앓고 난 결핵밖에 평생 잔병을 모르고 이날까지 건강으로 남을 부러워해 본 적은 없다.

그러니 보약이라는 걸 먹어본 적도 없고, 가끔 인삼차를 마시기는 하나 보약으로가 아니라 차로 마시는 것이다.

특별한 것은 하나도 없다.

사람은 의식주를 얼마나 잘 갖추고 누리고 사느냐가 문제가 아니라 얼마나 많은 사람에 얼마나 좋은 영향을 얼마 만큼 미치면서 사느냐가 중요하다고 나는 생각한다.

나와 같이 일하고 있는 직원들이 지금 16만 명쯤 된다.

우리 식의 사고방식으로 내가 그 많은 사람들을 벌어 먹여 살리고 있다는 듣기 좋으라고 말하는 이도 있지만, 나는 그 말에 동의하지 않을 뿐더러 오히려 반대로 그들이 나를 호강시키고 있는 것인지도 모른다는 생각을 한다.

사람은 피차 도와가면서 사는 것이지 어떤 사람이 어떤 사람을 먹여 살린다는 생각은 옳지 못하다.

그런가 하면 흔히들 '내가 데리고 있는 사람'이라는 표현을 쓰는데 그것은 객기이며 오만이다. 같은 직장에서 '누가 누구를 키웠다'는 말도 나는 싫다.

직장이란 필요에 의해서 서로 돕는 곳이며 서로의 향상을 도모하는 곳이다. 어쭙잖은 생색은 자기 본위의 낡은 사고방식이다.

일을 하기 위해서 상하의 질서가 있는 것이지 관념상으로, 인격적인 서열이 필요해서 아래 위가 있는 것이 아니다. 다같이 평등의식을 가져야 한다. 직책이 높다고 거드름을 피울 것도, 낮다고 위축될 것도 없다.

위대한 사회는 평등의식 위에 세워진다. 세상 사람 중 혹자는 나를 선망하기도 하고 혹자는 미워하기도 할 것이다.

다행히 선망하는 사람이 있다면 아마도 가난한 농부의 아들로 태어나 이렇다 할 학력도 없이 성공한 사람이 된 나로 인해, 자신도 성공할 수 있다는 희망을 가질 수 있어서가 아닌가 생각한다.

큰 재산을 갖고 있어야 큰 기업가가 되는 것은 아니다.

가난하고 학벌이 없어도 큰 사업을 할 수 있다는 '견본'이 된 나를, 현재 어려운 여건 속에서 큰 미래를 꿈꾸는 사람들이 다소 부러워하고 좋아할 것이다.

남들은 나더러 부자라고 부러워하기도 하고 질투하기도 하지만, 실상 나 자신은 부자라는 감각을 느끼지 못하며 산다.

쌀 가게를 하는 동안에는 그것이 내 재산이라는 생각이 들었지만 차츰 일을 키우면서, 기업이 성장하면서는 일이 좋아 끊임없이 일을 만들어나갔을 뿐이지 내 재산을 늘리기 위해서나 대한민국에서 첫째 가는 부자가 되기 위해서라는 의식은 진실로 티끌만큼도 없었다.

나는 회사에 돈이 얼마나 있는지 상관하지 않는다.

내 호주머니에 들어 있는 돈만이 내 돈이고 집으로 타가는 생활비만이 내 돈이라고 생각하며, 돈이란 자신의 의식주를 해결하는 그 이상의 것은 자기 소유가 아니라고 생각한다.

나를 싫어하는 사람들은 현대의 성장을 내가 더 부자가 되려고 욕심내는 것으로 볼 것이다.

인간은 다 비슷한 조건에서 출발한다고 생각해야 한다. 그런데도 어떤 이는 잘되고 어떤 이는 잘 안 되기도 하는 것인데 대개의 사람들은 출발이 비슷했다는 것도, 과정의 능력과 노력에 차이가 있었다는 것도 까맣게 잊고 결과만을 놓고 결과의 불균형에 대해서만 불평을 품는다.

자유 기업 사회에서 그 불균형은 정부도, 제 삼자 누구도 해결할 수가 없다.

그 불균형에 대한 불평 때문에 공산주의식 체제에 경도되는 이들도 있는데, 그들은 공산주의 사회는 다같이 잘사는 사회라고만 생각하기 쉽다.

다같이 못사는 사회라고는 생각하지 않는다.

공산주의 체제가 다같이 못사는 사회라는 것은 70년 또는 50년씩 공산주의를 해온 소련, 중국이 현재 증명하고 있다.

더구나 개개인의 자유가 구속되고 타의에 의해 직업이 주어지고, 사는 곳이 정해지는 그 사회에서 사는 것만큼 큰 불행은 없다.

때문에 다소의 불균형이 문제가 되더라도 기본적인 자유가 보장된 민주주의 체제가 나는 이 지구상에서 가장 좋은 제도라고 생각한다.

대기업에 대해서는 진위와 상관없이 정경유착으로 몰아붙이고, 특히 우리 현대는 공화당때 그 정권의 비호 아래 크게 성장한 것으로들 안다.

그러나 현대는 창건 이후 지금까지 어느 정권, 어떤 불경기, 어떤 악조건 아래서도 매년 30퍼센트씩, 그리고 5공, 6공에서도 최소한 20퍼센트 이상은 성장해 왔다.

혼란이 극심했던 민주당 정권때도, 10·26의 격동기에도 30퍼센트 성장을 유지했다.

'77년, 정부가 법인세, 방위세, 지방세, 종합소득세 등 기업의 세금을 통합한 세법 통과로 이익의 70퍼센트를 세금으로 거두어가 기업이 급격히 냉각되었을 때도 우리는 끄떡없었다.

불굴의 노력을 경주한 결과였다.

기업을 소유하고 있는 사람은 기업인이지만 그 이익을 거두어가는 곳은 정부라는 것을 국민들이 알아주었으면 한다.

우리는 세액을 뺀 나머지 30퍼센트를 다시 고용 증대와 재투자에 쓴다.

 간단하게 말하자면 기업이란 국가 살림에 쓰이는 세금의 창출에 큰 몫으로 기여하면서, 보다 발전된 국가의 미래와 보다 풍요로운 국민 생활을 보람으로 일하는 덩어리이지 여느 개인의 부를 증식시키기 위해, 뽐내기 위해 있는 것이 아니다.

 나는 사람들이 나를 평가하는 척도를 돈으로 하지 않기를 원한다.

기업 경영자는 청지기일 뿐

> 기업은 규모가 작을 때는 개인의 것이지만 규모가 커지면 종업원 공통의 것이요, 나아가 사회, 국가의 것이라고 생각한다. 내 경우, 옛날 쌀 가게를 했을 무렵까지는 그것이 나 개인의 재산이었다.

　기업인으로서 기업의 이익이 국가의 이익에 우선한다거나 정신적 가치보다 물질적 만족이 우선한다는 생각으로 기업을 운영하는 사람은 대성할 수 없다고 생각한다.
　국민 경제에 큰 영향을 끼칠 정도의 기업인이라면 국가와 사회에 보다 높은 문화 가치와 정신적 풍요로움으로 기여하고자 하는 뚜렷한 목적의식을 가지고 기업을 운영하는 것으로 믿어주기 바란다.
　기업을 하는 사람도 이 나라 국민 중의 한 사람이며, 기업인들도 다른 모든 국민이 마땅히 갖고 있는 내 나라에 대한 뜨거운 마음, 내 나라의 발전과 번영을 원하는 소망, 그것에 어느 한 부분으로라도 힘껏 기여하고자 하는 의욕과 정열을 똑같이 갖고 있다고 믿어주어야 한다.
　여기저기에서 밝힌 바 있지만 정치 변혁이 있을 때마다 '인민재판 제1호'처럼 가장 먼저 수난을 당해야 했던 것이 기업이었고, 큰 기업일수록 충격도 후유증도 컸었다.
　기업인에 대한 우리 사회의 인식은 아직 선진국과 달라서 큰 기업은 덮어놓고 부정축재, 정경유착의 본산지라는 부정적인 편견 속에, 기업이 크는 것을 어느 한 사람이 엄청난 부자가 되는 것으로 받아들이는 큰 오류를 범하고 있다.

그래서 우리 국민은 우리나라가 세계 선진 공업사회에서 경쟁력 있는 국가가 되기를 원하기는 하면서도 기업이 커지는 것은 싫어하는 모순의 자가당착에 빠져 있다.

정변의 와중에서 동네 북으로, 또 오해와 모함으로 우리도 갖가지 고통스러운 홍역을 치렀다.

작은 일들은 생략하고 한국도시개발의 현대아파트 특혜 분양 사건을 기억할 것이다. 아파트 가격 급상승으로 아파트를 산 사람들이 큰 이익을 보았대서 온통 들떠 있던 시기였다.

어느 누구에게도 단돈 10만 원 할인해 준 사실이 없었을 뿐만 아니라 법적으로 단 한 부분도 하자 없는 분양을 했었으나 정치적으로, 정치 불만 분출구로, 국민의 의구심을 일으켜 국민의 오해를 사게 했다.

국민의 오해는 참으로 무서운 것이다. 당시 모든 회사 문서가 압수되고 사람들이 구속되고 신문, 방송은 연일 대단한 기세로 우리를 두들겨댔다.

그때 나는 처음으로 그냥 고향에서 농사나 지을 걸 괜히 서울에 와서 사업을 시작했다고 진심으로 후회했다.

정치의 술수 바람은 대단했다. 큰 바람이 지난 뒤 법정에서 수습할 결심으로 나는 열화 같은 사회의 비난과 매도에도 입을 꽉 다물고 침묵으로 대처했다.

간부들 중에는 가만히 있을 일이 아니라 해명을 해야 한다는 의견을 낸 사람도 있었으나 나는 침묵이 가장 좋은 답이라고 말했다.

그때 내가 침묵으로 일관했던 근거는 내 고향 통천의 눈이 준 교훈에 있었다.

이미 앞에서 말했지만 내 고향 통천은 눈이 많이 내리는 것으로 으뜸인 고장이다. 한번 내리기 시작하면 1미터 이상이 예삿일이다. 그 고장 사람들은 눈이 내리고 있는 동안에는 눈을 쓸지 않는다. 눈이 쏟아질 때 눈을 쓰는 것은 바보짓이기 때문이다.

나는 그때 고향 통천의 눈을 생각했었다.

통천에 퍼붓는 눈처럼, 우리에 대한 비난과 욕설이 한창 쏟아지고 있는 중간에 비집고 나가본들 어떤 해명이 통하겠는가. 해명은 변명이 될 것이고 변명에 대한 보상은 더 큰 욕과 중상일 것이 뻔한 이치이다.

어떤 진실도 이해를 구할 수 없는 나쁜 때가 있는 법이다.

폭풍우와 홍수 속에 무작정 뛰어나가 설치다가 공연히 함께 휩쓸려 떠내려가고 마는 미련한 짓은 하는 것이 아니라는 생각이었다.

침묵으로 일관한 끝에 사건은 우리의 진실대로 판결이 났다.

어느 한 사람 유죄 없이 전부 무죄 판결을 받았고, 특혜 분양과 관련됐다는 혐의를 받았던 공직자도 무죄였다.

그러나 그때 우리가 입은 상처는 대단히 컸다고 나는 생각한다.

사람에게는 자신이 믿고 싶어하는 대로 믿는 경향이 있다.

우리 국민의 '기업은 비리와 친구다'라는 선입견을 그 무죄 판결이 과연 얼마나 바꿔놓았는가는 의문이다.

그런 홍역은 5·16 직후에도 겪었었다. 5·16세력 내부에서 일어난 이른바 반혁명 사건을 세칭 '알래스카 토벌사건'이라고 했었는데, 당시 원주 1군사령관에서 건설부장관으로 전임한 박임항 씨가 주동 인물로 구속되면서 우리는 엉뚱하게 반혁명 자금 지원 혐의자가 되었다. 회사 장부 일체가 압수되는 것은 물론 회사 사람들이 불려가 매를 맞아가며 한 달 이상의 고초를 겪어야 했다.

'현대 반혁명 자금 제공 조사단'이 홍릉에 30, 40명으로 특별 구성되기까지 했다. 우리는 그 사람들을 알지도 못하던 처지에 말이다.

그때의 그 수모와 고초는 나를 더욱 큰 시련을 감내할 수 있는 인물로 성장시켰다. 고통스러운 시련이지만 나는 지혜롭게 극복해 냈다.

기업은 기업인의 창의에 의해 성장하는 것이지 권력에 의해 성장하는 것이 아니다.

우리는 어떤 외부 세력이나 변화가 개인을 향상시키거나 어떤 가족, 또는 어떤 기업을 발전시켜 준다는 생각을 해서는 안 된다.

국가에 어떤 변화가 있더라도 내가 성장하는 것은 오로지 나 자신의 노력에 의지하지 않고는 안 된다. 이것은 나의 경험이다.

정치는 정치가들이 해야 할 몫이다. 기업은 기업가가 확실하고 착실하게 다지고 이끌어서, 어떤 정치적 변동에도 휘말려들지 않도록 만들어야 한다.

기업은 규모가 작을 때는 개인의 것이지만 규모가 커지면 종업원 공통의 것이요, 나아가 사회, 국가의 것이라고 생각해야 한다.

내 경우, 옛날 쌀 가게를 했을 무렵까지는 그것이 나 개인의 재산이었다.

경영자는 국가, 사회로부터 기업을 수탁해서 관리하는 청지기일 뿐이다.

국민도 나라도 이제 이 나라의 크고 작은 많은 기업들이 국제 경쟁시장에서 고군분투해가며 적응하고 성장 발전해 가는 것을 대견하게 여겨주는 인식의 전환을 해야 할 때이다.

제발, 정변(政變)은 이제 그만

> 정치 변란이 일어날 때마다 못사는 사람들을 위로하거나 혹은 국민의 관심을 다른 곳으로 유도하기 위해, 또는 정권 스스로의 취약점을 은폐하기 위해서 애꿎은 기업인에게 죄명을 씌워 잡아넣는 되풀이 때문에 기업은 계산할 수 없는 막대한 손상을 입었다.

'84년도 연세대학교 최고 경영자 세미나에서 연설했을 때 "현대그룹 경영자로서 현시점에서 가장 두려운 것이 무엇이냐?"는 질문이 끝나기 바쁘게 나는 "정변(政變)."이라고 대답했다.

우리만큼 잦은 정변의 질곡 속에서 부대껴온 세대도 없을 것이다.

나는 청년기를 일본 통치시대에서 보냈다. 그 시대를 산 사람들은 그 쓰라린 경험을 잊을 수 없을 것이다.

일본의 식민통치는 8·15해방과 함께 끝나고, '60년 초까지 이승만 박사의 자유당 정권은 3·15부정선거로 4·19를 불러 붕괴되었다.

허정 과도정부는 모든 정부 발주 공사를 중단시켰고 건설업체는 급전직하, 침체의 늪에 빠졌다.

6·10선거로 집권한 민주당 정부는 자유당 정권하에서 우리 경제를 주도했던 대기업들을 심각하게 위협하면서 옥죄었다. 1차 조사에서 소위 탈세로 46개 업체에 추징금과 벌과금을 때렸다.

건설업체에서는 대동공업을 비롯해서 중앙산업, 삼부토건, 극동건설, 흥화공작소, 대림건설 등이 그때까지 건설업계를 주도하던 상위

기업체들이었다. 당시 현대건설의 추징금과 벌과금은 46개 업체 가운데 가장 적었다.

이 부정축재 특별처리법은 국회를 통과해 시행령이 마련되고 5·16 군사혁명으로 공포 엿새만에 사실상 백지화되었다.

그러나 군사혁명정부가 '61년 6월 부정축재 처리법을 의결, 다시 공포하고 58개 기업체에 조사단을 파견했다. 우리도 물론 예외일 수가 없었다.

그해 12월 조사 결과 발표에서 대동, 중앙, 대림 등이 국고 환원 통고를 받았고 현대는 삼부, 홍화 등과 함께 대상에서 제외되었다.

우리가 제외된 것은 자유당과의 밀착도가 상대적으로 약했기 때문이고 더구나 현대는 5인조 가운데서도 사세가 약했었다.

거기에다 단양 시멘트 공장 설립을 위한 DLF차관 사용 신청서가 번번이 퇴짜를 당하고 있었던 사실이 현대가 비정치적이었다는 결정적인 증거 역할을 해주었기 때문이었다. 전화위복이라는 보너스였다.

'50년대 5인조의 선두였던 대동공업과 중앙산업이 퇴색하고 현대건설이 선두주자로 부상한 것은 자유경쟁 입찰에 힘입어서였고, 자유경쟁 체제에서 우리가 처음 얻은 것이 제2한강교 공사였다.

그러나 정변은 공사 기근의 실질적인 피해 말고도 우리 기업에 크나큰 손상을 주어왔다.

우리나라의 생활 사상은 두말할 것도 없이 유교(儒敎)가 바탕이라서 그렇지 않아도 청빈낙도(淸貧樂道), 군자(君子)의 삶을 존경하고 기업가는 은연중 옆눈으로 흘기는 우리네들인데, 몇 차례 정변을 치르면서 이제는 국민들이 전체 기업인들을 통틀어 아예 영리 추구만이 목적인 '경제동물'로만 보는 것이 섭섭한 현실이다.

나는 재벌이라는 말을 끔찍하게 싫어한다. 재벌이라면 악의 대명사처럼 되어 있는 것 또한 대단히 섭섭한 현실이다.

요즘 기업가를 흠모의 대상으로 삼는 젊은이들이 있다. 섭섭하게도 우리의 기업가가 아니라 미국의 기업가를 말이다.

미국의 경제 발달사를 아는가. 그들은 서부 개척이다, 철도 부설이다 하면서 총으로 사람 죽이기를 다반사로 했었고, 금융가의 지하에서는 위조증권을 마구 찍어냈었다는 것도 알아야 한다.

그것에 비교하면 한국의 기업은 선비들이 일으키고 이루어낸 것이다. 우리 기업에서 권총 들고 설친 이는 단 한 사람도 없다. 우리는 부아가 터지면 기껏 상대편 집에 돌이나 몇 개 던지고 말 정도이다.

지난날 극동의 김회상, 대동의 박회장, 동아의 최회장, 대림의 이회장이 모여 공사 하나를 가운데 놓고 회의가 벌어졌었다. 서로가 양보할 수 없는 일감이었지만 동아 최회장이 그 공사를 기어코 자기가 해야겠다고 부득부득 우겨 다른 분들의 양보를 차례로 받았는데 대림의 이회장만 요지부동이었다.

서로 자기가 하겠다는 불꽃 튀는 설전 끝에 최회장이 갑자기 얼굴이 벌겋게 상기되면서 "나는 고혈압인데……" 하며 쓰러지듯 누워버렸다. '엇 뜨거라' 싶어진 대림의 이회장이 깜짝 놀라, 거두절미하고 "그래, 그 공사 너 가져." 했다. 그 말을 듣자 최회장이 "음, 조금 낫군." 하면서 부시시 일어나더라는 말을 들은 적이 있다.

최회장이 그 이회장과의 약속을 깬 일이 있었는데, 날이 어둑어둑해지기를 기다렸다가 이회장이 지프차에 자갈을 한 가마 싣고 가 그 집에 돌멩이를 실컷 던지고 나서 운전기사에게 "집에 가자." 했다는 이야기도 있다.

근본적으로 이윤 추구가 목적이 아닌 기업은 존재 이유가 없다.

그러나 정치변란이 일어날 때마다 못사는 사람들을 위로하거나 혹은 국민들의 관심을 다른 곳으로 유도하기 위해, 또는 정권 스스로의 취약점을 은폐하기 위해서 애꿎은 기업인에게 죄명을 씌워 잡아넣는 되풀이 때문에 그때마다 기업인들은 크든 작든 피해를 입었다. 국민의 시각 오도로 말한다면 계산할 수 없는 막대한 손상을 입어왔다.

힘으로 정권은 잡아도 그 힘으로 국민을 잘살게 할 수는 없다. 힘으로 산업을 돌아가게 하는 나라는 공산주의 국가뿐이다.

때문에 국민에게 기업하는 이가 너무 많이 먹어 국민이 못산다는 생각을 심어주면서 잡아넣었던 상처투성이의 기업인들을, 교도소에서 도로 불러내 각서 한 장 받고 사업을 계속하게 하는 씁쓸한 악순환은 정변 때마다 되풀이되었다.

더러는 남의 산업을 훔치거나 모방해서 치부하려는 기업인도 있었을 것이다. 또 매점매석으로 부를 축적한 이도 있을 것이다.

신용, 정직, 성실로 기업 발전을 도모하지 않고 선전과 호도로 위장, 치부하려 했던 기업인도 있을 것이고 기업 활동 대신 고도 성장 과정에서 나타나는 인플레를 악용, 투기와 특권, 합병과 편법, 사채 놀이로 부를 이룬 졸부도 혹 있었을 것이다.

사회 자체의 윤리가 확고하지 못한 상황에서 우리 기업인만이 윤리적이기 어려웠던 점도 물론 없지 않았다.

정부와 관이 기업인에게 유착을 유혹, 강요한 예도 없지 않았고 정권과 결탁, 싼 값으로 국영기업 불하나 특혜로 치부했던 기업인도 없지 않았을 것이다.

그렇지만 사회 전반이 다같이 혼탁, 무질서, 비윤리적인 상황에서 그 사회의 산물인 기업과 기업인만이 홀로 독야청청(獨也靑靑)하기도 힘든 일이었다는 이해도 아쉽다.

그동안 우리 기업인들은 눈에 불을 켜고 발바닥이 부르트도록 뛰어다니면서 악착같이 해외시장을 개척했고, 물불 안 가리고 일했고, 인재 양성도 했다.

그 때문에 오늘날 한국이 이만큼이라도 자립하고 성장, 발전했다는 것에 대해 국민은 인색하게 평가해서는 안 될 것이다.

국가 발전에 지대한 역할을 하고도 현실적으로 기업이 항상 논란과 비난의 대상이 되고 있는 까닭을 나는 우리나라 경제가 불과 20여 년이라는 짧은 기간에 급성장하면서, 국민 생활에 구석구석 큰 영향을 주고 있기 때문이라고 생각한다.

우리나라의 모든 근대적인 제도는 거의가 60년 이상, 2백 년의 역사를 가지고 있다.

가톨릭이 이 땅에 들어온 지 2백 년이며 언론도 60년이 넘는 역사이다.

그밖에 우리나라의 군대, 교육, 예술 등 모든 분야가 적어도 60년 이상의 역사인데 비해 20여 년 정도밖에 안 되는 짧은 역사의 기업은 우리나라 근대 제도의 막내동이다.

그 막내동이가 역사적, 국가적 요구에 부응해서 60년대 이후 경제성장의 주역을 맡으면서, 그와 더불어 국제화의 전위 역할까지 수행하면서 국내외로 부각되고 주목받는 존재가 된 것이다.

짧은 시간 안의 급격한 성장 과정에서 사람, 자본, 기술, 경영 능력 등 다방면에서 가지가지 무리와 부족함이 노출되었던 것도 사실이다.

그릇에 비해서 내용이 충실하지 못했다고 할까. 그러나 거시적인 안목으로 이 나라 이 사회의 발전이라는 측면에서 기업 발달사를 바라보는 자세가 아쉽다.

우리는 거시적으로 볼 때 결국 반드시 가야 할 길을 상대적으로 빨리 달렸다 뿐이지 가지 않았어야 하는 길, 가서는 안 되는 길로 달렸던 것은 아니다.

지금 이 사회에는 대기업이 너무 커지면 경제 발전에 불균형을 빚고 사회적 위화감을 조성한다고 생각하는 사람들이 많이 있다.

어느 한 모퉁이에 대입시키면 일리가 있기도 한 생각이다. 그러나 편중된 부는 곤란하지만, 기업은 무한히 커져야 한다는 것이 나의 생각이며 주장이다.

한국 경제는 세계 기업과 세계 시장에서 경쟁해서 나라 밖의 부를 긁어들여야 한다. 그러므로 기업은 세계 시장에 나가 경쟁할 수 있는 힘을 가져야 한다.

누가 더 많은 개발 투자를 할 수 있고 누가 더 많은 인재를 양성할 수 있으며, 누가 보다 훌륭한 조직을 갖고 있느냐가 세계 시장에서 경쟁에 이길 수 있는 첫째 조건이다.

지금 우리나라 기업이 너무 커졌다, 비대하다, 문어발이다 하면서 기업의 경제력 집중을 문제삼고 있으나 그것은 우물 안 개구리가 아는 '하늘 크기론'이다.

현재 20, 30개 회사를 가지고 있는 우리나라의 한 그룹이 해외의 큰 회사 하나의 매상에도 미치지 못하고 있는 것이 현실이며 어떤 그룹도 세계 1백대 기업에 들어가지 못하고 있다.

세계 시장에서 보면 한국의 대기업은 아장아장 걷는 어린애에 불과하다.

자유기업주의 국가에서의 기업은 크면 클수록 좋고, 한없이 커져 세계 경쟁 무대에서 막강한 힘을 발휘할 수 있어야 한다.

세계의 모든 자유국가 중에서 기업이 너무 커졌다고 걱정하는 나라는 내가 알기로는 우리 대한민국밖에는 없다. 일본의 대기업에 비교하면 30분의 1, 미국의 대기업에 비하면 1백분의 1도 안 되는 우리 기업 규모를 너무 커졌다고, 너무 커진다고 걱정하는 것은 우물 안 개구리의 고민이다.

외국에서는 1백억 달러 회사가 1백억 달러짜리 회사를 흡수해서 2백억 달러의 자본으로 세계 시장에서 군림한다.

한국의 대기업은 세계 시장에 나가면 조그마한 중소기업에 불과하다는 것을 알아야 한다.

　우리가 비난하고 문제로 삼아야 하는 것은, 대기업이 국내에 주저앉아 국내 시장을 독점하고 국제 경쟁 가격보다 비싼 제품을 국내에 내놓는 일이다.

　기업의 사명은 첫째 고용을 증대시키고 이익을 내서 국가에 세금을 납부해 국가의 살림 주머니를 채우는 것이지만, 그보다 더 크게는 값싸고 경쟁적인 가격으로 질 좋은 제품을 국민에게 공급함으로써 기업 노력의 과실을 국민 모두에게 골고루 돌아가게 하는 데 있다.

　우리 현대는 해외 시장에서 거셔서 우리나라의 부를 창조하자는 데 목표를 두고 있다.

　우리는 세계 시장에서 벌어들여 국내에 많은 세금을 부담하고 부를 창출해 나가기 때문에, 우리가 계속 커나가는 데 대해서 자부심을 느끼면 느꼈지 부끄러움은 느끼지 않는다.

　정변은 이제 정말 그만 있기를 바란다.

건설업은 경제 성장의 견인차

건설업은 각종 산업의 시설뿐만 아니라 우리 의식주의 생산 시설에서부터 모든 간접시설 분야에 이르기까지 수행해야 할 책임이 막중하다. 뿐만 아니라 국가 경제 발전을 위한 자본 형성의 차원에서도 대단히 중요한 역할을 수행하고 있다.

우리나라의 기업은 대개 '45년 해방 이후에 모든 분야에서 출발되었다. 물론 일제치하에서도 경성방직, 고무신 공장 등 몇몇 기업이 있기는 했지만 어디까지나 일본 경제의 한 부분으로 종속된 처지였지 주도적으로 발전할 수는 없었다.

일제하에서의 우리 경제는 자본주의적 생산 활동을 위한 자본, 기술, 인재의 양성이나 축적을 철저히 봉쇄당한 상태였다.

건설업도 마찬가지였다. 당시 오모 씨가 '오공무소'란 간판을 걸고 하청 건설업자로 있었을 뿐인데 그것도 조선총독부의 정식 허가를 얻은 건설업자로서가 아니라, 일본 사람 밑에서 하청 몇 개 따서 하다가 흐지부지 끝났다.

당시 일본 건설회사들이 우리나라에 지점을 두고 압록강 수풍댐, 화천댐, 청평수력발전소, 각종 광물 제련소 등을 건설했다.

그러다가 해방이 되면서 우리 기업들이 대담하게 생겨나기 시작했고 그중에서도 특히 건설업은 문자 그대로 우후죽순처럼 한꺼번에 생겨나 현재는 1천여 개가 훨씬 넘는 것으로 안다.

그때 생겼던 건설업자 중의 일부는 전혀 미지의 건설업에서 대담하게 온갖 모험을 거듭하며 고난을 극복하고 대성의 길을 개척했다.

건설업은 자유경쟁 업종이라서 수도 많고 그에 따른 문제점이 노출되기도 한다. 그러나 우리나라의 건설업은 철저한 자유경쟁을 통해서 온갖 시련을 극복하며 커왔기 때문에 우리가 개발 도상국들 가운데서도 가장 빠른 발전을 했다고 본다.

2차 세계대전 후 신생국가 중에서 우리가 가장 놀라운 발전을 한 것은 빠른 속도로 건설업 발전이 이룩되었기 때문이다.

여타 신생국가들의 예를 보면 대규모 건설사업은 거의 예외 없이 선진 강대국들에 넘겼고 남미, 중동, 동남아 등 여러 나라들은 아직도 외국 기술업자가 설계하고 외국 건설업자가 시공하는 건설들을 하고 있다.

때문에 발전소 등 모든 생산 공장을 위시한 막대한 건설비 지출과 오랜 시일에 걸친 공사기간 등으로 발전이 지지부진할 수밖에 없었다.

그러나 우리는 철도, 항만, 도로, 교량, 댐, 교육, 보건 시설들을 일찍부터 우리 손으로 해냈다. 그리고 외국 회사들이 들어와 하는 특수한 신규 대형 화학공장 건설에도 한 부분씩 참여해서 점차 자국화의 영토를 넓혔고, 그러다가 어느 시점에서 완전히 외세를 밀어내는 것에 성공했다.

이렇게 국내에서 쌓은 경험과 기술을 밑천으로 해외로 진출했고, 해외에서 배운 경험과 기술은 즉각 국내로 도입하면서 우리는 큰 보폭으로 빠르게 발전해왔다.

이제 일부 중화학 분야의 설계 외에는 외국에 의존할 필요 없이 전부 다 우리의 건설업자들이 해내고 있다.

대한민국의 경제건설에 선도적 역할을 해온 우리 건설업은 미래에도 역시 주도적 역할을 계속할 것이다.

어느 선진국의 성장 역사에도 우리 건설업의 성장 발전사에 나타난 것처럼 출발 초기부터 그렇게 국제수지 개선 등으로 국가 경제에 큰 기여를 한 예를 찾기가 어렵다.

그것은 우리들이 초기부터 국내에서 국제 경쟁을 익혀 해외로 진출하고, 해외에서 그때까지는 선진국 업체만이 가능하다고 인식되어 왔던 대규모 사회 간접시설까지도 우리 건설업자가 담당할 수 있었기 때문에 가능했던 일이다.

이것은 구렁이 제 몸 춤추는 식의 나 혼자만의 자화자찬이 아니다. 한국의 경제 발전은 건설업자들이 선도적인 역할을 했다는 지적은 일찍이 세계 은행 보고서에도 나왔던 판단이다.

건설업은 중요한 업종이다. 그러면서 건설업처럼 힘든 업종도 없다.

건설업은 각종 산업 시설뿐만 아니라 우리 의식주의 생산 시설에서부터 모든 간접시설 분야에 이르기까지 수행해야 할 책임이 막중하다. 뿐만 아니라 또한 국가 경제 발전을 위한 자본 형성 차원에서도 대단히 중요한 역할을 수행하고 있다. 때문에 간접 또는 직접으로 우리의 생활문화 향상에 중요한 역할을 하는 것이 건설업이다.

그런 한편으로 다시 강조하지만 건설업처럼 힘든 업종도 없다.

건설은 이를테면 인간의 사회 창조력의 표현이다. 고사(故事)에 의하면 일본의 풍신수길(豐臣秀吉)은 어느 성을 쌓는 일을 맡아 빠른 시일 안에 성공적으로 끝마친 것을 계기로 윗사람에게 발탁되어 출세 가도에 들어섰다고 한다.

성 쌓는 일을 성공적으로 수행했다는 것이 발탁의 이유가 되었다는 이야기는 건설이 인간의 종합적인 조직 능력을 필요로 하는 일이고, 건설에 유능하면 다른 모든 일에도 유능할 수 있다는 뜻이다.

공사 한 건을 수주해서 완성해내는 것은, 그 전 과정이 한 기업을 탄생시켜 제품 생산에 이르는 것과 똑같이 어렵다.

우선 건설업 동업자들을 국내, 국제 시장에서 이겨야 하는 경쟁의 어려움이 있고, 동시에 이윤을 내며 경험과 기술을 축적해서 다시 다음 공사로 연결시켜야 한다.

해외건설의 경우 유수한 선진국 건설회사와의 경쟁에서 이겨 공사를 따내도 후진국인 한국 업자는 그 다음 공사 수행 보증을 얻어내기가 또 쉽지 않다.

건설업은 안정된 업종이 아니라 공사 수행을 보장하기 어려운 업종이기 때문에 한다 하는 미국, 유럽의 건설회사도 이 공사 수행 보증이라는 것을 얻어내기가 어렵기는 마찬가지이다.

미지의 새로운 국가, 허허 무인(無人) 지역에서 한 현장을 맡아 성공적으로 공사를 마치기 위해서는 그 나라의 생리나 습관, 언어, 풍속, 법률 등 모든 문화적 차이를 극복해가면서 대인 관계, 대관공서 관계를 원만히 꾸려나가야 하고 기후와 풍토를 익혀가면서 그 가운데서도 일은 시간과 예산에 차질 없이 집행해야 한다.

발주처나 기술 회사처럼 서로 이해 관계가 다른 사람들과 접촉하면서 숙소부터 짓기 시작하는 한편 공사에 소요되는 모든 도로, 거주 환경 조성과 자재나 기술 문제를 해결해야 한다.

그런가 하면 자연의 모든 악조건 아래서, 더구나 장래 희망을 회사에 건 이들이 아니라 공사가 끝나면 뿔뿔이 흩어지는 기능공들을 지휘, 의욕을 불어넣어주며 노사 갈등 없이 성공적으로 한 공사를 끝낸다는 것은 대단한 능력을 필요로 하는 일이다.

건설업의 성공에는 모든 모험적인 정보, 모험적인 노력, 모험적인 용기가 필수적이다.

풍신수길을 출세로 이끌어준 그 누군가의 흉내를 내어서가 아니라 나는 건설, 특히 해외건설 현장에서 성공적으로 근로자들을 이끌고 채산성 있게 공사를 완수한 사람은 무슨 일이든 해낼 수 있는 능력이 있는 인재로 단정한다.

 우리가 구경도 한 적이 없는 몇 십만 톤짜리 배를 만들어내고, 현대 중공업을 세계 시장에서 가장 강력한 경쟁력이 있는 회사로 만든 사람들이 모두 현대건설 출신이다.

 사장은 물론 플랜트 생산자, 지휘자, 플랜트 주문을 받는 사람까지 건설에서 육성한 재목들이며 현대자동차도, 현대종합상사도 마찬가지이다.

 나는 우리 건설의 해외공사 성공으로 우리나라의 외채 위기를 해소했고, 한국 업자들의 건설 공신력을 세계에 드높인 것을 다시 없이 자랑스럽게 생각한다.

세계 제일의 자동차를 만들겠다

> 나의 목표는 성능면에서 세계 제일의 자동차를 만드는 것이다. 이 목표는 반드시 달성할 수 있다. 왜냐하면 우리에게는 세계 제일의 무기가 있는데 그 무기란 바로 '세계에서 가장 우수한 기능공들'이다.

'66년에 설립한 현대자동차는 이제 25년의 역사를 가지게 되었다.

1백 퍼센트 국산 자동차 1호로 '포니'가 탄생한 이후 15년이 흐른 지금 현대자동차는 그룹 안에서 가장 중요한 기업 중의 하나가 되었다.

그것은 현대가 자동차 수리업에서부터 출발했다는 창립 배경과 역사 때문이기도 하고, 발전 과정에 쏟아부은 땀과 정열 때문이기도 하고 또 앞으로 전개될 희망찬 미래 때문이기도 하다.

금액이 큰 것, 이익이 많은 것만 쫓아다니다 보니 건설이 주종 기업이 되었지만, 현대의 입장에서나 국가의 입장에서나 자동차가 미래의 주종 사업 중의 하나가 되어야 한다는 생각이다.

자동차는 건설이나 조선보다는 위험 부담이 비교적 적다는 이점이 있으나 미국의 3대 자동차 메이커, 일본의 여섯 개 메이커, 독일 벤츠 등과의 경쟁이 관건이다.

자동차 역사가 불과 20년 정도인 우리가 그들이 석권하고 있는 자동차 시장에 뛰어들어 경쟁해서, 과연 세계적인 위치를 차지할 수 있겠느냐는 생각을 하는 사람이 많을 줄 안다.

논리적으로 따지자면 한국의 자동차 공업이 아무리 힘을 기울여도 비약적인 발전에는 한계가 있고, 선진국들은 자동차 수입에 쿼터제를 시행하고 있는 등 장애 요소가 도사리고 있기 때문에 여러 가지 정황으로 어려울 것이라는 판단에 무리도 없다.

그러나 현대는 저력이 있다. 저력을 가진 위에 수완도 있다.

현대건설이 해외시장을 개척할 때도 각 나라들의 기후가 어떤지 풍속이 어떤지 세제가 어떤지 법률이 어떤지 알고 덤빈 것은 아니었다.

사우디아라비아의 더위가 어떤지, 알래스카의 추위가 어떤지 모르는 채 덤벼들었고, 인도양의 파도와 태풍이 얼마나 무서운지 모르는 채 우리는 석유를 개발하려고 덤벼들었다.

무모했지만 그 무모함이 부른 혹독한 시련을 견디고 뛰어넘고 쳐부수면서 우리는 산 공부를 해가며 강인해졌다.

《대학(大學)》에 '치지재격물(致知在格物)'이라는 말이 있다. '사람이 지식으로 올바른 앎에 이르자면 사물에 직접 부딪쳐 그 속에 있는 가치를 배워야 한다'는 뜻이다.

참다운 지식은 직접 부딪쳐 체험으로 얻는 것이며, 그래야만 가치를 제대로 아는 사람이다.

가난한 사람이 부자가 되려는 것은 부자가 더 부자가 되려는 것보다 훨씬 더 크게 불리한 여건에서의 승부이다. 부자보다 열 배 스무 배 더 많은 노력을 쏟아부어 불리한 여건을 극복해내지 못하면 부자가 될 수 없다.

노력만으로 부국(富國)들을 따라잡아야 하는 것이 아무 자원도 없는 우리의 불리한 처지이다.

조선만 하더라도 배 한 척 만들어본 경험도 없이 뛰어들었지만 노력만으로 훌륭히 이루어내지 않았는가.

어떤 사람은 우리나라의 자동차 산업이 발전하려면 먼저 국내 자동차 시장이 보다 커져야 한다고 말하기도 한다.

그렇지만 조선이, 중공업이, 건설이, 국내 시장 덕으로 발전했는가.

그렇지 않다.

조선 시장은 국내 시장이 전무하다시피 했지만 우리는 온갖 노력으로 기술적인 어려움, 자본의 영세성을 모두 극복하고 조선 사상 유례가 없는 두 차례의 불경기도 이겨냈다. 현재 우리는 2백 년 전후의 조선 역사를 지닌 유럽은 물론, 1백 년 역사의 일본 36개 유수 조선소를 능가해 세계 제일의 자리를 굳히고 있다.

아무것도 모르는 채 시작한 조선이나 해외건설에 뛰어들었던 건설에 비하면, 자동차는 과거 수리와 조립의 수련 과정을 거쳐 상당한 역사를 갖고 있기 때문에 이미 모르는 것이 없는 상태이다.

조선은 선주들에 따라 주문하는 배의 모양이 모두 다르고 엔진이 다르지만 자동차는 한번 개발하면 4, 5년씩은 계속 팔 수 있는 이점이 있다.

오늘날 자동차 부품 공업은 세계의 황금시장이다.

미국 한 나라에서만도 연간 자동차 부품 소요량은 승용차 원 제조라인에 들어가는 것이 아니라 서비스 라인에 들어가는 것만 쳐도 7백 20억 달러어치에 달한다.

이것은 '83년 기준치이다. 물론 오랜 전통과 거래선을 갖고 있는 선진국 자동차 부품업계에 우리가 하루 아침에 영향을 크게 미치기는 어렵겠지만 우리 노력만큼의 성과를 얻을 수 있는 시장은 세계 도처에 있다.

나 개인으로 볼 때 이해보다는 어쩔 수 없는 애착 때문에 선택한 자동차는 현대그룹 사업의 고향이라서 중공업에 못지않은 정열을 쏟으면서 오랜 세월 전력 투구해왔다.

한 민족의 번영은 역사적으로 기동(機動) 수단의 발달과 정비례해왔다고 생각한다. 고대의 기마민족(騎馬民族)에서부터 중세기 영국의 해상 기동력, 그리고 미국의 자동차가 이를 입증해 주고 있다.

큰 야심을 갖고 자동차 공업을 멀리 내다볼 때 어쩌면 타업종보다 오히려 더 큰 어려움이 있을 수도 있다.

자동차는 그 나라 최고의 기술과 최대의 자본을 동원해야 한다. 그렇기 때문에 우리 현대가 하지 않으면 안 된다.

자동차는 그 나라 산업기술의 척도이며 '달리는 국기'이다. 우리 자동차가 수출되고 있는 곳에서는 어디서나 자동차를 자력으로 생산, 수출할 수 있는 나라라는 이미지 덕분에 다른 상품도 덩달아 높이 평가된다.

자동차를 완벽하게 생산하는 나라는 항공기든 뭐든 완벽한 생산이 가능한 나라라고 나는 생각한다.

국산차 개발과 기술의 국산화에 대한 집념을 버릴 수가 없어서, 자동차 생산이 1백 퍼센트 국산화되면 그에 따라 우리나라 기계공업이 발전된다는 생각에, 그렇게 하는 것이 국가에 기여하는 것이라는 생각으로 설립 이후 지금까지 자동차에 막대한 투자와 노력을 쏟아왔다.

풍부한 자본력으로 도전하는 미국과, 신규 투자 없이도 승산이 있는 일본과, 나름대로 소형차로 시장권을 확보하고 있는 유럽 자동차업계가 벌이고 있는 세계 자동차 시장터에 우리도 경쟁 선언을 하고 나간 지 10년, 이제 그들을 깜짝 놀라게 해줄 때가 되었다고 생각한다.

나의 목표는 성능면에서 세계 제일의 자동차를 만드는 것이다.

이 목표는 반드시 달성할 수 있다. 왜냐하면 우리에게는 세계 제일의 무기가 있는데 그 무기란 바로 '세계에서 가장 우수한 기능공들'이다.

우리는 한때 가난하고 어려웠던 시대에 우리 자신의 재질까지, 본성까지 자학했었다.

그러나 천만의 말씀이다.

우리처럼 우수한 민족은 없다.

한국의 근로자들이야말로 건설과 조선을 세계 수준으로 끌어올린 장본인들이다.

지난날 우리가 가난했던 책임은 국민에게 있는 것이 아니다. 그것은 국민을 이끌어 나갔던 지도층에 있었고, 우리의 산업이 낙후했던 원인은 기능공들이 신통치 않아서가 아니라 모든 경영자, 관리자, 기술자들의 능력이 미흡했기 때문이다.

이 훌륭하고 우수한 이들의 능력과 헌신에 힘입어 머지않아 한국의 자동차, 우리의 자동차 부품이 세계 시장을 휩쓰는 날이 반드시 온다고 나는 확신한다.

내일을 심는 시베리아 개발

> 내가 소련에 대해서 깊은 관심을 갖는 것은 크게 두 가지 이유가 있다. 하나는 목재, 석유, 석탄에서부터 바다의 생선까지 무한한 자원의 보고라는 점이며 또 하나는 소련의 영향력으로 남북 통일의 지름길을 만들겠다는 것이다.

 오늘날 우리는 대단히 빠른 변화의 시대에 살고 있다. 우리는 과거 한 세대, 또는 한 세기에나 볼 수 있었던 큰 변화와 변혁을 2, 3년 동안에, 또는 몇 달 사이에 경험하면서 살고 있다.
 소련의 일대 정치 변혁을 시작으로 전 세계 공산주의 국가들은 격세지감의 대변혁을 일으키고 있다.
 공산주의 방식의 산업생산 경제는 자본주의 경제 형태인 자유 민간 시장 경쟁경제로 바뀌어 동구권의 정치, 경제, 사회는 대변혁에 들어갔고 12억 인구의 중국도 집단농장을 해체, 주곡을 비롯한 식량 자급자족을 이루는 등 산업체제의 변혁을 이루었다.
 개방사회로의 변화를 성급하게 원하는 학생들과 위정자들이 충돌했던 천안문(天安門) 사태는 불행한 일이었지만 그래도 중국은 여전히 정치, 경제, 사회 질서를 유지하면서 지속적으로 자유경제 체제 방향으로 전진하고 있다.
 이제 전 세계적으로 민간 자유경제만이 지속적으로 경제를 발전시키고 문화를 향상시키면서 자유롭게 행복을 추구할 수 있는 보다 인간적인 삶의 방법이라는 것이 공산주의 체제와 대비되어 증명되었다.

내가 소련에 대해서 깊은 관심을 갖는 것은 크게 나누어 두 가지 이유가 있다.

소련의 시베리아는 목재, 천연가스, 기름, 석탄에서부터 바다의 생선까지 무한한 자원의 보고이다.

우리는 지금 모든 자원을 멀리 태평양을 건너 미국, 캐나다, 그리고 남태평양 한가운데의 호주나 아프리카 등지에서 실어오고 있다.

그나마 그 자원도 일본을 위시한 선진국들이 차지하고 있어 우리는 웃돈에 웃돈을 얹고 사서 막대한 운반비를 들여 실어오는 실정이다.

한국 경제가 지속적인 발전의 기틀을 견고히 하려면 우선 우리에게 없는 자원을 항구적으로 확보해야 한다.

선진국들은 자국의 자원을 갖고 있거나 또는 막강한 경제력으로 막대한 자원을 확보해서 이미 자원 공급원을 보유하고 있다.

자원의 공급원이 제대로 확보되어 있지 않은 산업과 국가는 결국 경제력 약화, 국력의 쇠퇴에 부딪칠 수밖에 없다.

우리의 합판산업이 과거 세계 시장을 지배했던 시대가 있었다.

그러나 원자재인 목재의 항구적인 확보가 안 되었기 때문에 합판산업의 대명사였던 동명목재의 도산과 함께 합판산업은 국제 경쟁력을 완전히 상실하고, 합판 최대 수출국이었던 한국이 합판 수입국으로 전락하고 말았던 것이다.

자원의 미확보는 기업이 불안한 나날로 경영을 해나가다 급기야는 몰락하게 하는 지름길이다.

자원의 다변적인 확보야말로 산업국가의 필수요건이다.

한・소 경제협력은 양국간의 무한한 협력 가능성에 비추어볼 때 현재는 물론 장래에도 상호 커다란 이익을 위해서 디딘 필연적인 첫 디딤돌이다.

내가 그동안 1년에도 수 차례씩 소련을 드나들면서 노력했던 것은 우선 소련에게 한국 국민과 기업인이 가장 정직하고 성실하고 진취적이며, 모든 것을 우정과 신의로 도와줄 수 있는 상대라는 믿음을 주기 위해서였다.

그래서 그렇게 얻은 높은 신용을 바탕으로 한·소 국교 정상화를 앞당기고(국교 정상화는 이루어졌다) 국교 정상화가 되면 내가 소련에 관심을 갖고 있는 또 하나의 이유인, 소련의 영향력으로 남북 통일의 지름길을 만들겠다는 것이 그 다음의 순서였다.

상업성을 생각하면 물론 중국이 더 낫다. 그러나 중국은 나 말고도 다른 많은 기업인들이 다니고 있으니까 나는 소련에 전력을 다해서 남북 통일을 이루는 데 물꼬를 트는 역할도 하고, 자원 확보로 자손만대 성장의 원동력이 되는 기반을 마련해 주는 것이 내가 할일이라는 생각이다.

우리는 원대한 꿈과 긍정적인 청사진을 가지고 미래를 내다보아야 한다.

한·소 경제협력 발전은 첫째 한·소 양국의 경제 결합을 가져올 것이며 이는 남북한 평화통일로 연결될 수 있을 것이고, 통일된 한국은 아시아 경제의 중추 역할을 할 수 있는 요인으로 작용할 것이다.

통일이 되면 우리는 6, 7천만의 다부지고 지혜로운 인구를 갖는다. 통일이 되고 우리가 우리의 역할을 새롭게 할 때, 역사적으로나 민족적으로나 문화적으로 중국도 우리와 가까운 나라이지 일본과 가까운 나라는 아니다.

지금 한·소 경제협력의 우호친선 성과로 소련은 2차 세계대전 후의 맹방인 북한보다 대한민국과의 관계를 보다 우호친선적으로 급속히 발전시키고 있다.

이것은 민간 경제계가 그동안 빈번한 왕래와 교류로 돈독히 다진 우의와 신뢰에 공을 나누어야 한다.

양국간에 경제협력의 필요성이 없었다면 소련은 아마도 국교 정상화에 냉담했을 것이다.

통일은 가까운 장래에 반드시 이루어질 것이고, 통일이 되면 우리가 아시아의 중심 국가가 되어야 한다.

나는 우리 한국인에 대해 큰 자부심을 갖고 있는 사람이다. 과거, 현재로 보나 역사, 문화로 보나 아시아에서 우리 민족 이상으로 훌륭한 민족은 없다.

세계 어느 민족보다도 우리는 성실하고 어질고 착하고 그러면서 우수하다.

10년, 20년 노력하면 우리가 아시아의 중심 국가가 될 수 있고 세계 모범 국가가 될 수 있다. 아니 우리 민족이 꼭 그렇게 되어야 한다.

비록 현재는 기술도 자본력도 경험도 일본에 비해 뒤떨어지지만, 그러나 세계 어디서든 무슨 일이든 일본 사람들이 할 수 있는 일은 우리도 할 수 있는 저력을 가진 민족이다.

지난날 우리가 조선소를 만들 때나 중동에 진출할 때, 일본인들은 비웃었다. 기술이 있나, 자본이 있나, 경험이 있나, 망하지 못해서 설친다고 깔보았다. 그것은 정말 경험도 자본도 전혀 없었을 때 이야기이다.

그로부터 20년, 시베리아를 개발하는데 한국이 무슨 수로 영하 50, 70도의 악천후에 버틸 거냐고 일본이 또 웃고 있을지도 모른다. 그러나 나는 우리가 못할 것은 없다고 생각한다.

일본인들이 북해도 위 섬 4개를 소련에서 되찾기 위해 애쓰고 있는 동안, 우리가 시베리아를 잡아놓아야지 일본과 소련이 한덩어리가 되면 그 많은 자원 가운데 우리 몫은 하나도 없을 것이다.

일본 사람이 추수하고 난 자리에 떨어진 이삭이나 주으러 다니는 형편이 될 수는 없다.

이것이 내가 시베리아 개발에 적극적으로 나서는 중요한 이유이다.

일부 매스컴과 정부 관계자는 내가 하는 일이 위험하다는 시각을 갖고 있기도 하지만 위험할 것은 없다.

소련 사람들은 풍부한 자원을 가지고 있으면서도 오랜 공산주의 체제 아래 굳어진 사고로, 세계 시장에서 자본을 동원할 능력이 없고 길도 잘 모를 뿐이다.

예를 들어 소련이 우리에게 외상으로 선박을 20척 만들어 달라는 주문을 했다.

소련엔 화물이 얼마든지 있다.

20척 배값은 11억 5천만 달러이다. 나는 '너희에게 화물이 얼마든지 있다면 현금으로 선박을 건조할 수 있다'고 말하고, 유럽 은행, 어떤 회사를 에이젠트로 삼아서 수수료를 조금 지불하고 11억 5천만 달러를 현금으로 만들어 받고 건조 계약을 했다.

시베리아에서 개발되는 자원이 세계 시장에서 가격 경쟁력만 갖추면 자본은 세계 시장에 얼마든지 있다.

소련 사람들은 단지 길과 방법을 모를 뿐이다.

우리는 과거보다 더 많이 노력하고 개선하고 능률화하고 품질을 고급화해서 일본이 차지하고 있는 세계시장을 우리 시장화 해야 한다. 미국 일변도 시장으로 장벽에 부딪친 우리 무역시장을 하루 빨리 다변화시키도록 다같이 진력해야 한다.

한·소 수교가 이루어진 것은 참으로 다행스러운 일이다.

연해주는 과거 우리 조상들 30만 명이 타슈켄트로 강제 이주를 당하기 전에 살던 곳이다.

연해주와 북간도는 서울보다 가을이 1,2주일 일찍 오고 봄은 한 3주일 늦게 오는 기후로, 두만강 남쪽의 함경북도 기후와 별 차이 없는 자연조건인 셈이다.

그곳에는 과거 우리 동포들이 정착해서 농사짓던 땅이 풀이 무성한 채 그대로 있다.

우리나라는 연해주와 아주 가깝다. 또 연해주 근처에 있는 블라디보스톡, 나홋카 등은 부동항이다.

연해주를 개발해서 시베리아로 진출하는 한·소 관계의 근거지로 삼는 것이 지리상으로나 기후로나 적합하다고 생각해서, 우리는 연해주에 호텔 겸 비즈니스센터를 지을 생각이다. 또 연해주 해안선에 조그만 항구를 직접 만들고 도로를 닦아서 삼림 벌채협성에 따라 원목을 직접 우리나라로 실어올 예정이다.

이것은 작은 일이지만 태평양 건너 미국, 캐나다, 남미, 브라질, 호주, 인도양 건너 인도, 또는 아프리카 같은 데서 원자재를 실어 오려면 빨라야 왕복 40일, 늦으면 50, 60일을 소모해야 된다.

그것과 비교하면 시간, 금리, 운임으로 따져 근거리에 확보해둔 원자재의 이점은 결코 적지 않다. 또 소련은 야쿠츠크에 세계 최대의 가스 매장량을 갖고 있다.

나는 우리로서 그다지 급한 일은 아니라고 판단하지만, 이 가스의 파이프라인을 북한을 경유해 우리나라로 들어오게 하는 것이 남북 대화에 도움이 되지 않을까 해서 추진중이다.

이를 위해서 소련의 국영 가스공사 측에 모스크바에 있는 북한 대사와 접촉할 것을 요청했더니, 그동안 들은 척도 않고 있다가 '조건만 좋으면 거부할 이유가 없다'는 데까지는 와 있는 상태이다.

소련 측의 말로는 야쿠츠크에 매장된 가스량은 북한, 우리, 일본이 50년, 1백 년을 써도 남을 양이라고 한다.

파이프라인은 소련의 소유이다. 우리는 파이프라인 건설에 필요한 자금을 세계 시장에서 조달해 주고, 우리나라는 그 파이프라인을 통해 소련에서 싼 값에 가스를 사 쓰면 된다.

　시베리아 개발은 우리에게 중요한 의미가 있으며 결코 멈칫거릴 필요가 없다.

　통일이 되면 두만강 이북의 시베리아에 개발해 놓은 자원들이 우리 경제에 엄청난 활력을 불어넣어줄 것이다.

　이로 인해서 한·소 관계는 세계 어느 나라 관계보다도 좋아지고 그때가 되면 한국은 아시아, 태평양 지역에서 중추적인 역할을 담당하는 나라가 될 것이기 때문이다.

민간 주도형 경제로 가는 길

> 민간 주도 경제란 정부와 기업을 비롯해서 모든 국민들이 자기 역할과 책무를 자각하는 것으로부터 시작해, 경제 사회의 근대화를 이룩하기 위한 확고한 의지를 가질 때 비로소 완성될 수 있다.

20년 가깝게 일관되게 주장해오는 나의 '민간 주도형 경제'에 대해서 혹자는 정부가 할일을 민간이 빼앗아 하겠다는 뜻으로 받아들이는 모양이다.

그렇지 않다.

정부가 할일을 민간이 빼앗겠다는 것도, 민간이 하는 일에 정부는 전혀 관여하지 말라는 뜻도 아니다. 다만 민간이 할일에 정부가 지나치게 개입, 간섭하는 일은 없어져야 한다는 말이다.

정책은 정부가 세우는 것이다. 정책의 선택, 산업의 조정, 균형사회 건설은 정부의 본원적인 기능이다. 마찬가지로 기업은 기업가들의 일이다. 업종의 선택, 투자 여부의 결정, 가격 산정 등은 기업의 독자적인 판단에 맡겨야 한다.

정부는 정부가 할일을 하고 기업은 기업이 할일을 하면서 서로 조화를 이루면, 그것이 진정한 민간 주도 경제인 것이다. 실물경제는 민간이 주도해야 한다는 것이다.

정부는 국가 전체의 경제를 관리하는 입장에서 경제에 대한 큰 줄거리의 방향 설정을 통해 비전을 제시해 주고, 실제의 선택은 기업이 주도하도록 해야 한다.

이를테면 공업진흥 정책을 쓴다든가 부실기업 정리 등의 일에 정부가 직접 각 기업을 검토해 '이 기업은 된다, 저 기업은 안 된다, 이 기업은 이것을 해라, 저 기업은 또 저것을 해라' 하는 식으로 일일이 결정하지 말고 큰 기준과 윤곽만을 정해 주고 나머지는 기업들이 세계시장 변화를 살피면서 자율적인 판단으로 참여하게 해야 한다.

기업의 재무 구조는 기업의 부실 여부를 판단할 수 있는 가장 보편적인 자료임에도, 그러한 기본적인 보편성을 무시한 채 어떤 특정 이유를 붙여 산업을 유도, 지배하려는 행정은 이제 사라져야 한다.

일정한 수준의 자금 동원 능력, 재무 구조를 유지해야 국가 정책 운영에 통과될 수 있다는 기준이 서야만 기업가들도 그 기준에 맞도록 노력할 것이고, 그래야만 정부가 부실기업의 책임자가 되지도 않을 것이며 심심치 않게 나오는 부실기업을 애꿎은 산업은행에 인수시키는 일도 없이 국민경제가 건전하게 발전해 나갈 것이다.

정부는 보다 차원 높은 국민경제의 방향 제시, 보다 향상된 미래에의 물줄기를 잡아주면서 국가의 자본, 공공 재산, 도로, 항만, 기타 정부 재산을 증식시켜야 하는 등 할일이 태산처럼 많이 있다.

그런데 국민이 낸 세금으로 국가 살림을 하면서 민간의 재산이라 할 수 있는 산업 생산품에까지 시시콜콜 관여한다든가, 민간의 일을 대신 도맡아 하려 드는 것은 옳지 않을 뿐 아니라 그럴 권리도 없고 또한 그래봐야 효율도 없다고 나는 생각한다.

자기들이 할일은 젖혀두고 실물경제 일선에까지 개입해서 유도를 넘어 주도까지 하는 '관 주도 경제'는 경제의 효율성 면에서 보아도 반드시 지양되어야 한다.

우리가 민간 주도를 주창하는 것이 힘 없고 작은 정부를 원해서가 결코 아니다. 우리는 강력한 정부를 원한다. 그리고 또 그 강력한 정부가 공명 정대하기를 원한다.

세계적인 불경기를 이겨내기 위해서, 자기 보호적인 경향이 더욱 심해져가는 세계 경제의 동향에 대처하기 위해서 국민간의 적절한 협동과 단합을 유도하는 정부의 역할과 기능은 한층 더 강화되어야 한다.

작은 정부를 원하는 것이 아니라 이제 우리는 경제개발을 점화하던 시기에 있었던 지시경제를 끝내자는 말이다.

정부가 관여하지 않고는 자본 조달, 기술 확보, 시장 개척 등이 비능률적일 수밖에 없었던 시대는 이미 끝난 지 오래이고, 이제 우리 경제는 양적, 질적으로 규모와 능력이 크게 향상되었다.

그에 맞도록 정부의 역할도 민간의 개척 정신을 국가경제 발전으로 결집할 수 있는 방향으로 새롭게 정립되어야 한다.

민간 주도 경제가 정책 방향으로 제시되어 시행된 지 10년 가까이 되고 있으나, 관·민 모두 시장 경쟁체제로의 전환을 위한 각자의 역할과 책임은 아직 제대로 정립하고 있지 못하다.

정부는 정부대로 민간의 일을 민간에게 완전히 내어주지 않으면서도 마땅히 정부가 할일에 민간 주도를 구실로 방관하는가 하면, 아직도 결과에 대한 깊은 통찰이 없이 시장경제를 뒤흔드는 외과적 수술로 문제를 해결하려는 자세를 가지고 있다.

아직도 경쟁 제한적인 구태의연한 정책이 나오고 해외건설 기업의 외국과의 사적인 계약 위반까지 정부가 도맡아 국가적 불이익을 초래한 일도 있고, 민간 주도 경제의 핵심인 금융 자율화는 정책으로는 표방되어 있으나 여전히 관치 금융적 요소가 상존한다.

우리 경제의 구조와 순환에 아직도 큰 모순이 남아 있음을 때때로 느끼게 된다.

그런가 하면 기업은 기업대로 자율적인 활동 요건 조성을 강력히 요구하면서도, 한편으로는 정부 지원을 호소하고 자기 이익을 위해서 경쟁 배제적인 정책을 요구하는 등의 무분별한 행동을 하기도 한다.

이중적인 기업들의 행태를 보면, 자기가 생산하는 제품 종류에는 수입 제한을 요구하면서도 자기 제품과 관련된 기계 설비와 부품에 대해서는 관세 특혜를 주장하기도 하고, 관련 중소기업에 대한 대금 결제에는 인색하면서 말로는 계열 기업의 육성이 필요하다고 주장하기도 한다.

이런 사례는 몇 가지 예에 불과하지만 권리에 상응하는 책임이 무엇인지를 모르는, 진실한 기업인으로서의 자질과 자격을 갖추지 못한 행위이다.

민간 주도 경제란 정부와 기업을 비롯해서 모든 국민들이 자기의 역할과 책무를 자각하는 것으로부터 시작해서, 경제 사회의 근대화를 이룩하기 위한 확고한 의지를 가질 때 비로소 완성될 수 있다.

민간 주도 경제란 한 마디로 시장경쟁 원리에 의해서 가격을 형성하자는 것이다. 과거에는 관에서 가격을 주도했기 때문에 동업자들이 단결해서 정부에 어떻게 해서든 가격을 높이려는 노력을 했다. 민간 주도 경제 아래서는 그런 사고로는 절대로 기업 활동을 할 수가 없다.

공공의 이익과 사유 재산 제도를 기반으로 한 자유 기업주의를 조화시키는 것이 오늘날 자유 기업주의 경제체제의 과제이다.

그러나 아직도 이를 제대로 조정할 수 있는 처방책을 찾지 못하고 있는 것이 현실이다.

공공의 이익을 추구하는 방법만 일방적으로 강요하면 기업의 창의와 능률이 크게 저하될 우려가 있고, 반대로 공공성이 소홀히 다루어지면 개인의 이익만 지나치게 강조되어 사회 통합에 균열을 가져와 종국에는 최대 다수의 불이익을 초래하게 된다. 때문에 정부는 정책 선택에 있어 각계 각층의 중지를 한데 모아 한 목표를 찾는 신중을 기해야 한다.

아무리 작은 정책 하나를 세울지라도 어느 박사 한 사람이 낸 리포트만으로 성급히 결정, 성급히 추진하는 우를 범하지 말고 반드시 정책 담당자의 이론과 실물경제를 다루는 쪽의 의견을 근접시켜 정책을 세워야 한다.

또 하나 정부가 해야 할일 중 중요한 것은 민간 주도 경제를 뒷받침할 수 있는 경제정책의 구현에 못지않게 기업이나 근로자, 소비자가 협동하여 경제 활동을 해나갈 수 있는 분위기 마련이다.

창의와 능률을 최대로 발휘해서 성장 발전하는 기업이나 개인은 잘 살 수 있다는 긍정적인 사회 분위기를 조성해야 한다.

이러한 국민적 신뢰와 인정이 뒷받침되어야 정책 효과가 극대화된다.

국제 경쟁력은 새로운 변화에 적응하는 정책 대안을 어느 국가, 어느 기업이 더 빨리, 더 제대로 강구하느냐에서 판가름난다.

정책에 대한 국민적인 신뢰 기반이 무엇보다도 중요하다.

미국의 한 사회학자가 극동에서 민주주의를 할 수 있는 자질을 가진 민족은 우리 한민족뿐이라고 했다.

중국, 일본 국민에 비해 우리 민족은 솔직하고 개방적이며 보다 창의적, 진취적이라고 했다.

나는 그 학자의 관점에 전폭적으로 동감한다.

우리는 민간 주도 체제의 전개를 통해서 경제와 산업 면에서 유럽형 민주 자본주의 사회의 길을 갈 것으로 나는 확신한다.

우리 기업들은 이미 국제적으로 다양한 대외 거래의 경험을 축적해 왔다. 안으로는 고세율, 고금리의 시련을 견디어 내면서 자유경제를 수호하기 위해 노력하며 성장했다.

이렇게 길러진 경쟁 체질을 제대로 살리기 위해 제대로 된 민간 주도 경제로 모든 경제 단위, 즉 생산자, 근로자, 소비자가 모두 자기 몫의 합리화와 능률화, 그리고 자유화를 자기 책임하에 추구할 수 있어야 한다.

통제된 경직성 위의 안정이 아닌 자율과 유연성과 시장 원리에 입각한 안정을 지향하지 않으면 안 된다.

모든 기업인들은 경제건설과 위험 부담에 대한 투철한 책임감으로 부단히 난관에 도전하면서 소임을 완수하고, 정부는 관련 기업, 전문가들의 의견을 충분히 참작한 정책과 지나친 관여 배제로 시장경쟁 원리에 충실한 방향으로 우리 경제를 이끌어 가야 한다.

그렇게만 한다면 우리 경제는 반드시 제2도약, 제3도약을 달성할 수 있다고 나는 자신한다.

경제와 정부의 역할

모든 정책자들이 언필칭 신용사회 건설을 말한다. 옳은 말이다. 신용사회의 기틀이 잡히면 그 나라 경제는 토대가 잡히고 무한한 발전을 할 수 있다. 그러나 정부가 은행 여신을 관리해서는 신용사회 건설은 되지 않는다.

제1공화국 시대부터 줄곧 자유경제 체제를 지향해 왔지만 6·25동란 후 우리나라의 1인당 국민 소득은 겨우 60달러에 불과했다.

이승만 대통령의 제1공화국 시대의 경제는 경제라고 할 수도 없었으나 그 어려운 여건 속에서도 치안만은 완벽하게 유지해서 건국의 틀을 잡았던 공은 부인할 수 없다.

박정희 대통령이 정권을 잡은 과정이나 장기 집권은 바람직하지 못했으나 그래도 그가 우리 산업을 근대화시킨 공적은 누구도 부정 못한다.

박대통령 시대, 자본도 기술도 없는 상태에서 이만큼 우리 산업을 근대화시킨 점에 대해서는 세계가 놀라워한 일이다.

'한국에서 민주주의가 소생하거나 경제가 발전되기를 기다리는 것은 쓰레기통에서 장미꽃이 피기를 기다리는 것과 같다.'

프랑스의 어떤 경솔한 기자는 우리를 놓고 이런 비관적인 기사를 쓴 일도 있다. 물론 기자가 다같이 미래에 대한 예리하고 정확한 통찰력을 지니고 기사를 쓰는 것은 아니니까 얘깃거리도 안 되지만, 어쨌든 그런 심한 소리까지 들었던 우리의 이 경제 발전은 확실히 예상 외의 쾌거라 할 수 있다.

박대통령은 당시 자본도, 경험도, 개인의 신용도 없는 사업가가 만든 사업계획서를 믿고 정부가 지불 보증을 해주는 용단을 내렸다. 차관 계획서를 낸 회사는 차관을 받아서 공장을 짓고, 거기서 만든 물건을 세계 시장에 팔아서 빚을 갚았다.

이것은 광대가 줄타기 하는 것보다 더 어려운 일이었다. 실패한 기업은 산업은행이 인수하고 실패한 기업의 업주는 몸으로 실패의 책임을 져야 했으니, 당시 차관 기업은 정부에 몸 잡혀놓고 십자가를 짊어지고 사업을 하는 형국이었다.

그와 같은 정부의 독려와 사업가들이 불철주야 심혈을 기울인 노력이 기틀이 되어 오늘의 한국 산업경제의 근대화가 이루어졌다 할 수 있다.

얼마 전 필리핀의 한 기업의 초청으로 그곳에 갔다가 라모스 국방장관과 오찬을 같이 했다.

라모스 장관은 6·25때 유엔군으로 한국에 왔었다면서 6·25당시 한국의 일인당 GNP가 60달러였고 필리핀은 8백 달러였는데 지금 한국의 일인당 GNP는 5천 달러, 필리핀은 7백 달러 수준으로 오히려 후퇴, 상황이 역전됐다고 말했다.

그러면서 라모스는 이제 군사적으로 돕던 시대는 끝났으니 경제적으로 서로 돕자고 했다.

우리는 6·25 당시 일인당 GNP 60달러 국가에서 이제 5천 달러가 되었다. 물론 대만이나 싱가포르에 비교하면 자랑할 것이 못 된다.

'87, '88년 잠깐 동안 수출과 GNP로 대만을 앞섰던 때가 있었지만 불행히도 정치, 사회적 불안으로 우리 경제는 후퇴하고 있는 중이다.

한국의 경제는 현재 어려움에 빠져 있다.

나라의 경제력은 생산업의 국제 경쟁력이 결정하는데 우리나라는 정부가 생산업보다는 서비스산업을 과보호하는 가운데 산업이 성장해왔다.

그 결과 은행들이 제 역할을 못하고 저하되고 있는 현상을 보라.

우리나라 5대 시중 은행이 자본금을 다 들어먹고 간판만 걸고 있는 상태가 된 것은 과보호 통제 아래 정부가 기업의 여신까지 관리하기 때문이다.

모든 정책자들이 언필칭 신용사회 건설을 말한다.

옳은 말이다. 신용사회의 기틀이 잡히면 그 나라 경제는 토대가 잡히고 무한한 발전을 할 수 있다.

그러나 정부가 은행 여신을 관리해서는 신용사회 건설은 되지 않는다. 은행 여신은 은행에 대한 모든 민간 기업들의 신용인데 그 민간의 신용을 정부가 관리한다는 것 자체가 발전 저해의 중요한 원인이다.

우리 경제가 제대로 발전하려면 우선 생명보험 등 서비스산업을 과보호 통제에서 풀어놓아야 한다.

기업의 경기는 세계 경제에 의해 좋아지기도 하고 나빠지기도 한다.

어려울 때는 은행의 뒷받침으로 고비를 넘기고 좋을 때는 은행 부채를 갚아 토대를 마련할 수 있어야 한다.

정부는 정부가 할일을 하고 기업은 기업이 할일을 하면 되는데, 정부는 자기 할일은 제대로 다 감당 못하면서 기업에 대한 간섭만 지나치게 하는 것으로, 기업의 사기를 떨어뜨리고 활기를 잃게 해 더욱 경기 침체를 부채질하는 느낌이다.

정부가 해야 하는 일은 그 나라 기업의 생산력이 경쟁 국가와 대등한 수준이 되도록 금리 정책 등으로 배려해 주는 일이다.

예를 들어 금리 문제만 해도 그렇다. 우리나라는 최고의 금융 국가에 속하면서도 11, 12퍼센트 금리로도 은행 돈을 쓸 수가 없고, 특히 중소기업은 단자회사를 통해서 18퍼센트 이상으로 쓰고 있는 실정이다.
 일본은 한때 산업 금리를 5퍼센트까지 조정한 적이 있었다. 한국 금리 12퍼센트로는 도저히 경쟁할 수 없는 상태이다.
 금리가 싼 나라 제품이 경쟁력이 강한 것은 당연하다. 싼 금리의 도움으로 일본 기업은 오늘도 세계에서 강한 경쟁력을 계속 유지하고 있는 것이다.
 여신 규제가 아니라 하루 빨리 경쟁국과 같은 수준으로 금리를 조정하는 구상으로 저금리 정책을 펴, 우리 기업이 세계 시장에서 경쟁력을 갖도록 돕는 것이 정부가 할일이다.
 '89년, 일본은 정치와 경제, 사회적 상황이 두루 좋았고 우리나라는 정치, 경제 상황이 형편없이 나빴는데도 환율은 일본의 통화 가치보다도 20퍼센트나 더 비싸게 만들었다.
 물론 위정자들은 세계 환율 시스템 운운하겠지만 나는 불가능한 일이란 그리 많다고 생각하지 않는다.
 금리가 일본의 배가 되고 모든 것이 불안정한 이 상황이 계속된다면 한국의 기업들은 모두 어려움을 겪어야 한다는 것에 경제학자들도 견해를 같이 하고 있다.
 최근 우리 근로자들의 임금 상승폭이 너무 크다든지 우리 근로자들이 과거처럼 일을 열심히 안 한다는 지적이 있다.
 급격한 임금 상승이 기업에 부담이 되는 것은 사실이나 나는 그동안 그들이 우리 경제 발전에 기여한 공이나 노고로 봐서도 어느 수준까지의 인상 요구는 당연하며, 때문에 우리 기업들도 수용할 수 있는 선까지는 수용해야 한다고 생각한다.
 그러나 과거처럼 일을 열심히 안 한다는 지적에 대해서는 일부분 동의한다. 내가 보기에는 근로자들이 과거처럼 일을 열심히 안 하는 것이 아니라 과거보다 좀 덜 열심히 한다.

이것은 문제이며 옳지 않다.

세계에서 첫째 가는 경제대국 일본도 지금 주 46시간을 근무하는데 이제 겨우 국민소득 5천 달러인 우리나라 근로자들의 노동시간은 노동법상 주 44시간으로 되어 있다. 게다가 공휴일 수도 일본보다 우리가 더 많다.

일본을 이기려면 그들보다 더 많이, 더 열심히 일해야 하는데 오히려 그들보다 적게 일해도 되게 법을 만들어 통과시킨 이들의 진의와 목적이 무엇에 있었는지 심히 유감스럽다.

자신들의 인기나 표를 염두에 두고 법을 만들어서는 안 된다.

국민을 탄압하기 위해 만든 법만 악법이 아니다. 국가에 해를 끼치는 법도 악법인 것이다.

근간에 가장 문제가 되는 것이 물가 인플레이다.

노동시간을 줄여놓은 정부는 선진국 국민소득 2만 달러와 우리의 국민소득 5천 달러는 대단한 차이인데도 마치 문지방 하나만 넘으면 선진국 대열에 들어가는 것처럼 과대 선전, 과대 포장으로 사치풍조만 조장했다.

그 결과 수입 확대로 무역수지를 적자로 돌아서게 만들었는가 하면 계층간의 갈등은 심화되고 물가는 폭등하고, 세금은 선진국 수준으로 내야 하고, 국가경제 발전의 에너지원인 국민들을 의욕 상실에 빠뜨렸다.

정책의 빈곤, 정책의 부재, 정책의 갈팡질팡이 책임질 문제이다.

물가가 오르는 데 가장 큰 작용을 하는 집값, 사무실 임대료, 전월세는 폭등을 했다. 지방 거주지의 생활문화에 정부가 힘을 쓰고 지방에 큰 직장들을 만들면, 인구의 지방 분산에도 효과적일 것이며 주택 가격 안정도 기할 수 있을 것이다.

20년 전 우리 현대가 울산에 터를 잡았을 때 울산의 인구는 4, 5만 명에 불과했던 것이 지금은 70만 명으로 늘어나 있다.
　한국의 인구 밀도는 세계 제일이다.
　현재 정부가 추진하고 있는 서해안 개방정책도 정부 주도 일변도로 나갈 것이 아니라, 정부든 민간이든 정당하게 경쟁을 시켜 빠른 시일 안에 효과적으로 국토를 이용하는 방법을 모색해야 한다.
　선진국이 걸어갈 때 개발도상국은 뛰지 않으면 안 된다. 정부의 공직자는 일이 잘못 되면 자기 자리를 위협받는다는 불안 때문에 과감한 추진력을 기대할 수가 없다.
　그러나 민간인은 단지 실패하면 손해를 보고 성공하면 이익을 본다는 단순성 때문에 과단성 있는 모험을 할 수가 있다. 또 정부는 집단이면서도 그 수가 한정적인 것에 비해 민간의 수는 그보다 월등 많으므로 그 속에서 장점이 많은 계획을 수립, 수행하는 것이 충분히 가능하다.
　나는 정부 엘리트의 기획과 민간의 신선하고 창의적인 개성을 잘 조화시키면, 정부 발전과 함께 행정의 능률도 올리면서 균등한 지역 발전과 풍요로운 사회 건설이라는 우리의 최종 목표를 보다 쉽게 달성할 수 있다고 생각한다.
　정부는 정부가 할일만 하고 기업이 할일은 기업에게 맡겨야 한다.

'현대'가 한 일, 해야 할 일

> 우리 '현대'는 장사꾼의 모임이 아니다. 이 나라 발전의 진취적인 선도 역할과 경제 건설의 중추가 사명인 집단이 우리 '현대'이다. 나는 만약 우리 '현대'가 그 역할을 하지 않았다면 우리 경제는 최소한 10년에서 20년은 뒤떨어져 있을 것이라고 생각한다.

과거 30년간 성장하면서 우리 '현대'는 우리 자신의 발전을 위해서도 노력했으며, 또한 이 나라 모든 경제 발전의 선도적 역할을 했다고 자부한다.

우리가 한국 경제는 중화학공업으로 나아가야 한다고 했을 때 많은 이들이 한국이 과연 중화학공업으로 일어설 수 있을까 의문시했었다.

그러나 우리는 해냈다. 현대자동차, 현대조선이 해냈고 현대건설이 우리나라 모든 산업 발전에 중추적인 역할을 했다.

한국의 건설업이 자체의 능력으로 근대화 하고, 경제건설을 했기 때문에 한국 경제가 발전했다는 것은 세계은행 보고서에도 명시되어 있다.

그 중추 역할에서 다른 어떤 기업보다도 우리 '현대'가 선도적 역할을 했다고 나는 생각한다.

한국 정치는 제1공화국에서부터 제6공화국까지 내려오는 동안 많은 변화가 있었다.

정치의 변화 때마다 그 서투른 정치가들에 의해서 기업이 너무 커졌기 때문에, 또 기업이 어떻기 때문에, 또는 모든 국민이 가난하기 때문에 기업을 혼내야 한다는 식의 발상으로 많은 파란을 겪었다.

그 거듭되는 파란 속에서도 우리 '현대'는 탈세 같은 것으로 국민의 지탄을 받은 적은 없다.

오히려 우리가 너무 커 좀 축소시켜야겠다고 해서 전두환 씨의 '국보위' 시대에 강탈당한 한국중공업은 아직까지 한 푼도 못 받고 법원에서 재판을 하고 있는 중이다.

정치의 변환기에 무모한 권력자들에게 기업을 강탈당했지, 권력을 끼고 성장한 부분은 전혀 없다.

국회 '일해청문회'에 나가서도 밝힌 바 있지만 우리 '현대'는 국가에 대해서, 이 나라 경제 발전에 대해서 떳떳하지 않은 일은 한 번도 하지 않고 성장했다.

이 나라 경제가 지극히 어려워서 내일 부도가 날까, 모레 부도가 날까 할 때, 우리는 중동의 미경험 지역에 나가 한덩어리로 뭉쳐 사력을 다해 일해서 많은 달러를 벌어들여 어려운 외채 문제를 해결하는 데 일조를 했다. 오히려 달러가 너무 많이 들어와 우리나라 경제를 인플레로 만들 것이라는 서투른 경제 정책자들이 아우성을 치게까지 만들었다.

한국이 세계에 빛나도록 88올림픽을 유치한 것도 우리 '현대'이다. 프랑크푸르트 지점 및 현대 산하의 모든 사람들이 동원되어 바덴바덴에서 88올림픽을 서울로 유치하는 데 주도적이고 결정적인 역할을 했다.

그런가 하면 내가 원하지도 않았던 대한체육회 회장을 맡아 하면서 올림픽이 적자 없이 치러지도록 구상, 기획했으며 올림픽이 끝난 후엔 모든 시설들이 국민에게 유익하게 쓰이도록 계획했었다.

죽어가던 한강을 맑은 물로 만들고 고수부지를 만든 것도 우리 '현대'의 생각이었다.

　우리는 남한강 제방을 쌓아서 강남 땅을 만들었지만 우리의 돈벌이로 하지 않고 공사비조로 한 평에 1만 8천 원씩 서울시에 주었었다.

　그것이 20년 후 오늘날의 강남이다.

　우리는 기업을 통해서 우리가 할 수 있는 모든 일을 다 해냈다. 그렇기 때문에 우리는 한국 경제 발전의 주역이라는 긍지와 자부심을 가질 수 있다.

　우리 '현대'는 장사꾼의 모임이 아니다. 이 나라 발전의 진취적인 선도 역할과 경제건설의 중추가 사명인 집단이 우리 '현대'이다.

　나는 만약 우리 '현대'가 그 역할을 하지 않았다면 우리 경제는 최소한 10년에서 20년은 뒤떨어져 있을 것이라고 생각한다.

　경부고속도로가 그러했고 부산항을 비롯한 항만들이 그렇고 발전소들이 그러하며, 오늘날 우리나라 전력의 50퍼센트를 공급하면서도 사고 없이 높은 가동률을 내는 원자력발전소도 현대건설의 업적이다.

　한국 경제는 이제 제2의 도약을 해야 할 때이다.

　지금 현재의 제반 여건들이 그리 좋다고는 할 수 없으나 모든 것은 마음의 자세에 달려 있다는 것을 우리는 경험으로 체득한 기업이다.

　과거 현재뿐만 아니라 미래에도 우리는 이 나라 경제발전, 제2, 제3의 경제 도약에서도 중추 역할은 우리 '현대'의 몫이라고 본다.

　그것이 '현대'의 사명이며 의무라고 나는 생각한다.

근면과 검약이 곧 자본

> 작은 일에 성실한 이를 보고 우리는 큰 일에도 성실하리라 믿는다. 작은 약속을 어김없이 지키는 사람은 큰 약속도 틀림없이 지키리라 믿어준다. 작은 일에 최선을 다하는 사람은 큰 일에도 최선을 다하리라 믿는다.

내가 현저동 산꼭대기 셋방에서 신당동으로 옮겨 쌀 가게를 할 때도, 하나씩 둘씩 서울로 온 내 동생들을 데리고 아내는 쌀도 팔고 두부도 팔면서 나름대로 가용 돈을 벌었다.

그러나 6·25동란 때 부모님을 모시고 왔을 때 신설동에 한옥을 사서 옮겼는데, 20여 명의 대가족으로는 돌아눕기도 힘들게 좁아 돈암동의 좀더 큰 집으로 이사를 했다.

당시 아도서비스 자동차 수리 공장은 종업원이 60여 명이나 되는 꽤 큰 회사였지만, 나는 아침 밥상에 김치 한 가지와 국 한 대접 이상의 반찬을 용납하지 않았다.

어머니와 아내는 그 많은 종업원들의 식사를 매일 공장으로 머리에 이어 날랐다.

고향에서 소학교 다닐 때 어머님은 학교가 파해 돌아온 나를 잡아 밭이랑을 정해 주며 깨밭을 매라고 하시곤 했었다.

조밭가에 깨를 심어 깻잎 냄새 때문에 소가 조밭으로 접근하지 못하게 하기 위해서였다.

애써 번 돈을 지키지 못하는 것은 애써 지은 조밭 농사를 소를 불러들여 망치는 것과 마찬가지이다.

아버님은 농한기 겨울에도 새벽에 삼태기를 들고 나가서 쇠똥, 개똥을 주워다 거름으로 쓰셨고, 어머님은 어머님대로 할아버님 서당 앞에 오줌통을 놓아 서당 아이들 오줌을 모으셨다.

빗나가기 좋아하는 그 나이 서당 아이들이 일부러 다른 데다 소변을 보면 어머님이 볶은 콩을 나누어주며 달래기도 하셨다.

아버님은 멀리 마을에 가 계시다가도 소변이 마려우면 반드시 집에 오셔서 거름을 보탰었고, 어머님의 누에치기는 먼 골짜기에서 산뽕잎을 따다 먹이면서도 항상 남보다 많은 양을 내셨다.

언제인가 TV에서 어느 산골 청년의 생활을 소개하는 장면을 본 적이 있다.

그 산골 청년의 말이 감동적이고 아름다웠다.

"친구 중엔 도시에 취직해 월급이 몇 십만 원이나 하는 사람도 있어요. 그런데 그 월급을 이리저리 쓰고 단 10퍼센트도 저축을 못 한답니다. 나는 그 친구들에 비하면 수입은 절반도 채 안 되지만 그래도 매달 반 이상을 저축하고 있습니다. 그래서 나는 지금처럼 열심히 일하면 머지않은 장래엔 내가 그 친구들보다 훨씬 잘살 거라고 믿어요."

어린아이를 안은 젊은 아내 앞에서 확신에 차 말하던 그 청년의 말이 옳았다.

열심히 일하고 착실히 절약하면 게으르고 낭비하는 사람보다 훨씬 잘살 수 있다.

나는 주변 사람한테서 반드시 성공할 수 있는 사업이 있으니 자본을 빌려 달라는 부탁을 심심치 않게 듣는다.

그때마다 나는 이렇게 말한다.

"당신은 자본이 없는 게 아니라 신용이 없는 것입니다. 사람 됨됨이가 나쁘다는 말이 아니라 당신한테 돈을 빌려주어도 된다는 확신이 들 만한 신용을 쌓아놓지 못했기 때문에 자금 융통이 어렵다는 말입니다. 당신이 일을 성공시킬 수 있다는 신용만 얻어놓았다면 돈은 어디든지 있습니다."

그렇다.

신용이 곧 자본이다.

그 사람은 착실하다, 성실하다, 정직하다는 신뢰만 얻으면 그것을 자본으로 자신의 생애를 얼마든지 확대, 발전시켜나갈 수 있다.

나는 장사도 기업도 돈이 있으면 더욱 좋고, 돈이 없어도 신용만 있으면 할 수 있다는 것을 체험으로 안 사람이다.

과거에 한 번 사기를 친 사람은 올바른 말을 해도 사기꾼 대접밖에 받지 못한다.

이것은 개인이나 기업이나 다 마찬가지이다. 개인으로서 쌓은 신용이 작은 사업을 시작하게 하고, 작은 사업으로 다진 신용이 보다 큰 사업으로 발전시켜 나가게 하고, 중소기업을 대기업으로, 대기업을 세계적인 기업으로 성장·발전시켜주는 것이다.

무일푼으로 고향을 뛰쳐나온 내가 당대에 어떻게 이처럼 큰 사업을 이룰 수가 있었나 미심쩍게 생각할 수도 있다.

그러나 분명히 짚어둘 것은 나는 우리나라 제일의 부자가 아니라 한국 경제 사회에서, 세계 경제 사회에서 가장 높은 공신력을 가진 사람이라는 점이다.

돈을 모아서 돈만으로 이만큼 기업을 이루려 했다면 그것은 절대로 불가능했다.

나는 정직과 성실로 주인의 신뢰를 얻어 쌀 가게를 물려받았었고, 믿을 만한 청년이라는 신용 하나로 자금을 얻어 사업을 시작했으며 상품에 있어서의 신뢰, 모든 금융 거래에 있어서의 신뢰, 공급 계약에 있어서의 신뢰, 공기 약속 이행에 있어서의 신뢰, 공사의 질에 있어서의 신뢰, 그밖의 모든 부분에 걸친 신뢰의 총합으로 오늘날의 '현대'를 이룬 것이다.

우리는 현대건설 하나만 해도 국제 금융가에서 세계적으로 손꼽히는 20여 개 은행과 거래를 하고 있고, 정부 은행의 지불 보증 없이 현대건설 어음 한 장만으로 아무 저당 없이 20억, 30억 달러를 융자할 수 있는 확실한 신용도를 갖고 있다.

새도 부지런해야 좋은 먹이를 먹는다.

비슷한 수명을 갖고 비슷한 일생을 사는 동안 어떤 이는 남보다 10배 20배 일하고 어떤 이는 그 몇십 분의 일, 몇백 분의 일도 못하고 생을 마친다.

10배 일하는 사람이 10배는 피곤해야 정한 이치인데, 피곤해 하고 권태로워하는 것은 오히려 게으름으로 허송세월하는 이들인 것을 보면, 인간은 일을 해야 하고 일이야말로 신이 주신 축복이라고 나는 생각한다.

하루 부지런하면 하룻밤을 편히 잠들 수 있고 한 달 부지런하면 생활의 향상을 볼 수 있고, 1년, 2년, 10년…… 평생을 부지런하면 누구나 자타가 공인하는 크나큰 발전을 볼 수 있다. 부지런만 하면 게으른 이보다 몇십 배의 일을 해낼 수 있고, 따라서 몇백 배 충실한 삶을 살 수 있다.

몇십 배 많은 일을 한다는 것은 게으른 몇십 명, 몇백 명 몫의 인생을 산다는 이야기가 된다.

허송세월이 인생의 목표가 아니거든 첫째 부지런하기를 권한다.

부지런해야 많이 움직이고 많이 생각하고 많이 노력해서 큰 발전을 이룰 수 있다.

부지런함은 자기 인생에 대한 성실성이며, 우리는 부지런하지 않은 사람은 일단 신용하지 않는다.
 자신에게 주어진 시간과 기회를 아무 생각 없이 멍청하게 낭비하는 사람은 모든 것을 멍청하게 낭비한다.
 낭비란 글자 그대로 쓸 데가 아닌 데다 써버리는 것이다. 좋은 낭비는 하나도 없다.
 둘째, 근검 절약으로 내실을 기해야 한다.
 나는 열 여덟 살 때부터 객지로 나와 부둣가 막노동, 건설 현장 돌나르기 등 안 해본 일이 없는 노동자 시절부터 무섭게 절약 생활을 했다. 장작값 10전을 아끼기 위해 아무리 추운 겨울에도 저녁 한때만 불을 지펴 이튿날 아침, 점심 도시락까지 밥을 한꺼번에 지었으며 덤으로 구들장도 불기를 쏘여 냉기를 가시게 했다.
 담배도 피우지 않았다.
 배가 부른 것도 아닌데 무엇 때문에 연기로 날려버리는 돈을 쓰는 것인가.
 몸으로 품 팔아 번 돈을 그런 데다 낭비하고 싶지 않았다.
 최초의 안정된 직장이었던 복흥상회 쌀 배달꾼이었던 때도 전차삯 5전을 아끼려고 새벽 일찍 일어나 걸어서 출퇴근을 했다. 구두 닳는 것을 늦추려고 징을 박아 신고 다녔고, 춘추복 한 벌로 겨울에는 내의를 입고 지냈고 봄 가을에는 그냥 입었다.
 신문은 늘상 일터에 나가 그곳에 배달된 것을 보았다.
 쌀 한 가마 값의 월급을 받으면 무조건 반을 떼어서 저축했고, 명절 때 받은 떡값은 무조건 전액 저축으로 넣었다.
 형편없이 적은 수입이라도 쥐어짜고 졸라매 저축을 하다 보니까 사글세방이 전세방이 되고, 전세방이 초가집이지만 내 집으로, 초가집이 더 그럴듯한 집으로 옮겨졌다. 뿐만 아니라 저 청년은 착실하다, 든든하다는 신용으로 연결되는 주위의 평판이 나도 모르는 사이에 덤으로 없어졌다.

　나 자신이 무서운 절약생활로 집을 장만하고 일을 시작했기 때문에 나는 지금도 현장의 근로자들을 만나면 근검, 절약, 저축을 열심히 권고한다.

　"집도 없으면서 TV는 왜 사서 셋방으로 끌고 다니는가, 라디오 하나만 있으면 세상 돌아가는 것은 다 아니까 집 장만할 때까지는 라디오만으로 견뎌라, 커피도 담배도 집 장만할 때까지는 참아라, 회사에서 작업복에서부터 수건, 심지어 속옷까지 다 주니까 옷 사는 데 돈 쓰지 말고 저축해라, 양복은 한 벌만 사서 처가에 갈 때만 입어라."

　가난 구제는 나라도 못한다.

　자기 자신이 열심히 절약하고 모으면 우선 큰 부자는 못 되어도 작은 부자는 될 수 있다.

　인간은 우선 내 집이 있으면 정신적으로 크게 안정감을 갖는다. 내 집이 있고 그 위에 저축이 쌓여 가면 다음 단계로의 발전을 도모해 볼 의욕을 가질 수 있고, 그때쯤이면 그동안의 근면과 성실이 자신도 모르게 쌓여진 신용이 되어 어렵지 않게 좋은 협력자도 만나게 될 것이다. 버는 대로 쓰고 버는 이상 써서 언제나 빚을 이고 사는 사람을 나는 신용하지 않는다.

　어려워도 어려운 가운데, 다소 여유가 있어도 전혀 여유가 없다고 생각하고 근검 절약하기를 권고한다.

　내일은 오늘을 어떻게 사느냐에 달려 있고, 10년 후는 지난 10년을 어떻게 살았는가의 결과이다.

　작은 일에 성실한 이를 보고 우리는 큰 일에도 성실하리라 믿는다. 작은 약속을 어김없이 지키는 사람은 큰 약속도 틀림없이 지키리라 믿어준다. 작은 일에 최선을 다하는 사람은 큰 일에도 최선을 다하리라 믿는다.

이것은 신용이다.

일상생활에서부터, 아주 작은 일에서부터 바른 생각으로 성실하게 자신의 인생을 운영해 나가다 보면 신용은 저절로 싹이 터 자라기 시작해서 부쩍부쩍 크고 있을 것이고, 그러다 보면 어느날엔가는 말하는 대로 의심 없이 믿어주는 커다란 신용을 갖게 될 것이다.

이것은 개인, 기업, 국가 모두에 해당된다.

신용은 나무처럼 자라는 것이다.

또한 신용이란 명예스러운 것이다.

다같이 깨끗해야 밝은 사회 된다

> 개인도 사회도 국가도 깨끗해야 번영한다. 다같이 깨끗하면 누구라도 이 나라에 보탬이 되고자 하는 순수한 의욕이 불타오르게 되고, 그 의욕은 맹렬한 실천으로 옮겨질 수 있고, 그 뒤는 눈부신 발전의 대가가 따를 것이다.

발전하는 국가가 있고 후퇴하는 국가가 있고 급기야는 망해 없어지는 국가도 있다.

무엇이 한 나라를 발전하게도 하고 후퇴하게도 하는가.

가장 중요한 것은 그 나라의 정부, 기업, 국민들의 정신 자세라고 나는 생각한다.

정부가 부패해서 부정을 일삼으면 기업이나 다른 모든 분야와 국민도 함께 부정심리에 물들어 부정을 당연시하는 풍조가 되고, 그런 사회에서는 기업의 효율도 국민의 능력 발휘도 기대할 수 없다.

우리나라도 정권이 바뀔 때마다 사회 정화, 서정쇄신을 앞세워 깨끗한 정부, 정직한 사회구현을 부르짖지 않은 적이 없으나, 유감스럽게도 번번이 공허한 외침이었을 뿐 다같이 망연자실하고 있는 것이 우리의 답답한 현실이다.

부정 심리가 팽배해 있는 사회, 국가의 발전은 있을 수 없다.

오늘날 세계에서 가장 위대한 사회라는 미국을 보자.

온갖 인종들이 사방에서 모여 하나의 나라를 형성하고 있으면서도 정부로부터 국민까지 철저하게 정직하고 성실하고 깨끗한 그 힘을 바탕으로, 세계에서 가장 강력하고 위대한 시민사회를 건설, 유지하며 계속 번영해 나가고 있는 것이다.

아시아에서, 아니 이제 세계에서 경제대국으로 불리는 일본도 마찬가지이다. 역시 부패가 적은 나라이기 때문이다.

몇 년 전에 롯데 신격호 회장에게서 일본 관리의 청렴성에 대해 들은 이야기가 있다.

신회장은 국세청장까지 지낸 어떤 관리와 바둑친구로 오랜 교분을 나눈 적이 있다고 했다.

그의 국세청장 시절 어느 하루 바둑을 두러 신회장이 그집에 갔는데, 그의 부인이 빨래판을 놓고 비누칠을 해서 손으로 문질러 빠는 재래식 세탁을 하고 있는 것을 목격했단다.

신회장은 국세청장 부인의 재래식 세탁이 보기에 민망하고, 또 절친한 친구 사이이기도 해서 별 생각 없이 세탁기 한 대를 보내주었다.

그런데 그 국세청장이 신회장을 불러 하는 말이 "나와는 수십 년 친구이기 때문에 당신이 나를 정확하게 아는 줄 알았더니 매우 섭섭하오. 당신은 큰 부자라 많은 재산과 종업원을 거느리면서 나름대로 만족하게 살겠지만 나도 내 나름대로 만족하게 살고 있소. 나는 스무 평도 안 되는 집에서 내 안사람이 세탁기도 없이 빨래판에 빨래를 하게 하면서 살지만, 우리 국민 모두에게서 절을 받는 사람이오. 나는 국민의 절을 당당하게 받으며 사오. 왜냐하면 양심적으로 거리끼는 일을 안 한다는 자부심이 있기 때문이오. 나는 많은 일본의 공직자 중에서도 첫째 가는 깨끗한 공직자라는 자부심 때문에 박봉에 만족하고 나라일을 깨끗하고 올바르게 처리하오. 비록 돈은 없지만 나는 일생을 깨끗하게 사는 것으로 국민에게 본받음을 주려는 사람이오. 내 목표대로 부끄러움 없이 당당하게 살려는 사람이니 이런 선물은 거두어 가기 바라오."였다고 한다.

본받아야 할 이야기이며 부러운 일이다.

지금 아시아에서 신생국가로 눈부시게 발전하는 나라가 싱가포르이다.

인구는 2백 50만 남짓인데도 이미 지난 '80년도에 인구 3천 7백만의 우리보다 35억 달러가 더 많은 2백 50억 달러어치를 수출해서 우리를 훨씬 앞선 나라이다.

그 저력은 무엇인가.

싱가포르는 아주 작은 나라로 자원은 물론 식수조차 없어서, 스스로 자기들이 가지고 있는 것은 공기뿐이라고 말하는 국가이다.

세상에 공기가 없는 나라는 없다.

그런데 왜 다른 나라도 다 갖고 있는 공기밖에 가진 것이 없다는 싱가포르가 잘사는가. 바로 정부나 기업, 국민이 정직하고 깨끗하기 때문이다.

그들은 말레이지아에서 파이프로 원수(原水)를 끌어들여 정수해서 3분의 1은 자신들이 쓰고, 나머지는 말레이지아에 되팔아 물값을 갚고 있다.

그런가 하면 부근 동남아시아의 기름을 사들여 정유를 해서 동남아시아 제일의 기름 수출을 하고 있으며, 또 해협의 길목에 위치한 지리적 이점을 이용해 수리조선소를 만들어 돈을 벌고 있다.

깨끗한 정부, 부패를 모르는 국민, 이것이 싱가포르 발전의 저력이며 근본이다.

우리 현대는 싱가포르에도 준설공사, 건설공사 등으로 진출했다.

그곳 현장들을 맡은 소장들이 한결같이 하는 말은 "세계에서 이렇게 깨끗한 나라는 없다. 이 나라에서 현장 소장을 하는 것은 더할 수 없는 행운이다."였다.

그 나라는 공사 감독을 나온 고급 관리로부터 하급 관리까지 어느 누구도 돈을 먹기 위한 트집잡기나 기웃거림이 없다.

어느 누구도 금전적, 물질적인 생각으로 손을 내밀지도 괴롭히지도 않으니까, 딴 신경쓸 필요 없이 그저 어떻게 하면 시방서에 맞게 깨끗이 능률적으로 일해 낼 것인가만 생각하면 그만이다.

잡념 없이 일만 질 좋게 해내면 우대하는 분위기가 더할 수 없이 기분 좋고, 때문에 일의 능률은 저절로 오른다는 이야기이다.

그래서 싱가포르에서 진행되는 모든 공사는 토목이든 건축이든 세계에서 가장 싼 값에 해낼 수가 있다.

그렇게 하는데 나라가 번영하지 않을 수 없다.

싱가포르 국민은 중국 화교가 대부분을 차지하고 있다. 그들은 중국으로부터 남쪽으로 흘러 내려가면서 오랫동안 더운 지방에 살면서 적응해, 두뇌가 한족(漢族)보다 나을 수가 없고 문화의 뿌리 역시 더 깊을 수가 없다.

우리와 비교해도 기후 여건, 문화 여건, 교육 여건들이 훨씬 뒤떨어진다. 그럼에도 불구하고 그들이 오늘날 우리보다 훨씬 질 좋은 생활을 할 수 있는 것은 바로 정치, 사회가 깨끗함으로써 일의 효율을 높였기 때문이다.

깨끗하다는 것은 주변에서 일하는 모든 사람들의 능력을 최대한 발휘하게끔 외부적인 환경, 정신적 내적인 환경 등 모든 분야의 여건조성과 통한다.

그러므로 우선 쓸데없는 손실이 없어 제품은 경쟁력을 갖게 되고, 국고 낭비도 없고 국민은 자긍심을 느끼며 최대의 효율을 올릴 수 있는 것이다.

만약 정부 관리가 부패해서 사사건건 뇌물이나 챙기려 들면, 자금 조달에서부터 제품을 만들어 파는 과정에 이르기까지 막대한 비용의 손실을 가져오고, 그 비용의 손실은 자연 제품에 얹혀지기 때문에 그 나라의 제품은 다른 나라의 상품보다 경쟁력이 떨어진다.

기업에 몸담고 있으면서 부패한 이들이 있어 제품이 만들어지는 전 과정, 각 단계 사이사이에 끼어들면 그 기업은 간단히 부실해져버린다.

건설업을 간단한 예로 들어보자.

각 공사 현장 직원들이 깨끗한 마음으로 하청업자들을 도와 능률을 제대로 낼 수 있도록 하면, 그들은 적은 일이라 할지라도 이익이 보장되기 때문에 좀 싼 값에도 열심히 일해 줄 것이다.

반대로 현장 직원들의 기본 자세가 깨끗하지 못하면 하청업자 역시 적당한 눈가림으로 적당히 때워 넘기려 들 것이고, 깨끗하지 못하기 때문에 제대로 당당하게 단속도 할 수 없고, 그러다 보면 결과는 부실 공사이다.

기회 있을 때마다 내가 우리 직원들에게 강조하는 것은 깨끗한 마음으로 살아야 한다는 것이다.

나는 '가장 큰 기업'인 것도 물론 중요하지만 '가장 깨끗한 기업'이라는 평가가 그 앞에 붙여지기를 진정으로 바란다.

깨끗해야만 발전한다.

개인도 사회도 국가도 깨끗해야 번영한다. 다같이 깨끗하면 누구라도 이 나라에 보탬이 되고자 하는 순수한 의욕이 불타오르게 되고, 그 의욕은 맹렬한 실천으로 옮겨질 수 있고, 그 뒤엔 눈부신 발전의 대가가 따를 것이다.

깨끗하려면 사소한 일에서부터 정직해야 한다. 뼈저리게 느끼는 일이다.

우리는 아무것도 아닌 일에 습관적으로 거짓말을 한다. 내가 누구를 찾는데 그가 자리에 없으면 대개 회사 일로, 무슨 교섭 관계로 자리를 비운 것으로 대답한다.

  결근한 사람도 회사 일 보러 나간 것이고, 자기 볼일로 없는 사람도 회사 일 해결하러 나간 사람이다.

  사장을 찾으면 비서가 어느 관청에 갔다고 한다. 사안이 급하고 중대해서 그 관청에 전화하면 그곳에 온 적이 없다고 한다. 다시 비서를 채근하면 그제서야 사실은 결근했다고 한다.

  사소한 거짓말이라고 생각할 수도 있는 이런 거짓말도 내가 질색을 하는 이유는, 이 사소한 거짓말이 습관화되면 그보다 더 크고 엄청난 부정직으로 발전한다고 믿기 때문이다.

  부정직하면서 깨끗하다는 말은 성립이 될 수 없다.

  깨끗하지 않고도 발전, 번영한 기업이나 사회, 국가가 있다는 말은 내 평생 들어본 적이 없다.

진정한 부자는 누구인가

> 남이 부러워할 만한 깊은 지식을 갖고 사회적인 지위도 높은 사람이지만 재물이 많이 없으니 가난하다든지 서민이라든지 하는 식으로 생각하는 사고방식이 풍미한다면 이 사회는 대단히 위험하다.

다 함께 균등하게 잘살 수 있는 길이라는 이상으로 많은 나라가 공산주의를 선택했으나 오늘날 현실적으로 증명된 것은, 공산주의란 다 같이 잘사는 체제가 아니라 다같이 못사는 체제라는 결론이다.

농토도 공장도 국영으로 만들어 다같이 일해서 다같이 나누며 사는 것이 보다 공평하고 능률적이라는 공산주의 이념은 이론상으로는 그럴 듯하나 현실적으로는 불가능하다.

인간은 어디까지나 인간이지 로보트가 될 수 없다.

기본적으로 남보다 나 자신을 더 사랑하고 남보다 내가 더 갖고 싶어하고, 남의 자식보다 당연히 내 자식이 더 소중하고 남보다 더 낫고 싶고 더 성공하고 싶어하는 것이 인간의 속성이다.

이런 인간의 속성을 무시한 공산주의 이념은 그저 아름다운 이상일 따름이며 공산주의 체제는 시행착오의 산물일 뿐이다.

오늘날 공산주의 국가들이 앞다투어 생산체제를 자유 기업주의로 전환하고 있는 것으로 이미 어느 쪽이 우월한가는 판가름이 났다.

물론 자본주의라 해서 완벽한 것은 아니다. 똑같은 제도, 똑같은 법률 아래서도 개인의 능력, 성실성, 사고의 차이 등으로 어떤 사람은 크게 성장하고 어떤 사람은 실패한다.

누구에게나 평등하게 주어진 여건과 기회 안에서 성공, 실패의 책임은 엄격하게 말해서 개개인의 책임이겠으나 그러나 능력의 유무를 따지기 전에 불균형에 위화감을 느끼고 불평을 토하게 되는 것 또한 인간의 속성이다.

때문에 그 해결책의 하나로 자유 민주국가에서는 주어진 여건의 평등함은 따지지 않고 불균형의 조정, 빈부의 격차 조정을 사회정의로 삼아 많이 번 사람으로부터 많은 세금을 거두어 그렇지 못한 사람의 생활 수준을 끌어올리는 일을 하는 것이다.

우리의 사회적 분위기는 모순되게도 경제 발전은 더더욱 끊임없이 더 큰 보폭으로 해야 한다고 주장하면서도 기업이 커지는 것은 부의 편재니, 균형경제니 하면서 싫어한다.

이 모순된 주장에 나는 반대한다.

자유경제, 균형경제란 인간의 창의와 노력을 무한히 발휘하게 해서 한없이 발전, 성장하도록 하고 그 이익을 세금으로 거두어 사회의 부족한 부분을 끌어올려 균형을 맞추어가는 것이지, 어떤 기업의 키가 좀 크다고 다른 기업과 맞도록 잘라 키 맞추기를 하는 것이 균형경제, 자유경제의 정도(正道)는 아니다.

자유주의, 자본주의의 목적과 정신은 돈을 벌어 나 개인, 또는 내 가족만 풍족하게 살고 보자는 것이 아니다. 열심히 일해서 그 이윤으로 내 가정을 안정시키고 나아가서 사회에 기여, 봉사하면서 인간답게 살고자 하는 것이 그 진정한 정신이다.

돈만을 목적으로 한 고리대금이라든지, 은행 이자만 따먹으면서 재산을 불린다든지 하는 것은 진정한 자본주의가 아니다. 그것은 악성 자본주의이다.

나는 부의 편재라는 말에 대해서도 이견(異見)을 갖고 있다. 부(富)가 곧 재물로만 생각되어지고 말해지는 것은 잘못이다.

모든 사람의 목표가 다같이 재물인 것은 절대 아니다. 나처럼 빈곤을 탈피하기 위해 뛰어서 사업을 하게 된 사람이 있는가 하면 대학을 졸업해서, 또는 더 많은 공부를 해서 높은 지식을 갖고 기술자라든가, 학자, 성직자, 예술인, 언론인이 되어 사는 사람도 있다.

모든 사람들이 다 각각 자신이 되고 싶은 대로, 자신이 세운 목표를 향해 노력하면서 하고 싶은 일을 하며 산다.

나는 자기가 하고 싶은 대로 성취했다면 그 사람은 부를 가진 사람이라고 생각한다.

자신이 뜻한 바의 성취가 바로 부의 성취다. 꼭 재물만이 부가 아니다.

남이 부러워할 만한 깊은 지식을 갖고 사회적인 지위도 높은 사람이지만 재물이 많이 없으니 가난하다든지 서민이라든지 하는 식으로 생각하는 사고방식이 풍미한다면 이 사회는 대단히 위험하다.

지식은 쟁탈해서 분배할 수 없지만 재물은 쟁탈할 수 있다.

돈만을 최고의 가치로 삼는 황금만능 사회는 위험하다. 건전한 발전을 기대할 수 없다.

돈만이 부가 아니다.

행복한 삶의 네 가지 조건

사람은 자신의 일생을 대단히 중요하게 생각하면서 하루의 중요성에 대해서는 무감각하다. 그 하루가 모아져서 일생이 되는 것인데 하루하루를 중요한 줄 모르고 살면 그 일생 역시 전혀 중요하지 않은 삶이 아니겠는가.

'정회장은 참 운이 좋은 사람'이라는 말을 듣는 일이 있다. 사실 나도 운이 좋았다는 것에 대해서 그다지 반박할 기분은 아니다.

그러나 곰곰이 생각해 보면 운이라는 것이 특별히 나한테만 좋을 수는 없지 않은가.

인간은 누구나 다 똑같이 평등하고 신은 인간에게 공평하다.

진 일, 마른 일, 좋은 일, 나쁜 일, 불운, 호운(好運)은 누구에게나 다같이 공평하게 돌아가게 되어 있지, 특별히 좋은 일만 돌아가게 선택된 사람은 없다고 나는 믿는다.

공평하지 않으면 신이 아니다.

운이란 '때'라고 생각한다. 확실히 '좋은 때' 나쁜 '때'는 있다.

그러나 '좋은 때'라고 해서 손 놓고 앉아 놀아도 마당으로 호박이 저 혼자 굴러 들어와주는 것은 아니며, '나쁜 때'라고 해서 죽을 힘을 다해 노력하는데 더 나쁜 결과를 맞게 되는 것은 아니다.

나는 자신의 여건을 불행하게만 생각하길 좋아하는 사람은 평생 불행할 수밖에 없고, 반면에 어떤 어려운 시련 속에서도 그것이 자신이 발전할 수 있는 좋은 시련의 기회라고 생각하는 사람은 평생 잘 발전하며 행복하게 살 수 있다고 생각한다.

모든 일에는 좋은 면 나쁜 면이 항상 공존하고 있고, 또 그것은 밤이 낮으로 바뀌고 낮이 밤으로 바뀌듯 항상 변화한다.

부지런하게 노력하는 사람은 '좋은 때'도 놓치지 않고 잘 잡아 쓰고, '나쁜 때'는 더더욱 부지런히 노력해 수습하면서 비켜가기 때문에 나쁜 운이 크게 작용을 못한다.

반대로 게으르며 노력하지 않는 사람은 '좋은 때'가 와도 손이 늦어 못 붙잡아 '좋은 때'를 '나쁜 때'로 만들고, '나쁜 때'는 운 탓만 하면서 좌절 속에 허우적거리기 때문에 항상 불운의 연속으로 일생을 보내는 것이다.

불운은 몇 배의 노력으로 극복하고 호운은 또 성장에 적극적으로 활용해서 다음의 불운에도 끄떡 없는 힘을 비축해야 한다.

좋지 않은 일이 닥쳐와도 겁먹지 말고 '이 시련은 나로 하여금 더 큰 일을 감당할 수 있도록 하기 위한 것이다.' 이렇게 생각하는 것이 바람직하다.

나는 생명이 있는 한 인간에게 실패란 있을 수 없다고 생각한다.

좋은 운 속에서 크게 발전하고, 나쁜 운도 탈 없이 견뎌 남에게 좋은 운만 있었던 것처럼 보이도록 행복한 일생을 살려면 우선 건강해야 한다.

주부들이 가정을 행복하게, 좋은 운의 연속으로 만들고 싶으면 우선 가족이 건강하도록 노력해야 한다. 건강하지 못한 사람은 대부분 불행한 마음이며, 마음이 불행하면 모든 일이 불운의 연속처럼 느껴진다.

마음만의 문제가 아니라 실제적으로도 넉넉지 못한 살림에서 병까지 얻으면, 빚내어 병원에 가야 하고, 빚이자를 내다보면 또 빚을 내야 하고, 그러다 보면 온 가족이 침울해지게 마련이고, 환자는 잘 낫지도 않으니 좋은 운이 대문까지 왔다가도 돌아가버린다.

선천적으로 타고나는 건강도 있긴 하지만, 아무리 잘 타고났어도 노력이 없으면 부서지기 쉬운 것 또한 건강이다. 건강이 없으면 가정이 화목하지 못하고 각 가정이 화목하지 못하면 국가도 불안해진다.

어릴 때부터 아침에 일찍 일어나 단 15분 동안이라도 운동을 하면 정신과 육체가 건강해지고, 가정과 국가에 폐를 끼치지 않는 국민이 될 수 있다.

건강은 행복을 위한 첫번째 조건이다.

행복한 삶을 위한 두번째 조건으로는 다른 사람에 대한 이해의 폭을 넓혀 항상 투명하고 겸손하고 순수한 마음가짐으로 살라는 권유를 하고 싶다.

마음이 지옥이면 그보다 더 큰 불행이 없다.

사람은 내 주변보다 더 낫게 발전할 수도 있고 뒤떨어질 수도 있다. 더 나을 수도, 뒤떨어질 수도 있다는 것을 순수하게 받아들이지 못하고 항상 더 낫기만 해야 하는 오만한 사람들은 자기보다 나은 사람을 항상 질투, 질시, 투기하므로 불행 속에 빠져 산다.

한 걸음 앞서 마음을 담백하고 폭넓게 가지고 나보다 잘된 사람, 나보다 이 사회에서 더 많은 일을 하는 사람을 편안하고 흐뭇하게 바라볼 수 있는 행복한 사람이 우리 사회에 그다지 흔하지 않은 것이 유감스러운 일이다.

국민들이 사회 각 분야에서 열심히 훌륭하게 자기 일을 하는 사람들에게 솔직하게 존경과 찬사를 보낼 수 있는 나라가 제대로 발전한다.

그런 사고방식은 유능한 인재들이 자기가 몸 담고 있는 분야에 사명감과 보람을 갖고 더욱 열심히 매진하게 하는 힘을 주기 때문이다.

다른 사람을 인정할 줄 아는 사람은 행복한 사람이며, 긍정적인 사람이며 자신도 크게 성장할 수 있는 소질을 가진 사람이다.

세번째로 보다 나은 삶, 보다 나은 인간, 보다 나은 직장인, 보다 나은 발전에 대해서 항상 생각하는 사람으로 살라고 하겠다.

아무 생각 없는 사람에게 전진이란 있을 수 없다. 교육받은 사람이 아무 생각 없이 하루하루를 보내면 교육받지 못했어도 열심히 생각하는 사람을 따라갈 수가 없다.

생각하는 사람과 생각이 없는 사람의 차이는, 일을 해보면 교육과 상관없이 질적인 면에서나 능률 면에서나 하늘과 땅 차이가 난다.

사람은 자신의 일생을 대단히 중요하게 생각하면서 하루의 중요성에 대해서는 무감각하다. 그 하루가 모아져서 일생이 되는 것인데 하루하루를 중요한 줄 모르고 살면 그 일생 역시 전혀 중요하지 않은 삶이 아니겠는가.

충실한 삶을 살고 싶으면 일찍 일어나 생각하는 시간을 갖고 일에 임해야 할 것이다.

높은 산을 올라갈 때 산꼭대기만 쳐다보면서 그것을 목표로 허겁지겁 오르다가는, 얼마 못 가서 돌부리에 채이거나 부딪치거나 해서 주저앉고 말 것이다.

발 밑과 주위를 살피면서 주의 깊고 차분하게 호흡을 조절하면서, 그리고 경사도와 속도를 맞춰서, 일기도 점검하면서 꾸준히 오르는 사람이 용이하게 먼저 정상에 오른다.

좋은 교육을 충분히 받고도 일생을 흐지부지 사는 사람이 많다. 그날그날을 아무 생각 없이 흘려보냈기 때문이다.

대성(大成)의 비결이 특별히 있는 것이 아니다. 나는 똑같이 10시간 일하는 두 사람이 있다고 할 때, 늦게 자고 늦게 일어나는 사람과 일찍 자고 일찍 일어나는 사람 중에 일찍 자고 일찍 일어나는 사람의 성공률이 높다고 생각한다.

그래서 나는 직원들에게 "일찍 출근하는 것은 고맙지만 늦은 퇴근은 달갑지 않습니다. 일하는 시간에 집중적으로 열심히 노력하지 않았기 때문에 늦게까지 일을 붙잡고 있는 것이니까요. 나에게 머리 좋고 열심히 일하는 사람으로 보이려면 퇴근 시간에 모두 퇴근할 수 있도록 하십시오."라는 말을 한 적도 있다.

네번째, '유지자사경성(有志者事竟成)'이라는 말이 있다. '뜻이 강하고 굳은 사람은 어떤 어려운 일에 봉착해도 기어코 자신이 마음먹었던 일을 성취하고야 만다'는 의미이다.

편안하고 쉽게 저절로 되는 일이란 없다.

비바람, 찬서리, 눈보라, 밤이슬을 맞아가면서도 결심과 각오를 거듭 새롭게 하면서 꾸준하게 자신이 원하는 목표를 향해 노력하다 보면 이루어지지 않는 일이란 없다.

고정관념의 벽을 허물라

> 고정관념의 노예가 되어 있으면 적응력이 뛰어날 수가 없다. 교과서적인 사고방식도 함정이다. 뛰어난 인간은 함정을 슬기롭게 지나간다.

　우리는 대개 어느 정도의 각기 다른 고정관념을 갖고 있다.
　전문직 관리자나 기술자들도 대개 전체로서 문제를 파악하는 능력이 모자라거나 또는 자기 분야에만 전념한 나머지 전문가의 고정관념에 결박당해 있는 수가 있다.
　고정관념은 평상시 유능했던 사람을 위기나 난관에 부딪히면 형편없이 무능하게 만들어버린다.
　나는 그런 예를 무수히 보아왔다. 그때마다 누누이 일러 깨우쳐주었기 때문에 나는 기술자들의 결함을 고치고 시정하는 '전문가'로 자부하고 있다.
　《논어(論語)》의 학정편(學政篇)에 '군자불기(君子不器)'라는 말이 있다. '군자란 한 그릇에만 머물러서는 안 되고 어떤 그릇도 되어야 한다'는 뜻으로 알고 있다.
　소인은 한 그릇에 그치나 군자는 세모꼴 그릇에서는 세모꼴로, 네모꼴에서는 네모꼴이 되어 어떤 자리에 놓아도 그 책무를 수행할 수 있는 능력의 소유자라는 말이다.

그러나 인간으로서의 원리원칙에는 부동(不動)의 자세여야 한다.

나는 이것을 이 시대를 사는 우리들이 가져야 할 적응력으로 바꿔 풀이한다.

고정관념의 노예가 되어 있으면 적응력이 뛰어날 수가 없다. 교과서적인 사고방식도 함정이다. 뛰어난 인간은 함정을 슬기롭게 지나간다.

아직 조선소 도크가 완성되기 전의 일이었다.

도크가 미완성이니 대형 자동 이동 크레인이 설치될 수가 없었다. 따라서 모든 대형 블럭이며 3만 마력 엔진이며, 부품 운반을 거의 인간의 창의력으로 의존할 수밖에 없었다.

소조립품을 12미터 깊이 도크 바닥으로 옮기는 일은 특수 트레일러로 해결했는데, 선수(船首) 부분 조립이 끝난 1호선을 제3도크로 운반하려면 골리앗 크레인이 설치될 때까지 기다릴 수밖에 없다는 것이 기술자들의 결론이었고, 그것이 교과서적인 결론이라고 했다.

크레인을 들여놓는 데 3개월이 필요했다. 3개월을 그렇게 허비하면 공기(工期)를 맞출 수가 없다.

선주와의 공기 약속은 거짓말이 되게 생긴 것이다.

"그렇다면 있는 트레일러에 선수 블럭을 싣고 뒤에서 불도저가 당겨 경사진 언덕에 감속을 주면서, 도크 경사로를 사고 없이 내려가는 건 이론적으로 가능해, 불가능해?"

내가 다그치자 기술자들은 이론적으로 가능하다고 했다. 그래서 골리앗 크레인 없이도 아주 간단하고 쉽게 도크 바닥까지 운반했다.

조립 공장을 지을 때였다.

울산 지역 최대 풍속은 태풍시 초속 60미터나 되기 때문에, 굵은 기둥으로 초속 60미터 강풍을 견뎌내게 해야 한다는 기술자들의 교과서적 발상의 주장이 있었다. 말인즉 그럴 법했다.

내가 물었다.

"공장 벽은 뭘로 할 거요?"

"슬레이트로 합니다."

"그럼 슬레이트 벽은 초속 몇 미터 바람까지 견딜 수 있소?"

머뭇거리다가 그가 대답했다.

"초속 40미터면 모두 날아가고 말 겁니다."

"그럼 남는 건 뭐요?"

"기둥입니다."

"다 깨져 나가고 기둥만 남아서 초속 60미터를 견디라고 굵은 기둥을 박자는 말이오?"

물론 이 경우 완전히 틀린 주장이었다는 말은 아니다. 그러나 당시 우리는 넉넉한 자본으로 쉬엄쉬엄 공장을 지어도 좋은 선진국 조선소 건설이 아니었다.

우리 형편에 합당한, 우리 처지에 맞는 방식의 필요성이 절실할 때 교과서식은 그다지 도움이 안 된다는 뜻이다.

선진국의 경우 울산조선소만한 규모는 조선소 자체만의 건설에도 최소한 3년은 걸리는 것이 상식이다. 그렇게 오랜 시간 조선소를 짓고, 그 다음에 선박 건조에 착수하는 것이 또 상식이고 통례이다.

나는 그런 상식과 통념을 무시하고 해냈다. 상식과 통념에 멈칫거릴 생각은 처음부터 아예 없었을 뿐만 아니라 그럴 여유도 없었다.

조선소 건설과 선박 건조를 동시에 진행시켰다. 만약 내가 그러지 않았더라면 틀림없이 현대는 참담한 실패의 고배를 들이켜야 했을 것이다.

이천(利川)에 현대전자를 건설할 때의 일이었다. 설계도면을 보니 송전선이 작은 마을을 지나가게 되어 있었는데, 용지 보상 문제로 곤란을 느낀 현장 직원들은 마을을 피해서 우회하는 쪽으로 작업들을 진행하고 있었다.

나는 왜 전선이 더 많이 드는 우회로를 택했느냐고 따졌다. 물론 대답은 예견대로 장애 요인이 있어서라고 했다.

나는 즉시 설계를 변경해 직선으로 가설하도록 지시했다. 용지 보상 관계 등으로 설치 비용은 우회로를 택할 때보다 오히려 몇 갑절 더 들었을지도 모른다.

그러나 모든 시공을 그렇게 안이한 관념으로 해 버릇하다가는, 정말 뭔가 반드시 극복해야 할 일에 부딪쳤을 때 그 발상들이 나태한 쪽으로 흐르기 때문에 안 된다.

안이한 관념 역시 고정관념 못지않게 나쁜 것이다.

긍정적인 사고에는 실패가 없다

> 똑같은 조건에서 똑같은 일에 부딪쳐서도 어떤 이는 찌푸리고, 어떤 이는 웃는다. 부정적인 사람은 태양 밑에서 고된 노동의 고통만 끔찍하게 생각하지 그늘 아래서 서늘한 바람을 쐴 때의 행복은 느낄 줄 모른다.

나는 대한민국에 태어난 것을 늘 행복하게 생각한다.

사계절이 뚜렷해서 여름은 여름대로 겨울은 겨울대로 또 봄, 가을은 그것들대로 그대로 좋다. 계절이 바뀔 때마다 느끼는 환희와 기쁨을 말로 표현할 수가 없다.

게다가 부모님으로부터 물려받은 건강으로 이 나이까지 불편 없이 일하면서, 사회와 국가에 조금이라도 보탬이 되려고 노력할 수 있어서 나는 항상 무한한 행복을 느낀다.

우리는 인생을 잘살아야 한다.

잘산다는 의미는 무엇인가. 돈을 많이 벌어 부자가 되는 것인가. 사우디아라비아처럼 기름이 펑펑 쏟아져 불로소득으로 은행이자가 듬뿍 듬뿍 붙어, 쓰기만 하고 사는 것이 잘사는 것인가.

그렇지 않다.

어떤 환경, 어떤 위치에서 무슨 일을 하든지 기능공이든, 중급 기술자든 고급 기술자든, 구멍가게 배달꾼이든, 학생이든, 관리든, 자기에게 주어진 임무를 주위의 기대에 어긋나지 않게 전심전력으로 완수하면서 긍정적으로 사고하고, 향상된 미래를 꿈꾸기에 항상 일이 즐거운 사람이라고 생각한다.

어린 시절부터 나는 어떤 처지에서도 불행하다고 생각해 본 적이 없다. 항상 그때그때 나름대로 만족하고 행복을 느끼며 살았다.

10살 무렵부터 나는 아버지를 따라 뜨거운 논, 밭으로 나가 하루 종일 뙤약볕 아래 허리를 구부리고 농사일을 배워야 했다. 그렇게 일하면서도 나는 불행을 느끼지 않았다.

피곤하게 일하고 나면 단잠을 잘 수 있는 것이 좋고, 밥맛이 꿀맛이라 좋고, 긴 시간 태양 아래서 땀 흘리며 일하다가 잠깐 쉬려고 그늘로 들어서서 극락 같은 서늘한 바람을 쐬면 행복하기까지 했다.

나뭇짐을 지고 시장에 가면 즐비한 음식 목판에 허기진 배가 요동을 쳐도 불행한 줄을 몰랐고, 나무 판 돈에서 유일하게 허락된 1전으로 누깔사탕 두 개를 사서 입에 넣고 아껴아껴 녹여 먹으며 집으로 돌아가는 길이 사탕의 단맛만큼 마냥 행복했었다.

돌이켜보면 말할 수 없는 궁핍에 힘든 일도 많았지만 그러나 나는 궂은 일이면 극복하는 즐거움으로, 좋은 일은 좋은 대로 즐기는 마음으로 살아오고 있다.

나는 젊을 때부터 새벽 일찍 일어난다. 그날 할일에 대한 기대와 흥분 때문에 마음이 설레 늦도록 자리에 누워 있을 수가 없기 때문이다.

밤에는 항상 숙면할 준비를 하고 잠자리에 들었다. 새 날이 왔을 때 가뿐한 몸과 마음으로 즐겁고 힘차게 일을 하기 위해서이다.

똑같은 조건에서 똑같은 일에 부딪쳐서도 어떤 이는 찌푸리고, 어떤 이는 웃는다. 부정적인 사람은 태양 밑에서 고된 노동의 고통만 끔찍하게 생각하지 그늘 아래서 서늘한 바람을 쐴 때의 행복은 느낄 줄 모른다.

부정적인 사람은 좋은 것도 행복한 것도 없다. 봄은 나른해서 싫고 여름은 더워 싫고 가을은 쓸쓸해 싫고 겨울은 추워서 싫다는 식이다.

인간은 성장하면서 사회를 알고 배우고 체득해서 자기 형성을 한다. 그래서 사물을 보는 관점, 사고의 방향, 마음 자세에 따라 인간은 각기 차이가 난다.

긍정적인 사고가 절대적으로 중요하다. 긍정적인 사고를 해야 불행하지 않고 발전할 수 있다.

나는 젊은 시절에 노동자 가설 합숙소에서 고된 노동으로 지내기도 했었고, 중소기업 때는 부도를 막으려고 밤낮 없이 일수, 월수를 구하러 뛰어다녔지만 누구를 원망한 적도 부러워한 적도 나를 불행하게 생각한 적도 없었다.

인간은 누구나 자기 문제를 스스로 해결할 수 있는 능력을 갖고 있다. 노력 여하에 달려 있는 것이다.

부정적이고 비관적인 사고는 성장과 발전을 가로막는다. 부정적인 사고는 스스로의 문제를 충분히 해결할 수 있는 능력을 발휘하는 대신 세상에 대한 불평과 원망, 증오로 시간과 정력을 낭비하기 때문에 당연히 좌절과 실패, 절망이라는 보상을 받게 마련이다.

불구로 태어나서도 맑고 밝은 마음으로 이 사회의 존경할 만한 일꾼이 된 사람도 구석구석에 많이 있다.

건강한 사지 육신을 가지고도 부정적인 사고로 일생을 비틀려 사는 것은 자기 학대 외에 아무것도 아니다.

세상을 밝고 맑게, 바르게 보고 이 사회에 보탬이 될 목적으로 살면 할일은 태산처럼 많다.

잘 아는 성형외과의에게서 들은 이야기이다.

사업이 부진한 한 사업가의 요청대로 귀를 두툼하게 만들어주었더니 그후 사업이 거짓말처럼 잘되었다고 했다. 그런가 하면 매번 낙선만 하는 것이 비뚤어진 자기 코 때문인 것 같다는 어느 정치인의 청대로 코를 고쳐주었더니 그 다음 선거에서 당선됐다고 했다.
 나는 수술 자체가 예의 두 사람의 운에 직접적인 영향을 준 것이 아니라, 두 사람의 사고를 긍정적으로 전환시켜준 결과의 보상이라고 생각한다.
 두 사람은 약점이라고 생각했던 부분을 인공적인 수술로 고침으로써 긍정적인 사고로 자신감을 가질 수 있었던 것이다.
 여기서 중요한 것은 수술이 아니라 긍정적인 사고에로의 전환이다. 긍정적인 사고를 가지면 어떤 일이라도 해결해 낼 수 있다고 나는 생각한다.
 긍정적인 사고는 일을 성공시키는 방향으로만 생각하게 하고 성공할 수 있는 길을 찾기 위해서만 연구, 노력하게 만들기 때문이다.
 부정적인 사람들이 불가능하다고 외면할 때 긍정적인 사고의 사람들은 그것을 가능하게 하는 길과 방법을 찾아 노력한다.
 인류의 모든 발전은 긍정적인 사고를 가진 사람들의 주도 아래 이루어졌다.
 울산조선소도 '가능하다'에서부터 출발해서 현실로 믿은 것이다. 당시 나는 차관 8천만 달러를 얻기 위해 일본, 미국 등 세계를 헤매다 영국에 갔었다.
 영국에 가서 나는 울산에 50만 톤급 도크를 파서 30만 톤, 50만 톤짜리 배를 만들어 세계 시장에 팔아 원금과 이자를 갚겠으니 8천만 달러를 빌려달라고 했다.
 그 사람들의 대답은 "너희들은 그렇게 큰 배를 만들어본 경험도, 만들어낼 기술자도 없어서 안 된다."였다.
 나는 그래도 우리는 만들 수 있다고 버텼다.
 나의 막무가내 버티기에 그들은 대사관을 통해서 우리나라 각 분야에 조회를 해보았다.

첫번째로 대한조선공사에의 조회 대답은 '불가능하다'였다. 물론 당시 조선공사의 답은 무리가 아니었다.

영국은 조선공사의 '불가능' 회답을 이유로 차관을 거절했다. 같은 이유로 이미 프랑스, 스위스 은행에서 차관 거절을 당했던 끝이었기 때문에 나는 영국에서 반드시 돈을 꾸어야 한다는 각오였다.

나는 말했다.

"모든 일은 가능하다고 생각하는 사람만이 해낼 수 있는 것이다. 만약 우리나라 조선공사나 다른 선박업자가 이 일이 가능하다고 생각했으면 그들이 나보다 먼저 너희들한테 차관을 얻으러 왔을 것이다. 그들은 불가능하다고 생각하기 때문에 하려고도 하지 않고 있는데, 거기에 물어보면 불가능하다는 대답이 나오는 것은 당연하다. 나는 가능하다고 생각하는 사람이다. 반드시 해낼 수 있다. 다시 한 번 서류 검토를 해다오."

그들은 내 말에 고개를 끄덕이고 계약서를 재검토했다. 물론 그후로도 어려운 일은 많았지만 울산조선소를 이렇게 '가능하다'로 출발해서 건설할 수 있었다.

이것은 말을 하기 위한 말도 아니고 궤변도 아니다.

모든 것이 가능하다고 생각하지 않는 사람에게 가능한 일은 한 가지도 없다. 가능하다고 생각하고 가능하게 할 목표를 향해서 가능하도록 노력하는 사람만이 가능하게 만드는 것이다.

국가도 마찬가지이다. 가능하다고 생각하는 국민만이 국가를 부흥시킬 수도 중흥시킬 수도 있다.

이것은 엄숙한 진실이고 인류 발전의 철칙이다.

울산조선소는 이 철칙의 상징이자 표본으로 서 있다. 때문에 나는 모든 사람이 뜻을 가지느냐 가지지 않느냐가 가장 중요하다고 생각한다.

뜻을 가지고도 이루지 못하는 것은 없다.
 가능성에 대한 의심, 중도에서의 좌절, 독약과도 같은 부정적인 회의만 없다면 누구든지 무슨 일이든 뜻을 이룰 수 있다.
 그러나 노력이 따라야 한다.
 어려운 일에 부딪쳐도 열심히 생각하면 '빈대가 천정에서 사람의 배 위로 떨어져서 욕망을 해결하는 식'으로 길이 나온다.
 긍정적인 사고를 가지면 그야말로 하늘이 무너져도 솟아날 구멍이 있고, 무엇이든 이룰 수 있다.

'평범한 아내', '신통한 남편'

> 존경하고 인정할 점이 없으면 사랑도 할 수 없다. 아내가 재봉틀 한 대를 유일한 재산으로 아는 점, 부자라는 인식이 전혀 없는 점, 평생 변함이 없는 점들을 나는 존경한다.

어떤 친구가 자기 친구의 말이라면서 나한테 전했다.

'높은 벼슬을 하는 사람도 돈 많은 사업가도 안 부러운데, 다만 훌륭한 아내를 가진 사람은 부럽다'고 하더라나.

훌륭한 아내를 못 가진 듯싶은 그로서는 충분히 부러워할 수 있는 일이라고 생각한다.

행복이란 글자로는 한가지지만 그것을 느끼는 사람마다의 입장이나 순간마다 다 다를 수 있다고 본다.

종교에 심취한 사람은 자기가 믿는 신과의 관계가 아름답게 잘 이루어지고 있다고 믿을 때 행복할 것이고, 자식의 대학 입시가 첫째 가는 걱정이었던 어머니는 자식이 합격하면 최고의 행복일 것이라고 하는 식으로 말이다.

나라는 사람은 해외 시장에서 이해를 걸고 국제 경쟁을 통해서 입찰 경쟁을 벌일 때 행복을 느낀다.

선진 부국도 공사 하나를 맡느냐 못 맡느냐에 눈을 횃불처럼 밝히고 총력을 기울이는 해외 시장에서는, 산업 정보든지 기술 정보든지 집합

정보의 선택이나 분별은 목숨만 안 걸었지 그야말로 치열한 두뇌 경쟁이다.
 그러한 치열한 투쟁 속에서 나는 내심 행복을 느낄 때가 많았다.
 어쩌다가 다른 날보다 일찍 잠이 깨어 아침 신문이 오기 전 책을 읽다가 내 뜻과 일치하는 문장을 발견하면, 그때 나는 희열을 느끼고 행복을 느낀다.
 앞에 말한 사람의 '훌륭한 부인'의 뜻은 아마도 '현명한 내조'를 해주는 부인이라는 말인 것 같은데, 어떤 것이 '현명한 내조'인가 하는 것은 사람과 개성에 따라 각기 다를 것이다.
 나도 사치스러운 욕심으로 아주 '현명한 부인'을 가졌더라면 하는 생각을 전혀 안 했던 것은 아니나, 한편 지나치게 현명한 부인은 오히려 피곤할 수도 있다는 생각을 한다.
 일을 하다 보면 입조차 떼기 싫을 만큼 피곤한 경우도 왕왕 있는데 현명한 부인이 현명한 나머지 지나치게 내조를 하려 들면 괴로운 일이 아닌가.
 그러니까 이를테면 나 같은 사람에서 가장 '현명한 내조'란 가장 수수한 부인의 '평범한 내조'라고 생각한다.
 내 아내는 16살에 강원도 시골에서 시집와 이날까지 그때나 지금이나 변함없이 똑같은 점이 좋다.
 나처럼 농촌에서 자란 사람이고 나를 따라 도회지로 나와 지금은 남들이 큰 부자라고 하는데도 아내는 부자라는 의식이 조금도 없는 사람이다.
 훨씬 후에 자동차 한 대를 주었는데 자동차는 집에 두고 택시 타고 도매시장에 가, 채소나 잡화를 사서 용달차에 싣고 그 차를 타고 집으로 오던 사람이다.
 집에서는 언제나 통바지 같은 걸 입고 있는데 누가 찾아오면 그런 채로 나가 문을 열어주니까 손님은 으레 주인 아주머니를 따로 찾는 모양이었다.

자기가 바로 안주인이라고 해도 좀처럼 안 믿고 농담으로 받아들이기 비일비재였다고 한다.

나는 아내의 생일도 결혼기념일도 평생 모르고 산 사람인데 만약 아내가 감격적, 감동적으로 살고 싶어하는 사람이었으면 나한테 불만이 많았을 것이나 불평을 한 마디도 들어본 적이 없다.

그러나 어쩌면 말만 안 했다 뿐이지 집사람에게도 많은 불만이 있었을 것이다.

농촌에서 살다가 도시 생활을 하면서 다른 각도로 사물을 보기 시작하고 내쪽에서도 물론 아내에 대한 불만이 없지 않았지만, 나이가 들면서는 그 부족함에 오히려 깊은 연민과 이해를 갖게 되었다.

결혼해서 60년이 가까워 오는 지금까지 집사람이 자기 재산이라고 생각하는 것은 6·25 후 내가 사준 재봉틀 한 대뿐이고, 그것만이 유일한 자기 재산이라고 생각하는 사람과 일생 결혼생활을 할 수 있었던 것은 나의 행복이다.

부부가 결혼해서 일생을 함께 산다는 것은 결혼이라는 형식으로 묶여서 자식 낳고 서로 존경하고 사랑하며 함께 늙어가는 일이다.

존경하고 인정할 점이 없으면 사랑할 수도 없다.

아내가 재봉틀 한 대를 유일한 재산으로 아는 점, 부자라는 인식이 전혀 없는 점, 평생 변함이 없는 점들을 나는 존경한다.

나는 항상 바쁘게 살아왔다.

그런데도 집사람의 불평이 없었던 것은 그 사람의 기본 생각이, 피곤해서 좀 늦게 일어나는 남자는 보아줄 수 있어도 집에서 빈둥거리는 남자는 봐줄 수가 없다는 식이었기 때문일 것이다.

그러니까 돈벌이가 생겨서든 돈을 날리게 생겨서든, 성공을 하든 실패를 하든, 내가 눈코 뜰새 없이 바깥으로 나다닐 때면 '우리 남편이 괜찮은 사람이다'라고 생각하는 것 같다.

쉬는 날 어쩌다 아침 한나절 누워 있는 것도 보기가 싫어서 자기라도 나가겠다는 사람이니까.

평범한 사람이지만 평생 불평이라고는 모르고 그저 묵묵히 변함없이 살아준 아내의 공에 대해 뒤늦게서야 고마움을 알겠다.

우리집은 청운동 인왕산 아래에 있는데 집 오른쪽으로는 커다란 바위가 버티고 서 있고, 산골 물 흐르는 소리, 산기슭을 훑으며 오르내리는 바람소리가 좋은 터이다.

'58년 한 50여 일 동안에 블록으로 후딱후딱 2층까지 올려 건축하고 나중에 남은 돌들을 끌어모아 거죽에 붙여 지은 집이다. 그후에 달아붙여 지은 식당 부분은 돌 색깔이 다르다.

1층 응접실에 별 장식 없이 옛날 박대통령이 써준 '청렴근(淸廉勤)'이라는 액자와 내가 좋아하는, '부지런하면 천하에 어려움이 없다'는 뜻의 '일근천하무난사(一勤天下無難事)'라는 글귀를 걸어 놓았다.

이만한 집에서 사는 것을 미안하고 거북하게 느낄 때노 너러 있다.

고향에서 보낸 어린 시절에는 엄동설한에도 내의라고는 구경도 못하고 저고리, 솜바지 하나만으로 입고 지냈다.

책보를 끼고 추워서 달음박질을 하면 옷자락이 들려 배의 맨살에 바람이 닿았고, 집에 가면 발갛게 얼었던 배가 녹으면서 근질근질 가려웠었다.

그때에 비하면 지금의 이만한 호사는 얼마나 고마운 일인가.

옛날 쌀 가게 시절, 남의 집의 좁은 방에서 떨어져 구멍난 엉덩이와 무릎을 누벼 입고 살던 시절을 생각해도 이 얼마나 큰 호사인가.

우리 부부는 우리가 이만한 집에서 살게 된 것만으로도 괜히 미안하고 겸연쩍게 생각한다.

아내는 이날까지 패물 하나 가진 것이 없고 시집오는 날 한 번뿐, 평생 화장한 얼굴을 보인 적이 없다.

아내의 재산은 재봉틀 한 대에, 알뜰하게 간수하는 것은 장독대의 장항아리들 뿐이다.

어느 해 여름, 아내의 방에 도둑이 들었었다.

자다가 얼굴에 전등 불빛이 비쳐 엉겁결에 "누구냐!"는 소리를 했었던가 본데 도둑이 아내를 일으켜 겨드랑이에 끼고 머리에 휘발유를 뿌리고 소리치면 불을 당긴다고 위협하더란다. 그리고는 도둑들은 아내에게 이불을 뒤집어씌워 놓고 볼일을 보기 시작했다.

이불을 뒤집어쓰고 있던 아내는 이판사판이라는 생각이 들어 이불을 젖히고 벌떡 일어나 도둑의 손을 잡았다.

"이집이 누구 집인지 알고 들어온 모양인데 소리 안 지를테니까 좋게 타협적으로 합시다."

도둑들도 소리는 안 지를테니 타협적으로 하자는 아내의 말에 누그러져 그러자고 한 모양이다.

아내는 마침 몽준이 결혼 패물로 사놓았던 시계와 타다 놓았던 봉급 2백만 원을 내놓았다고 한다.

그러자 도둑들이 아내를 전깃줄로 꽁꽁 묶으면서 달러와 금주발을 내놓으라고 위협하더란다.

집사람 대답이 "나는 달러라는 것이 있다는 말만 들었지 평생 구경도 한 번 한 적 없소. 정말 금주발에 밥 먹는 집이 대한민국에 있기는 있소?"였단다.

콧방귀를 뀌면서 방을 뒤집어 엎던 그들은 아무것도 건져갈 것이 없자 결국 "현대 회장집이 뭐 이따위야." 하면서 마구잡이로 내던지고 부쉈다.

아내가 그저 바라보다가 몇 시냐고 묻자, 3시라는 대답을 해서 "그럼 날이 새기 전에 어서 나가는 게 좋잖겠소? 아무리 뒤져도 금주발은커녕 은주발도 안 나올 것이오."하고 달래었던가 보다.

나는 안방에서 그런 소동이 있는지도 모르고 자고 있었는데, 집사람이 건너와 도둑 든 얘기를 했다.

나는 몽준이 결혼 예물로 쓸 시계와 봉급 전액을 털린 아내에게 왜 도둑들을 달래서 내 방으로 데려오지 않았냐고 벌컥 화를 냈다.

나한테 데리고 왔으면 잘 얘기해서 돈 조금으로 돌려보냈을텐데…… 하는 생각이었다.

그후 아내는 무섭다고 2층 자기 방은 버려두고 아랫층 두 평이 채 못되는 방에서 기거한다.

집사람이 맨 처음 서울에 와 신접살림을 차린 곳은 서울에서 하늘이 제일 가깝다는 지금의 동숭동 뒤 '낙산' 산동네 꼭대기 셋방이었다.

아내는 "여기서는 못 살겠어요. 시골서는 아무리 못살아도 작은 초가집이라도 내 집 갖고 사는데, 어떻게 단칸 셋방에서 살아요. 시골로 내려가야겠어요."했던 사람이다.

집사람이 나를 따라 서울로 온 뒤 처가는 통천에서 함경북도 청진으로 이사를 했었다.

그러다가 8·15 해방이 되면서 조국이 삼팔선으로 분단되고, 그것으로 아내는 친정과 영영 소식이 끊겼다.

시집온 후 단 한 번도 친정엘 다녀오지 못했고 친정 식구를 본 적도 없다.

아마도 이제는 형제들 얼굴마저 희미할 것이다. 돈 벌어 함께 가자고 늦추다 보니까 아내에게 몹쓸 짓이 되고 말았다.

물건 값을 깎을 줄도 모르고 시장에 가면 자기가 사야 할 물건만 사서 돌아오지, 다른 물건에는 곁눈도 안 주는 사람이다.

집사람이 나를 신통하게 여기는 일이 한 가지 있다고 한다.

옛날 '낙산'에 살 때, 하루는 점심을 싸들고 남들처럼 한강에 놀이를 갔었다.

그런데 다른 사람들처럼 보트를 타다가 나의 서투른 노질로 강물에 빠져 죽을 뻔하다가 살았었다.

그런 사람이 세계 최대의 조선소를 지었다는 것이 신통하다는 이야기이다.

힘들었을 자식들을 위한 변명

> 나는 내 자식들에게 항상 검소를 당부해왔다……. 부자의 자식 티를 내서 잘 못사는 사람들에게 빈부의 차를 느끼게 하고 저항감을 갖게 하는 행위는 내 자식들에게는 첫째 가는 금기사항이었다.

건전한 기업인지 아닌지는 그 기업의 기업주와 가족의 사생활을 보면 알 수 있다.

그들의 생활이 건전하면 그 기업도 건전할 것이고 반대로 건전하지 못하면 기업 또한 건전하지 못할 것이라고 나는 생각한다.

돈 많은 집안 자식들의 탈선을 나는 많이 보아왔고, 또 그때마다 정도 이상 비등하곤 하던 각계의 비난과 질타의 소리도 많이 들었다.

나는 내 자식들만이라도 보호하고 싶었다. 한창 성장하는 나이에 쏟아 부어지는 사회의 비난 대상이 되면 자칫 필요 이상 위축되어, 자신의 소질과 기질대로 못 자라고 기개를 못 펴는 자식이 될 위험이 있다.

그래서 나는 주위 사람들의 충고도 곁귀로 들으며 다소 가혹할 만큼 엄한 교육을 했다.

내 아우들이나 자식들은 묻는 말에 대답이나 할까 항상 나한테는 조심스럽게 대했고, 할 말이 있으면 나에게 직접이 아니라 집사람을 통하곤 했다.

때문에 집사람의 역할은 자연히 아이들을 감싸는 보자기 노릇이었다.

그 사람은 나와는 반대로 9남매에게 욕 한 마디, 큰 소리 한 번을 안 하고 자식들을 키웠다.

아이들이 용돈을 원하면 5천 원만 주라는 것이 내 법이었지만 항상 나 몰래 조금씩 더 주는 아내였다.

나는 내 자식들에게 항상 검소할 것을 당부해 왔다.

내 자식들은 물론 동생들도 자가용을 태워 학교 보낸 일이 없다. 급하면 택시는 탈 수 있었을지 모르나 자가용을 타게 내준 적은 없다.

젊었을 때 콩나물 버스에서 시달림을 받아보아야 자신의 능력으로 자가용을 타게 됐을 때 그 행복감을 느낄 수 있다.

부자의 자식 티를 내서 잘 못사는 사람들에게 빈부의 차를 느끼게 하고 저항감을 갖게 하는 행위는 내 자식들에게는 첫째 가는 금기사항이었다.

요즈음은 가끔 개탄스러울 때가 있다. 자식까지는 내 방식대로 교육이 가능했으나 손주 녀석들한테까지는 내 방식이 제대로 힘을 행사할 수가 없기 때문이다.

며느리들이 손주 녀석들을 자가용에 태워 학교엘 보내기도 하고, 또 특수한 국민학교에 보내는 예도 있는 것 같다. 못마땅하기 짝이 없는 일이지만 손주 녀석들 키우는 문제에까지 시아버지가 잔소리를 할 거냐는 집사람의 만류에 그저 씁쓸할 뿐이다.

그러나 아이들은 그 아이들을 위해서도 서민적으로, 보편적으로 검소하게 키워야 한다.

그래야만 나중에 호사를 하게 되어도 그것이 행복인 줄 알지, 어렸을 때부터 자가용 타고 다닌 손주딸들을 어떻게 어떤 시집으로 출가시킬 것인지 걱정이다.

뒤집어 자식들의 입장에서 보면 누구누구의 자식이라는 부담만으로도 부자유스러운 터에, 엄격한 통제까지 감당하며 자라기가 몹시 고역스러웠을지도 모른다.

더구나 나는 평생을 잠자는 시간 말고는 회사에 있거나 일에 관계되는 사람과 만나거나 하면서, 조반을 먹는 아침 시간 몇 십 분 외에 가족과 함께 보낸 시간이 거의 없는 사람이다.

남편으로서 아버지로서의 의무는 등한시하면서 지나치게 엄격하게만 몰아세웠던 것은 아닌가, 자식을 잃으면 그 점이 가장 가슴 아프고 후회스러웠다.

아직도 할일이 태산과 같다

> 언제쯤 완전한 은퇴를 할 것인지는 아직 생각하고 있지 않다……. 겨울에도 쉬지 않고 눈발을 헤치고 한 뼘 한 뼘 땅을 일구시던 아버님을 잊을 수가 없다. 언젠가는 고향의 소년시절로 되돌아가 서산 농장에서 트랙터를 몰 것이다.

나는 동지섣달에도 새벽에 일어나서 더운 물에 목욕을 하고 나서는 반드시 찬물에 씻는다.

옛날에는 남산에 있는 실내 수영장에서 수영을 했었는데 정구를 시작하고는 수영이 재미 없어져 이제는 수영보다 정구를 열심히 치는 셈이다.

정구는 '81년 여름 전두환 대통령의 동남아 순방때 경제사회단체장 수행에 끼었다가 시작하게 된 운동이다.

아침 10시가 되어야만 공식 행사가 시작되었기 때문에 그 전 시간은 할일 없이 빈둥거리며 시간을 허송해야 했다.

새벽같이 일어나 아무 할일 없이 시간 허비를 하는 것이 고역스러워 뭐 좀 할일이 없는가 했더니 그곳 지사 직원들이 정구를 권했다.

평생 라켓이라는 것을 잡아본 적도 없는 사람이 배우기 쉽다는 바람에 치기 시작했는데, 짧은 시간에 운동량이 많은 것도 좋고 재미도 있어서 그후로 쭉 계속했다.

한때 운동할 시간이 없을 때는 회사에 출근하는 길에서 행인이 뜸하면 뛰고 행인이 많아지면 걷는 것으로 대신한 적도 있는데, 정구를 치기 시작하면서는 출근길을 걷다 뛰다 하기보다는 정구로 대신했다가 요즘은 다시 걸어서 출근을 하고 있다.
　이제 매일의 운동으로 하기에는 아무래도 정구가 좀 버거워서다.
　골프는 주로 사내 중역과 많이 친다. 중역이란 저마다 바쁜 사람들이라 편안히 만날 시간이 없다. 골프로 만나 운동도 하고 사사로운 이야기도 하면서 몇 시간 함께 하는 동안, 회사일에 대해 어떤 진지한 회의에서보다 좋은 결론을 도출할 때도 있다.
　그 다음은 경제계 친구들이 골프 친구가 된다.
　나는 운동을 좋아하고 갖가지 운동으로 끊임없이 심신을 단련하면서 살아왔다. 정신을 건강하게 가지려면 육체 먼저 건강하게 가져야 한다.
　나는 건강한 육체와 건강한 정신만 가지면 누구든 자신이 소원하는 대로 이룰 수 있다고 생각한다.
　나는 천성이 가만히 손 놓고 앉아 있지를 못하는 사람이며, 한가한 것은 답답해서 견딜 수가 없는 사람이다.
　내가 한가할 때는 드러누워 신문 보는 시간뿐이다.
　항상 일을 하고 항상 일하는 생각을 한다. 일감을 생각한다.
　18살 공사장에서 막일을 할 때, 어떻게 해서든 돈을 벌어 좀더 잘 살아보겠다는 갈망은 대단한 것이었고, 그후 쌀 가게를 하면서는 어떻게 장사를 잘해서 이익을 남겨 가족의 생계를 제대로 유지할까가 가장 큰 문제였다.
　그러나 장사가 사업이 되고 사업이 기업이 되자 돈보다는 일감을 생각하고, 그것을 이루고 키워나가는 것만이 나의 관심사가 되었다.
　돈을 생각하지는 않는다.
　돈은 확실히 정신적인 힘과 위안이 될 수는 있다.

그러나 돈만을 최대의 관심사로 두고 돈만을 따르는 인생처럼 피곤하고 불행한 인생이 또 있을까.

사업가는 한 가지 일을 한 번 잘못 판단하는 것으로 몇 십 몇 백 억 원의 손해를 볼 수도 있고, 또는 느닷없는 정책 변경으로 타의에 의해 막대한 손해를 볼 수도 있다.

돈만이, 개인의 축재가 목적인 사업가는 아마 울화병으로 지레 자기 수명을 줄일 것이다.

나는 기업이 일단 커지면 그것은 저절로 공익성을 띠게 되고 또 띠어야 하며, 아울러 기업 자체가 공공사업이 되기 때문에 기업의 손해는 국가의 손해라고 생각한다. 따라서 일이 잘 풀려나가지 않을 때도 손해 때문에 초조해 하기보다는 어떻게 하면 국가를 위해, 회사를 위해 최선인가를 떠올리게 된다.

우리나라 기업가들은 다같이 참으로 어려운 고비, 참기 힘든 시련을 겪으면서 생애를 보낸 사람들이다.

나 역시 세간에서는 승승장구했다고 말하지만 그동안 정변 때마다 곤욕을 치르며 수사기관 출입도 하고, 가고 싶지 않은 곳도 왔다갔다 했었다.

그런 와중에도 한 번도 비관하거나 절망한 적이 없다.

그런가 하면 시간을 2배 3배 주어도 다 해내지 못할 만큼 많은 일들을 앞에 두고도, 극도의 긴장 속에서 온몸이 굳어오는 상황에서도, 나는 우스개 소리를 하는 여유를 잃지 않았다.

여유가 없으면 창의가 죽는다. 나는 경험으로 그걸 체득한 사람이다.

나는 또 무슨 이야기든 터놓고 할 수 있는 친구들을 넓게 가지려고 평생 애써왔다.

문인, 화가, 연기인 등으로부터 우리집 골목 어귀 구멍가게 아주머니, 포장마차 주인까지 친구로 삼고자 애써왔다.

폭 넓은 인간 교류는 나에게 유머를 잃지 않게 하고, 편견에 사로잡히지 않게 하고, 인생을 따뜻한 시선으로 바라보게 하고, 공감대를 확대시키고, 그들의 정서를 흡수함으로써 사람이 빠지기 쉬운 사고의 경직을 방지해 준다.

인간 교류에서 얻는 이 모든 소득을 나는 기업 경영의 창의적 에너지로 활용한다.

기업은 인간을 위한 인간의 단체이다.

이기심을 버린 담담한 마음, 도리를 알고 가치를 아는 마음, 모든 것을 배우려는 학구적인 자세와 향상심······. 이러한 마음을 가지고 있는 집단이라야만 올바른 기업의 의지, 올바른 기업의 발전이 가능하다고 생각한다.

내가 좋아하는 글이 있다.

이것은 맥아더 장군의 기도문인데 일부 수정해서 신입 사원들에게 주지시키기도 했던 글이다.

옮겨 보면 다음과 같은 것이다.

'주여, 약할 때 자신을 분별할 수 있는 강한 힘과 무서울 때 자신을 잃지 않는 담대성을 가지고 정직한 패배를 부끄러워하지 않고 태연하며 승리에 겸손하고 온유한 힘을 나에게 주시옵소서······. 바라건대 나를 쉬움과 안락의 길로 인도하지 마시옵고 곤란과 도전에 대하여 분투 항거할 줄 알도록 인도하여 주시옵소서. 그리하여 폭풍 속에서 용감히 싸울 줄 알고 패자를 가긍히 여길 줄 알도록 가르쳐 주시옵소서. 웃을 줄 아는 동시에 울음을 잃지 않는 힘을, 미래를 바라보는 동시에 과거를 잊지 않는 힘을 나에게 주시옵소서. 이것을 다 주신 다음에 이에 더하여 유머를 알게 하여 인생을 엄숙히 살아감과 동시에 삶을 즐길 줄 알게 하시고, 자기 자신을 너무 중대히 여기지 말고 겸손한 마음을 갖게 하여 주시옵소서. 그리하여 참으로 위대하다는 것은 소박하다는 것과, 참된 힘은 온유함이라는 것을 명심토록 하여 주시옵소서.'

 이 기도문을 좋아하는 이유는 아마도 이것이 바로 나의 소망이기 때문일 것이다.
 성질이 급하다는 것이 나의 단점 중에 가장 큰 단점이리라.
 급한 마음에서 앞뒤 생각 없이 즉각 뱉어버린 말 때문에 얼마나 많은 사람을 슬프고 불행하게 만들었는지 모른다.
 화를 내면 화낼 때뿐, 금방 후회하고 잊어버리는 성격이기도 하지만 어쨌든 성미가 급한 것은, 더구나 나처럼 많은 사람의 인솔자 역할을 하는 사람의 급한 성미는 큰 단점이다.
 짧은 시간에 많은 일을 하려는 생각에서 그렇게 되어버린 것 같다. 피로할 경우에는 중요한 결정을 안하는 것이 좋은데도 급한 성미대로 일을 끝내려 하다 보면 짜증부터 부리고, 상대방 말을 다 듣기도 전에 결정을 내려버리는 일도 많았다.
 그런 뒤 으레 떠올리던 기도문이다.
 소년기를 아버님 슬하에서 보내면서 나는 아버님으로부터 자연의 섭리에 대해 배웠고 아침에 일찍 일어나는 습관, 사람은 부지런해야 한다는 것, 검약해야 한다는 것 등의 값진 유산을 물려받았다.
 이 유산이 없었더라면 오늘의 나는 결코 없었을 것이라는 생각이 든다.
 70이 넘게 살아오는 동안 탁월한 재능을 가진 신문기자였던 다섯째 아우 신영(信永)이를 잃었고, 아들 둘에 한 며느리를 잃었다.
 이 개인적인 불행은 나에게 다시 없는 아픔이며, 돈이 인간의 목적도 행복도 아니라는 것을 더더욱 절실하게 느끼게 했다.
 언제쯤 완전한 은퇴를 할 것인지는 아직 생각하고 있지 않다.

아직도 할일은 태산같이 많다.

더 많은 일을 하기 위해 계속 건강을 지켜야 하겠고, 내가 할일이 없어져 기업 경영 일선에서 물러나는 날이 온다 해도 한가롭게 세월을 허비하고 싶은 마음은 추호도 없다.

겨울에도 쉬지 않고 눈발을 헤치고 한 뼘 한 뼘 땅을 일구시던 아버님을 잊을 수가 없다.

언젠가는 고향의 소년시절로 되돌아가 서산 농장에서 트랙터를 몰 것이다.

* 책을 내놓으며

나의 삶 나의 이상

올바른 뜻을 갖고 그에 어긋나지 않게 신중을 기하여 모든 노력을 기울이는 사람에게는, 예기치 못한 수많은 시련은 있어도 실패는 결코 없다는 것이 지금까지 걸어온 내 삶의 체험에서 얻은 신념이다.

현재에 이르러 나의 관심사는 이 나라를 보다 균형 있게 발전시키고, 보다 충실하고 질 높은 번영으로 이끌어 영광스러운 국가, 자랑스러운 민족으로 만드는 것에 내가 어떻게 기여해야 하는가에 있다.

깨끗한 마음, 올바르고 공정무사한 마음으로 우리가 이상으로 하는 국가 건설에 내 여생을 내놓아 일하고 싶은 것이 지금 나의 간절한 소망이다.

근간 여러 해를 나는 우리가 이상으로 생각하는 국가에 대하여 수많은 사색과 수많은 청사진을 되풀이하고 그리며 보내왔다.

우리는 이제부터 이 나라 착한 국민들의 공감대를 저력으로 모아 다같이 슬기로운, 다같이 평등한, 다같이 서로 사랑하는 국민으로 이 나라의 번영과 민족의 영광을 창출해 내야 한다.

우리 다같이 한마음 한뜻으로 부지런하고 검소하고 평화를 사랑하며 사는, 세계에서 가장 덕성이 높은 훌륭한 민족이 될 수는 없을까.

우리는 할 수 있다.

우리는 원래 우수한 민족이다.

스스로는 정직하고 서로에게는 관대한 사회를 건설해서, 교도소 문에 수감자가 한 명도 없다는 흰 깃발이 자랑스럽게 펄럭이는 범죄 없는 나라를 만들 수 없을까.

우리는 할 수 있다. 우리는 원래 선량한 민족이기 때문에.

한마음 한뜻으로 이룬 번영을 공평하게 나누어 누리면서 가진 자와 못 가진 자의 격차가 가장 적은 세계의 모범 국가가 될 수는 없을까.

그것은 우리 민족만이 할 수 있다.

우리는 원래 세계 어느 민족보다도 총명하고 지혜롭고 나누어 먹기 좋아하는 정 많고 사랑 많은 사람들이므로.

진실이 없는 목표와 참된 노력이 없는 이상은 헛된 망상으로 끝난다.

현실을 바르게 판단하고 바른 뜻을 세우며 바른 생각을 가진 사람은, 우리가 그리는 이상의 국가를 현실의 국가로 실현시키는 일도 가능하다고 나는 믿는 사람이다.

나는 이 나라를 영광스럽게, 우리 국민을 행복하게 만들기 위한 일에 온 정열을 기울여 한 역할을 수행하는 것에 나의 여생을 쓸 결심이다.

저자 鄭周永

나의 삶 나의 이상
시련은 있어도 실패는 없다

1991년 10월 5일 제1판 제 1쇄 발행
1994년 9월 20일 제2판 제 1쇄 발행
1999년 1월 15일 제3판 제 5쇄 발행
2009년 9월 10일 제3판 제12쇄 발행

지은이/ 정주영
펴낸이/ 김경선
펴낸곳/ 도서출판 제삼기획

등록/ 2000.8.4. 제 15-479
주소/ 서울시 관악구 중앙동 50-62호
전화/ 02-878-2701 팩스/ 02-875-2703
E-mail/ je3gh@hanmail.net

가격 10,000원
잘못된 책은 바꾸어 드립니다.

ⓒ 정주영, 1991
ISBN 89-7340-053-3 3810